Jason Schreier (10 Mayıs 1987)
Çoğunlukla video oyun endüstrisi hakkında makaleler yazan Amerikalı gazeteci ve yazar. Mezuniyetinin ardından birkaç sene serbest olarak çalıştıktan sonra 2011 ve 2020 yılları arasında *Kotaku*'da muhabirlik yaptı ve özellikle fazla mesai kültürü hakkındaki araştırma makaleleriyle nam saldı. Video oyunlarıyla ilgili yazıları *Wired, The New York Times, Edge, Paste* ve *Onion News Network* gibi site ve dergilerde yayımlandı. Nisan 2020'de *Kotaku*'dan ayrılıp *Bloomberg News* kanalının teknoloji ekibine katıldı. Hâlâ video oyun endüstrisi hakkındaki çalışmalarına devam ediyor. Bu onun ilk kitabı.

Kan, Ter ve Pikseller
Jason Schreier

Orijinal Adı: *Blood, Sweat, and Pixels*

İthaki Yayınları - 1774

Yayın Yönetmeni: *Alican Saygı Ortanca*
Sanat Yönetmeni: *Hamdi Akçay*

Dizi Editörü: *Emre Aygün*
Yayıma Hazırlayan: *Fatih Kulaz*
Düzelti: *Emre Aygün*
Kapak Tasarım: *Milan Bozic*
Kapak Uygulama: *Hamdi Akçay*
Sayfa Düzeni ve Baskıya Hazırlık: *B. Elif Balkın*
2. Baskı, Ocak 2021, İstanbul

ISBN: 978-625-7737-54-8

Sertifika No: 46603

Türkçe Çeviri © M. İhsan Tatari, 2020
© İthaki, 2020
© Jason Schreier, 2017

İthaki™ Penguen Kitap-Kaset Bas. Yay. Paz. Tic. A.Ş.'nin tescilli markasıdır.
Caferağa Mah. Neşe Sok. 1907 Apt. No: 31 Moda, Kadıköy-İstanbul
Tel: (0216) 348 36 97 Faks: (0216) 449 98 34
editor@ithaki.com.tr – www.ithaki.com.tr – www.ilknokta.com

Kapak, İç Baskı: Deniz Ofset Matbaacılık
Maltepe Mah. Hastane Yolu Sok. No: 1/6, Zeytinburnu-İstanbul
Tel: (0212) 613 30 06 denizmatbaamucellit@gmail.com
Sertifika No: 48625

JASON SCHREIER

KAN,
TER VE
PİKSELLER

Video Oyun Yapımcılığının Arkasındaki
Çalkantılı ve Zafer Dolu Hikâyeler

Çevirmen
M. İhsan Tatari

ithaki

Amanda için

İÇİNDEKİLER

ÖNSÖZ*

Diyelim ki bir video oyunu yapmak istiyorsunuz. Harika bir fikriniz var. Prenses sevgilisini ateş kusan, dev bir kaplumbağadan kurtarmak zorunda kalan, bıyıklı bir tesisatçı hakkında. Ve oyununuzu yapabilmek için bir yatırımcıyı size birkaç milyon dolar vermeye ikna ettiniz. Peki, şimdi ne olacak?

Eh, ilk olarak işe tam olarak kaç kişi alabileceğinizi hesaplamalısınız. Ondan sonra birkaç çizer, birkaç tasarımcı ve birkaç tane de programcı tutmalısınız. İşlerin rayında gitmesini sağlamak için bir prodüktöre ihtiyacınız olacak. Sonra da bir ses departmanı kurmalısınız ki oyununuzda, eh, ses olsun. Hataları tespit etmek için birkaç kalite kontrol elemanı tutmayı da unutmamalısınız. Tabii bir de pazarlama dehası... Yoksa insanlar müstakbel şaheserinizden nasıl haberdar olabilir ki? Bütün ekibinizi kurduktan sonra elemanlarınızın oyunun hangi kısmına ne kadar zaman ayıracağını belirleyen sıkı bir takvim oluşturmanız gerekecek. Eğer her şey yolunda giderse altı ay içerisinde E3 için bir demo geliştirebilir, yıl sonunda da beta sürümüne geçebilirsiniz.

Birkaç ay boyunca işler yolunda gidiyormuş gibi gözükebilir. Sanatçılarınız tesisatçınızın savaşacağı her türden havalı düşman çiziyor: hayaletler, mantarlar ve o tür şeyler. Tasarımcılarınız öfkeli volkanlardan ve pis kokulu bataklıklardan oluşan zekice bölümler dizayn ediyor. Programcılarınız da zindanların o güne dek gördüğünüz her şeyden daha gerçekçi gözükmesini

---

sağlayacak, hoş bir işleme (render) hilesi buldular. Herkes motive olmuş durumda, oyun aşama kaydediyor ve siz de metroda bedava gazete dağıtırcasına önünüze gelene hisse senedi veriyorsunuz. Bir sabah prodüktörünüzden bir telefon alıyorsunuz. Görünüşe göre şu işleme hilesi fos çıkmış çünkü oyununuzun saniyedeki kare sayısını* ona düşürüyor. Test elemanlarınız durmadan volkan bölümünde sıkışıp kalıyor ve pazarlamacı elemanınız bunun Metacritic notunuzu nasıl etkileyebileceği konusunda homurdanıp duruyor. Sanat yönetmeniniz animatörlerinizin yaptığı her şeye burnunu sokmakta ısrarcı ve bu onları *deli* ediyor. E3 demonuzu iki hafta içerisinde hazır etmeniz gerekiyor fakat bunun için size en az dört hafta daha gerektiğinin farkındasınız. Derken yatırımcınız aniden o 10 milyon dolarlık bütçeyi 8 milyona düşürüp düşüremeyeceğinizi soruyor; bu uğurda birkaç kişiyi işten çıkarmak zorunda kalacak olsanız bile…

Bir hafta önce, Yılın Oyunu Ödülü'nü aldıktan sonra The Game Awards töreninde yapacağınız konuşmayı hayal ediyordunuz. Şimdiyse oyunu bitirebileceğinizden bile emin değilsiniz.

Bir keresinde, kısa süre önce yeni oyununu yayımlamış bir yapımcıyla bir şeyler içmiştim. Yorgunluktan bitip tükenmiş gibi görünüyordu. Dediğine göre oyunu tamamlamaya yaklaştıkları sırada ekipçe bir aydınlanma ânı yaşamışlar: Oyunun en büyük özelliklerinden biri aslında hiç eğlenceli değilmiş. Sonraki bir ay boyunca "crunch" yapmaya, yani haftada seksen ila yüz saat arası çalışıp o özelliği kaldırmaya ve o noktaya dek tasarladıkları her şeyi elden geçirmeye başlamışlar. Bazıları ofiste uyumaya başlamış ki işe gidip gelmekle vakit kaybetmesinler çünkü arabada geçirdikleri her saat, oyundaki hataları ayıklamadan geçirdikleri

---

* Saniyedeki kare sayısı (FPS – frames per second) Bir oyunun saniyedeki kare sayısı, ekranda görünen görüntülerin sıklığıdır. Gözlerimiz oyunları saniyede en az otuz kare hızıyla oynamaya talimlidir. Kare hızı bunun altına düştüğünde oyundaki her şey eski bir projektörden yansıtılıyormuşçasına akıcılığını kaybedip yavaşlar.

bir süre anlamına geliyormuş. Son teslim tarihine kadar oyunu yayımlayabileceklerinden bile emin değillermiş.

"Kulağa bu oyunun yapılmış olması bile bir mucizeymiş gibi geliyor," dedim.

"Ah, Jason," dedi. *"Bütün oyunların yapılmış olması bir mucizedir."* Video oyun dünyasında yıllardır gerçekleştirdiğim tüm röportajların ortak noktası budur. İster bağımsız küçük stüdyolarda çalışıyor olsunlar ister halka açık şirketlerde, bütün geliştiriciler sıklıkla bir oyunu tasarlayıp geliştirmenin ne kadar zor olduğundan bahsederler. Her yıl düzenlenen Game Developers Conference (GDC)* sırasında San Francisco'daki herhangi bir bara girdiğinizde birbirlerine bitmek bilmeyen kodlamalara ya da kafein destekli sabahlamalara dair hikâyeler anlatan, bir grup yorgun tasarımcıya rastlayacağınız kesindir. Savaş benzetmeleri yaygındır – "siper hikâyeleri" çok kullanılan bir ifadedir– dünyanın geri kalanının anlamadığı, hep bir ağızdan edilen şikâyetler de öyle. Bir oyun geliştiricisinin canını sıkmak isterseniz tek yapmanız gereken hangi meslekte çalıştığını öğrenir öğrenmez ona bütün gün oyun oynamanın nasıl bir şey olduğunu sormaktır.

Oyun geliştiriciliğinin meşakkatli bir meslek olduğunu kabul etseniz bile işin dışında olan bizler için bunun sebebini anlamak kolay değildir. Ne de olsa insanlar 1970'lerden beri oyun yapıyor, değil mi? İstifade edilebilecek onlarca yıllık dersin ve tecrübenin ardından oyun geliştiriciliğinin daha hızlı ve verimli olması gerekmez mi? Belki 80'lerin sonlarında, oyunculuk yalnızca diyet kola içip pizza yiyen çocukların ve yirmili yaşlarındaki gençlerin alanıyken, bütün gece kod yazıp tüm gün uyumak yapımcılara mantıklı geliyor olabilirdi ama oyun geliştiriciliği artık yalnızca Amerika'da bile 30 milyar dolarlık bir endüstri hâline geldi." O zaman geliştiriciler neden hâlâ sabahın üçüne kadar çalışmakla

---

* Oyun Geliştiricileri Konferansı –çn
** Entertainment Software Association'ın verdiği bilgilere göre Amerika'nın video oyun endüstrisi 2016'da 30,4 milyar dolar elde etmiştir.

ilgili bu kadar çok hikâye anlatıyorlar? Bir oyun geliştirmek neden hâlâ bu kadar zor?

Bu soruya cevap bulabilmek için gidip en sevdiğim işi yaptım: Benden daha çok şey bilen insanları sorularımla rahatsız ettim. Yüze yakın oyun geliştiricisi ve stüdyo yöneticisiyle konuştum, onlarla kimi resmî kimi gayriresmî görüşmeler gerçekleştirdim ve işleriyle, hayatlarıyla ve neden video oyunu yapmak için bu kadar çok şeyi feda ettikleriyle alakalı bir sürü münasebetsiz soru sordum.

Bu kitapta farklı farklı oyunların nasıl yapıldığını anlatan on bölüm var. Bölümlerden birinde Kickstarter bağışlarıyla finanse edilen *Pillars of Eternity*'nin Obsidian Entertainment'ı en karanlık günlerinden nasıl kurtardığını görmek için California'nın Irvine şehrini ziyaret ediyoruz. Başka bir bölümde Washington'ın Seattle şehrine gidiyor ve yirmili yaşlarındaki Eric Barone'un *Stardew Valley* adlı dingin bir çiftçilik oyununu yapmak için kendisini beş yıl boyunca tek başına bir odaya kapatmasına şahit oluyoruz. Öteki bölümlerde de *Dragon Age: Inquisition*'ın teknolojik kâbusu, *Uncharted 4*'ün acımasız fazla mesaileri, hatta LucasArts'ın çok beklenen oyunu *Star Wars 1313*'ün ardındaki gizem anlatılıyor.

Okurken bu hikâyelerin büyük bir bölümü size tuhaf gelebilir: Teknoloji alanındaki önemli gelişmeler, yönetim değişiklikleri veya geliştiricilerin kontrolü dışında kalan başka faktörler karşısında aksayan oyunlar... Bu hikâyeleri okurken söz konusu oyunların anormal şartlar altında geliştirildiğini düşünebilirsiniz. Ya da sadece bu insanların çok şanssız olduğunu. Endüstri standartlarını izledikleri ya da işin başında daha zekice kararlar aldıkları takdirde bu zorluklardan ve müşterek güçlüklerden kaçınabileceklerini...

İşte size alternatif bir teori: *Bütün video oyunları* anormal şartlar altında geliştirilir. Oyunlar bundan onlarca yıl önce neredeyse imkânsız olan bir şekilde hem sanatın hem de teknolojinin sınırlarında dolaşıyor artık. Bir video oyununun, iPhone için tasarlanmış, iki boyutlu bir bulmacadan tutun da über-gerçekçi grafiklere sahip olan, devasa bir açık dünya RPG'ye kadar *her şey* olabileceği gerçeğini teknoloji dünyasındaki değişimlerle birleştirdiğinizde, oyun yapmanın tek tip standartlarının olmadığını keşfetmek o kadar da şok edici olmayacaktır. Pek çok video oyunu birbirinin benzeri gibi görünebilir ama sizin de bu kitapta keşfedeceğiniz üzere hiçbiri aynı yolla geliştirilmez.

İyi ama oyun yapmak neden bu kadar zor? Eğer siz de benim gibi daha önce hiç ticari bir oyun yapmayı denemediyseniz aşağıdaki birkaç teoriye göz atmayı faydalı bulabilirsiniz.

1. **Oyunlar interaktiftir.** Video oyunları tek bir çizgisel yönde ilerlemezler. Bilgisayarlarla işlenmiş bir Pixar filminin aksine, oyunlar "gerçek-zamanlı" grafiklerle ve saniyenin binde birinde üretilen yeni imgelerle çalışırlar. *Oyuncak Hikâyesi'*nin aksine, oyuncunun hareketlerine tepki vermek zorundadırlar. Siz oyun oynarken bilgisayarınız veya konsolunuz (ya da telefonunuz veya hesap makineniz) karakterleri ve manzaraları sizin kararlarınıza göre, o anda görselleştirir. Eğer bir odaya girmeyi seçerseniz cihazınızın içerideki bütün mobilyaları yüklemesi gerekir. Oyununuzu kaydedip çıkmaya karar verirseniz bilgilerinizi depolamak zorundadır. Yardımsever bir robotu öldürmeyi seçtiğiniz takdirde (a) robotun öldürülebilir olup olmadığına, (b) robotu öldürebilecek kadar güçlü olup olmadığınıza ve (c) robotun metalik bağırsaklarını döktüğünüzde ne tür korkunç sesler çıkarması gerektiğine karar vermek zorundadır. Sonrasında da seçimlerinizi hatırlaması gerekebilir ki diğer karakterler acımasız bir katil olduğunuzu bilsin ve size, "Hey, sen şu acımasız katilsin!" gibi şeyler söyleyebilsin.

2. **Teknoloji durmadan değişir.** Bilgisayarlar geliştikçe (ki bu muhakkak her sene olur) grafik işlemcileri de giderek güçlenir. Grafik işlemcileri güçlendikçe de daha güzel oyunlar görmeyi bekleriz. Obsidian'in CEO'su Feargus Urquhart'ın bana dediği gibi, "Bizler teknolojinin tam sınırındayız. Her

13

şeyi durmadan daha ileri seviyeye taşıyoruz." Urquhart oyun geliştirmenin tıpkı film çekmeye benzediğini ama her yeni projede sıfırdan bir kamera üretmek zorunda kaldığınızı söylüyor. Bu sık rastlanan bir benzetme. Başka bir tanesi de oyun yapmayı deprem sırasında bina dikmeye benzetir. Ya da birisi önünüzde koşup rayları döşerken tren kullanmaya...

3. **Araçlar her zaman farklıdır.** Sanatçılar ve tasarımcılar oyun yapabilmek için (Photoshop ve Maya gibi) sıradan programlardan tutun da stüdyodan stüdyoya farklılık gösteren özel uygulamalara kadar her türden yazılımı kullanmak zorundadır. Tıpkı teknoloji gibi bu araçlar da geliştiricilerin ihtiyaçlarına ve arzularına göre sürekli gelişim gösterir. Eğer bir araç çok yavaş çalışıyorsa, hatalarla doluysa ya da bazı hayatî özelliklerden yoksunsa oyun yapmak işkenceye dönüşebilir. Bir keresinde bir geliştirici bana, "Çoğu kişi oyun yapmayı 'harika fikirlere sahip olmaktan' ibaret sansa da aslında bu iş daha çok o harika fikirleri kâğıt üzerinden gerçeğe dönüştürme yeteneğinizle alakalıdır," demişti. "Bunu yapabilmek için iyi bir grafik motorunuz ve düzgün araçlarınız olmalıdır."

4. **Planlama yapmak imkânsızdır.** "Oyun geliştiriciliğini bu kadar zorlu kılan şey tahmin edilmezliğidir," diyor, *Halo Wars* üzerinde çalışmış olan deneyimli prodüktör* Chris Rippy. "Geleneksel yazılım geliştiriciliğinde," diye açıklıyor Rippy, "bazı işlerin geçmişte ne kadar zaman aldığına bakarak güvenilir bir planlama yapabilirsiniz. Ama mesele oyun geliştiriciliği olduğunda şu soruları soruyorsunuz: Hangi kısımları eğlenceli? Ne kadar süreliğine eğlendiriyor? Bunu başarabildik mi? Yeterince eğlenceli olmasını sağlayabildik mi? Kelimenin tam anlamıyla bir sanatçıyla sanatını tartışıyorsunuz. Ne zaman hazır olacak? Eğer üstünde bir gün daha çalışmasına izin

---

* Oyun geliştiriciliğinde bir prodüktörün işi zaman çizelgelerini koordine etmek, ekibin geri kalanıyla boğuşmak ve herkesin aynı noktada buluştuğundan emin olmaktır. Emektar prodüktör Ryan Treadwall'ın bir keresinde bana söylediği gibi, "Biz bir ürünün tamamlanacağını garanti altına alan kişileriz."

verirsek oyunda çok büyük bir fark mı yaratacak? Nerede duracaksınız? İşin püf noktası bu. Eninde sonunda işin üretimvari kısmına geçersiniz. Oyunun eğlenceli olacağını ve güzel görüneceğini kanıtladınız ve şimdi işler biraz daha tahmin edilebilir hâle geldi. Ama o noktaya gelene kadar kelimenin tam anlamıyla karanlıkta ilerlersiniz." Ve bu da bizi sonraki maddeye ulaştırıyor. Yani...

5. **Oyunu oynayana kadar ne kadar "eğlenceli" olacağını bilmek imkânsızdır.** İsabetli tahminlerde bulunabilirsiniz, evet ama bir oyun kumandasını elinize alıncaya dek karakterinizi hareket ettirmenin, zıplamanın ve bir balyozla robot arkadaşınızın beynini dağıtmanın ne kadar eğlenceli olacağını bilmenin hiçbir yolu yoktur. "Çok çok tecrübeli bir oyun geliştiricisi için bile feci derecede korkutucu bir durumdur bu," diyor Naughty Dog'un tasarımcılarından* Emilia Schatz. "Tasarladığımız her şeyi bir araya getirdiğimizde ortaya berbat bir oynanış çıktığı için yaptığımız onca işi çöpe atmak zorunda kalırız. Kafanızda işlerin ne kadar iyi gideceğine dair karmaşık planlar yaparsınız ama sıra oyunu oynamaya gelince aslında çok kötü olduklarını görürsünüz."

Bu kitaptaki tüm hikâyelerin bazı ortak noktaları olduğunu göreceksiniz. Her oyun en az bir kez ertelenir. Her oyun geliştiricisi zorlu tavizlerde bulunmak zorunda kalır. Her şirket hangi donanımı ve teknolojiyi kullanmaları gerektiği konusunda ter döker. Her stüdyo takvimini E3 gibi büyük oyun fuarlarına, geliştiricilerin heyecanlı hayranları aracılığıyla motivasyon kazandığı (hatta geribildirim topladığı) etkinliklere göre ayarlamak zorundadır. Ve en tartışmalı olanı da, bir oyun geliştiren herkes fazla mesai yapmak, hiç bitmeyecekmiş gibi görünen bir iş için özel hayatını ve ailesiyle geçireceği vakti feda etmek zorundadır.

---

* Tasarımcının görev tanımı stüdyodan stüdyoya değişebilir ama genelde oyunun işleyişine dair kararları verirler. Bu kararlar önemli (ne tür silahlar kullanılacak?) ya da önemsiz (oyunda oyuncunun açabileceği kapılar ile açamayacağı kapılar arasında nasıl bir fark olacak?) olabilir.

Yine de oyun geliştiriciliği yapan pek çok kişi başka bir işte çalışmayı hayal bile edemediğini söyler. Teknolojinin zirvesinde olmanın, başka hiçbir şeye benzemeyen interaktif eğlenceler üretmenin, onlarca, hatta yüzlerce kişilik ekiplerle birlikte belki de milyonlarca insanın oynayacağı bir şey yaratmanın verdiği hissi tarif ederken bütün bunların o kargaşaya, fazla mesailere ve sürekli yüzleşmek zorunda kaldıkları katıksız saçmalıklara değdiğini sarsılmaz bir inançla dile getirirler.

Tesisatçıyla ilgili şu oyununuza gelince (*Süper Tesisatçının Maceraları*)... Görünüşe göre bütün problemlerinizin bir çözümü var ama bunlardan hoşlanmayabilirsiniz. Animasyon işlerinin bir kısmını New Jersey'deki bir stüdyoya yaptırarak bütçenizi kısabilirsiniz. Önceki kadar iyi gözükmeyebilirler ama yarı fiyatına yapılacaklar. Bölüm tasarımcılarınıza volkan bölümüne fazladan birkaç platform ekletebilir ve böylece o kısmın daha kolay geçilmesini sağlayabilirsiniz. İtiraz ettikleri zaman onlara herkesin *Dark Souls* sevmediğini hatırlatırsınız. Sanat yönetmenize de programcıların yapacak kendi işleri olduğunu, video oyunlarındaki ışık ve gölge sanatı hakkındaki görüşlerini duymalarının şart olmadığını söyleyebilirsiniz.

Demonuzu E3 fuarına yetiştirmek biraz zor olabilir ama ya çalışanlarınızdan birkaç hafta fazla mesai yapmalarını isterseniz? İki haftadan fazla değil tabii. Bunu telafi etmek için onlara akşam yemeği ısmarlarsınız ve olur da oyun Metacritic'te 90 alırsa onlara ufak bir ikramiye bile verebilirsiniz.

Ayrıca oyundaki birkaç özelliği de çıkarmanız gerekecek. Üzgünüm, üzgünüm. Biliyorum... Harika şeylerdi. Ama tesisatçınızın *illaki* bir rakuna dönüşebilmesi şart değil. Bu özelliği ikinci oyuna saklarsınız.

MUHABİRİN NOTU

Bu kitaptaki hikâyeler 2015 ve 2017 yılları arasında yüz kadar oyun geliştiricisiyle ve sektördeki diğer insanlarla gerçekleştirdiğim röportajlardan derlendi. Bu kişilerin çoğu resmî beyanlarda bulundu. Bazılarıysa perde arkasında, isimlerinin verilmesini istemeden konuştu çünkü bu kitaba katkıda bulunmaya izinleri yoktu ve kariyerlerine zarar vermek istemediler. Kitapta yer alan insanların çoğunun erkek olduğunu fark edeceksiniz ki bu durum onlarca yıldır erkeklerin hâkim olduğu oyun endüstrisinin üzücü (ama kasıtlı olmayan) bir yansımasıdır.

Aksi belirtilmedikçe tırnak içinde yazılan her şeyin doğrudan bana söylendiğini kabul edebilirsiniz. Bu kitapta baştan tasarlanan diyaloglar yok. Kitaptaki bütün anekdotlar ve detaylar kaynağından geliyor ve mümkün oldukça en az iki kişi tarafından doğrulandı.

Bu röportajlardan bazıları Los Angeles, Irvine, Seattle, Edmonton ve Varşova'daki stüdyolara ve evlere yapılan ziyaretler sırasında gerçekleştirildi. Seyahat ücretlerimi kendim ödedim ve hiçbir şirketin ya da yapımcının otel masraflarımı karşılamasına müsaade etmedim. Ama çorba ısmarlayan birkaç kişiye hayır demedim çünkü terbiyeli görünüyordu. Şey, terbiyeli olan çorba değildi. Demek istediğim, yemek teklifini kabul etmenin terbiyeli bir dav— Neyse, biz en iyisi kitaba geçelim.

1
PILLARS OF ETERNITY

Oyun geliştiriciliğindeki en önemli sorunun oyun yapmakla hiçbir alakası yoktur. Yüzlerce yıldır sanatçıları alt eden ve nice yaratıcı çalışmaya ket vuran bir sorudur bu: *Bunu yapmak için gereken parayı nereden bulacağız?*

2012 yılının başlarında, Obsidian Entertainment'ın CEO'su Feargus Urquhart bu soruya cevap veremiyordu. California'nın Irvine şehrinde kurulu, nispeten küçük bir oyun stüdyosu olan Obsidian son birkaç yıldır *Stormlands* adlı fantastik bir rol yapma oyununun (RPG) üstünde çalışıyordu. Daha önce hiç böyle bir oyun yapmamışlardı. Tuhaf ve iddialı bir yapımdı, en önemlisi de Microsoft tarafından finanse ediliyordu. Microsoft yetkilileri yeni konsolları Xbox One'la birlikte kendi platformlarına özel, devasa bir RPG çıkarmak istediklerine karar vermişti. Obsidian'ın yaklaşık 115 çalışanından 50'si bu oyunun üstünde çalışıyordu ve bu da çok masraflı olduğu anlamına geliyordu. Ama Microsoft çekleri göndermeye devam ettiği sürece sorun yoktu.

Urquhart mali baskılara alışkın biri. Kendisi 1991'den beri oyun sektöründe çalışıyor. İlk olarak Interplay'de önce test uzmanı, sonra da tasarımcı olarak görev aldı. Ardından sektörün dinamolarından Black Isle Studios'un patronluğunu yaptı. Ancak paraya sıkışan Interplay, 2003'te o stüdyoyu ansızın kapatıverdi. Urquhart aynı yıl, Black Isle'da birlikte çalıştığı birkaç deneyimli yapımcıyla beraber Obsidian'ı kurdu ve çok geçmeden bağımsız bir stüdyoyu idare etmenin tehlikeli nesnelerle hokkabazlık yapmaktan farksız olduğunu keşfetti. Kontratları biter bitmez yeni bir işe başlamadıkları takdirde sıkıntıya düşüyorlardı. Urquhart açık kahverengi ve ince saçları olan, iri yapılı bir adam. Yıllardır yatırımcı sunumu yaptığı için otoriter ses tonuyla, hızlı hızlı konuşuyor. Seneler içerisinde *Fallout* ve *Baldur's Gate* gibi en sevilen RPG'lerden bazılarının yapımında yer aldı. Panellerde konuşma yaptığında ya da basına röportaj verdiğinde bağımsız bir stüdyo olmanın zorlukları konusunda hep açık sözlü davranıyor. "Bağımsız bir geliştirici olmak her sabah uyandığınızda yayıncınızın sizi arayıp oyununuzu iptal edip etmeyeceğini merak etmektir," diyor Urquhart. "Keşke daha sosyopat ya da psikopat biri olsaydım da sürekli boynumun üstünde bir giyotin olduğunu tamamıyla görmezden gelebilseydim ama bunu yapamıyorum. Diğer oyun geliştiricilerinin de yapabildiğini sanmıyorum. Maalesef bu tehdit her zaman var ve sıklıkla karşımıza çıkıyor. Hatta her zaman..."

12 Mart 2012 sabahı Urquhart'ın cep telefonuna bir mesaj geldi. *Stormlands*'in Microsoft'taki prodüktörüydü ve konuşmak için müsait olup olmadığını soruyordu. Urquhart neler olacağını hemen anladı. "Ayrılmak isteyen kız arkadaşınızın atacağı türden bir mesajdı," dedi Urquhart. "Neler olacağını bile bile onu aradım."

Microsoft'un temsilcisi açık sözlüydü; *Stormlands*'i iptal ediyorlardı. Urquhart'ın çalışanlarının ellisi bir anda işsiz kalmıştı.

Temsilci, Microsoft'un oyunu neden iptal ettiğini söylemedi ama Obsidian'ın en kıdemli üyeleri geliştirme sürecinin pek de iyi gitmediğinin farkındaydı. Sadece iyi bir RPG değil, Xbox One sattıracak kadar iyi bir RPG yapma zorunluluğu ekibin üstünde tarifsiz bir baskı yaratıyordu. *Stormlands*'le ilgili fikirleri tutarsız buluyorlardı ve Obsidian'ın bakış açısına göre Microsoft'un beklentileri mantıksızdı.

Stormlands'de çalışanlardan bazılarının dediğine göre oyun bir sürü iddialı, "üst-seviye" fikirle doluydu ve çoğu Microsoft'un bir Xbox One çıkış oyununun nasıl olması gerektiği yönündeki görüşlerine dayanıyordu. Xbox One'ın en büyük özelliği Kinect, yani vücudunuzun her hareketini algılayan bir kameraydı. Peki ya *Stormlands* Kinect aracılığıyla bir tüccarla pazarlık edebilmenize imkân tanısaydı? Xbox One "bulut hesaplama" teknolojisini destekleyecek, bütün konsolların Microsoft'un sunucularıyla etkileşime girmesini sağlayacaktı. Peki ya *Stormlands* yol üstünde başka oyuncularla buluşup hep birlikte devasa yağmalara çıkmanıza izin verseydi? Bütün bunlar kâğıt üzerinde kulağa çok ilginç gelen fikirlerdi ama oyunda işe yarayıp yaramayacakları belirsizdi.

Stormlands'de çalışan kişiler oyunun bu kaçınılmaz sonla karşılaşmasını farklı sebeplere bağlıyorlar –bazıları Microsoft'un çok iddialı olduğunu, bazılarıysa Obisidian'ın çok huysuz olduğunu söylüyor– ama en nihayetinde herkes bunun yönetilmesi zor bir proje olduğu konusunda hemfikir. "Oyun için çok büyük bir beklenti vardı," diyor Urquhart. "Bu da onu herkesin korktuğu bir şey hâline getirmişti. Sanırım biz bile ondan korkuyorduk."

Urquhart telefonu kapatıp bunun şirketi için ne anlama geldiğini düşünmeye çalıştı. O zamanlar bir oyun stüdyosunun çarkı döndürebilmesi için gereken para miktarı kişi başına ayda 10.000 dolardı; buna maaşlar, sağlık sigortası ve ofis kirası gibi genel giderler de dahildi. Bu miktar baz alındığında, *Stormlands*'i geliştiren elli kişiyle çalışmaya devam etmek stüdyoya ayda en az 500.000 dolara mâl olacaktı. Urquhart'ın hesabına göre, Microsoft'tan aldıklarına ek olarak oyuna daha şimdiden kendi ceplerinden 2 milyon dolar yatırmışlardı ve ellerinde harcayabilecekleri çok fazla şey kalmamıştı. Artık sadece tek bir oyun geliştirdiklerinden –*South Park: The Stick of Truth*; yayıncısı THQ* yavaş yavaş eridiği için o da kendi finansal krizleriyle boğuşuyordu– Obsidian'ın tüm bu insanları çalıştırmaya devam edecek kadar parası yoktu.

Feargus Urquhart, Obsidian'ın diğer dört ortağını toplayıp

---

* THQ dokuz ay sonra, Aralık 2012'de faaliyetlerini durdurdu. Bir ay sonra da bir iflas müzayedesinde bütün projelerini sattı. *South Park: The Stick of Truth*'un hakları Fransız yayıncı Ubisoft'a geçti.

yolun aşağısındaki Starbucks'a götürdü ve saatlerce uzun bir isim listesiyle boğuşup kimin gidip kimin kalacağına karar vermeye çalıştılar. Ertesi gün Urquhart herkesi toplantıya çağırdı. "İyi başlamıştı," diyor başkarakter tasarımcılarından Dimitri Berman. "İnsanlar birbirleriyle şakalaşıyorlardı. Derken içeriye Feargus girdi. Ölü gibi görünüyordu."

Gözyaşlarına güçlükle hâkim olan Urquhart, Microsoft'un *Stormlands*'i iptal ettiğini ve Obsidian'ın birkaç kişiyi işten çıkarmak zorunda kalacağını açıkladı. Ekip üyeleri içlerinden hangilerine kapıya kadar eşlik edileceğini merak ederek yavaş yavaş masalarına döndü. Saatler boyunca gergince bekleyip Obsidian yöneticilerinin kıdem tazminatlarını hazırlamasını seyrettiler. "Urquhart elinde büyük bir zarfla çıkageliyor, etrafta dolaşıyor ve size eşyalarınızı toplamanızı söylüyordu," diye anlatıyor *Stormlands* programcılarından biri olan Adam Brennecke. "Sonra da size binanın dışına kadar eşlik ediyordu ve eşyalarınızı toplamak için ne zaman geri dönebileceğinizi kararlaştırıyordunuz. O etrafta dolaşırken, 'Benim ofisime gelme, benim ofisime gelme,' diye düşünüyordunuz. Urquhart'ı gözlerinizle takip ediyor, kime doğru gittiğini görünce de, 'Hassiktir, gitti bizim arkadaşlardan biri daha,' diyordunuz."

Günün sonunda bütün şirket büyük bir üzüntüye boğulmuştu. Obsidian, biri daha dün işe alınmış bir mühendis de dahil olmak üzere yaklaşık yirmi altı çalışanını işten çıkarmıştı. Bunlar beceriksiz ya da yetersiz işçiler değildi; sevilen iş arkadaşlarıydı. "Korkunçtu," diyor *Stormlands*'in direktörü Josh Sawyer. "Berbattı. Muhtemelen kariyerimin en kötü günüydü... Şimdiye dek gördüğüm en büyük işten çıkarmaydı."

Obsidian, 2003'ten beri bağımsız bir stüdyo olarak hayatta kalmayı başarmış, elemanları ışıkları açık tutmaya yardım edebilmek için serbest işlerde çalışırken farklı farklı kontratlar almıştı. Şirket daha önce de bu tür acımasız iptaller yaşamıştı – Sega tarafından yayımlanması planlanan ve iptal edildikten sonra yine işten çıkarmalara yol açan *Aliens: Crucible* gibi– ama hiç-

21

biri bu kadar acı verici olmamıştı. Hiçbiri Feargus Urquhart'ı bu kadar az seçenekle baş başa bırakmamıştı. Neredeyse on yıldır orada çalışan bütün Obsidian çalışanlarının aklında aynı soru vardı: Yoksa bu stüdyonun sonu muydu?

Urquhart ve ekibi bu felaketi atlatmaya çalışırken, Double Fine çalışanlarıysa altı yüz kilometre kuzeyde şampanya patlatıyordu. San Francisco'daki bağımsız bir oyun stüdyosu olan ve ünlü yapımcı Tim Schafer tarafından yönetilen Double Fine, video oyun dünyasında devrim yaratacak bir yol bulmuştu.

Yıllar boyunca oyun endüstrisindeki güç dengesi basitti: Stüdyolar oyun yapar, yayıncılar da onlara para öderdi. Arada sırada istisnalar çıksa da –maceracı sermayedarlar, piyangoyu tutturanlar– oyun geliştiriciliğinin büyük bir bölümü derin cepleri olan, büyük yayıncılar tarafından finanse edilirdi. Yayıncılar bu tür pazarlıklarda neredeyse her zaman avantajlı taraf olurdu ve bu durum geliştiricileri bazı zorlu şartları kabul etmeye mecbur bırakırdı. Örneğin Bethesda, yayıncılığını yapacağı *Fallout: New Vegas* adlı rol yapma oyunu Metacritic'te (internetteki inceleme puanlarını tek bir yerde toplayan bir site) 100 üzerinden 85 aldığı takdirde Obsidian'a 1 milyon dolar ikramiye ödemeyi önermişti. İncelemeler gelmeye başladığında oyunun Metacritic puanı bir yükselip bir inmiş ve en sonunda 84'te kalmıştı. (Obsidian ikramiyeyi alamadı.)

Geleneksel olarak, Obsidian ve Double Fine gibi bağımsız stüdyoların hayatta kalmasının üç yolu vardı: (1) yatırımcı bulmak, (2) oyun yapabilmek için yayıncılarla sözleşme imzalamak ya da (3) ilk iki seçenekle topladıkları paralarla kendi oyunlarını kendi başlarına finanse etmek. Makul ölçekli hiçbir stüdyo, kısmen de olsa dış ortaklardan para almadan hayatta kalamazdı. Bunun anlamı iptaller, işten çıkarmalar ve kötü anlaşmalar olsa bile...

Double Fine dördüncü bir seçenek buldu: Kickstarter. 2009'da açılan bir "kitle fonlama" sitesi. İçerik yaratıcıları bu siteyi kullanarak doğrudan hayranlarına ulaşabiliyordu. *Siz bize para verin, biz de size harika bir şey yapalım*. Kickstarter ilk yıllarında sadece kısa film çekmek ya da havalı bir katlanır masa yapabilmek için birkaç bin dolar toplamayı uman amatörler tarafından kullanılıyordu. Ama 2011'de projeler giderek büyümeye başladı ve Double Fine Şubat 2012'de *Double Fine Adventure** adlı bir macera oyunu için bir Kickstarter kampanyası başlattı. Kampanya bütün rekorları altüst etti. Daha önceki Kickstarter kampanyaları altı haneli sayıları görürse şanslı sayılıyordu; Double Fine ise sadece yirmi dört saatte 1 milyon dolar topladı. Mart 2012'de, tam da Microsoft *Stormlands*'i iptal ettiği sırada, Double Fine'ın Kickstarter kampanyası 87.142 katılımcıdan 3,3 milyon dolar toplayarak sona erdi. Daha önceki oyun kampanyaları bu sayının onda birine bile ulaşamamıştı. Bu olay bütün Obsidian ekibinin dikkatini çekti.

Geliştiriciler Kickstarter sayesinde başka hiçbir şirkete bel bağlamak zorunda kalmayabilirdi. Bağımsız stüdyolar fikrî mülklerinin telif haklarını büyük yayıncılara devretmek zorunda kalmazdı. Yatırımcılara veya yöneticilere sunum yapmaktansa doğrudan hayranlarıyla iletişime geçebilirlerdi. Ne kadar çok kişiyi ikna edebilirlerse o kadar çok para kazanabilirlerdi.

Kickstarter devrimi başlamıştı.

Irvine'da, Feargus Urquhart ile Obsidian'ın diğer ortakları bir sonraki hamlelerini tartışmaya başladı. Hâlâ *South Park: The Stick of Truth*'u geliştiriyor ama bunun tek başına yeterli olmayacağını biliyorlardı. *South Park* daha fazla sorunla karşılaştığı ya da onu bitirdiklerinde yeni bir proje bulamadıkları takdirde paraları suyunu çekecekti. Obsidian'ın çeşitliliğe ihtiyacı vardı. Ayrıca *Stormlands*'in geliştiricilerini işten çıkardıktan sonra bile ellerinde hâlâ çalıştırmaları gereken iki düzine geliştirici vardı.

---

* Double Fine bu oyunu 2015'te, üç yıllık sancılı bir geliştirme aşamasının ardından *Broken Age* adıyla yayımladı ve bu süreçte yaşananları harika bir kısa film serisiyle belgeselleştirdi.

Hem *Double Fine Adventure* hem de bahsi sıkça geçen diğer oyunlar sağ olsun, Kickstarter virüsü Obsidian'a da yayılmıştı. Çalışanların büyük bir bölümü kitle fonlamasına sıcak bakıyordu; en deneyimli iki geliştiricileri dahil: Adam Brennecke ve Josh Sawyer. Her ikisi de *Stormlands* üstünde çalışmıştı – Brennecke programcı, Sawyer ise direktör olarak– ve Kickstarter'ın kendilerininki gibi kiralık bir stüdyo için biçilmiş kaftan olduğunu düşünüyorlardı. Toplantılar sırasında, yönetimdekiler bir sonraki hamlelerinin ne olması gerektiğini bulmaya çalışırken Brennecke ile Sawyer durmadan *Double Fine Adventure*'ın bahsini açıyordu. Tim Schafer 3,3 milyon dolar toplamıştı, onlar neden yapamasındı ki?

Urquhart onları susturdu. Kendisi kitle fonlamasına çaresiz bir hareket gözüyle bakıyordu. Öyle bir kampanya başlattıkları takdirde çok büyük bir ihtimalle başarısız olacaklarını, küçük düşeceklerini ve insanların onlara bir dolar bile vermeyeceğini düşünüyordu. "Muhteşem bir fikre sahip olduğunuzu düşünseniz bile," diyor Urquhart, "hatta ona sonuna kadar inanıp paranızı bu işe yatırsanız dahi yine de birilerinin ona ilgi gösterip göstermeyeceğini merak edip durursunuz." Bunun yerine Sawyer, Brennecke ve *Stormlands* ekibinin geri kalanını yatırımcılar ve yayıncılar için yeni sunumlar hazırlamakla görevlendirdi.

İlkbahar yaza dönerken Obsidian neredeyse oyun endüstrisindeki bütün büyük yayıncılarla iş görüşmesi yaptı. Stüdyonun yöneticileri *Might & Magic* ve *Skylanders* gibi büyük serilerde çalışmak için Ubisoft ve Activision'la görüştü. Bir müddet Bethesda'nın talihsiz oyunu *Prey 2* için bir sunumda bulundular (ve kısa bir süreliğine oyunun üstünde çalıştılar).[*] Hatta *Stormlands*'le ilgili fikirlerinden bazılarını bir araya getirip bunları Obsidian'ın ortaklarından Chris Avellone'un önderliğinde *Fallen* adlı yeni bir fikrî mülke çevirmeye bile çalıştılar.[**]

---

[*] İlk olarak Wisconsin menşeli Human Head Studios'un geliştirmeye başladığı *Prey 2*, birçok stüdyoyu dolaştıktan sonra en sonunda Mayıs 2017'de Arkane Studios tarafından sıfırlanarak *Prey* adıyla yayımlandı.

[**] *Fallen* daha sonra *Tyranny* adlı RPG'ye dönüştü ve Kasım 2016'da Obsidian tarafından yayımlandı.

Bu projelerden hiçbir şey çıkmadı. Büyük yayıncıların tutucu davranmak için sebepleri vardı; Xbox 360 (2005'te piyasaya sürüldü) ve PlayStation 3 (2006) ömürlerini doldurmak üzereydi. Yeni nesil konsollar ufukta görünmüştü ama analizciler ve uzmanlar iPhone ile iPad'in yükselişi yüzünden konsol oyunculuğunun sonunun geldiğini düşünüyordu. Yayıncılar da insanların yeni nesil konsolları, yani Xbox One ve PS4'ü satın alacağını bilmeden büyük oyunlara onlarca milyon dolar yatırmak istemiyordu.*

Haziran 2012'de, Obsidian'daki çoğu kişi başarısızlığa uğramaktan bıkmıştı. Bazıları stüdyoyu çoktan terk etmişti, bazıları da istifa etmeyi düşünüyordu. *South Park*'ın üstünde çalışmayanlar kendilerini geliştirme arafında sıkışıp kalmış gibi hissediyor, ufukta gerçek bir iş olmadan sunum üstüne sunum gerçekleştiriyorlardı. "Hiç aşama kaydedemiyorduk," diyor Brennecke. "Yatırımcılara sunum yaparken bile hiç kimsenin kendisini buna tam anlamıyla adayabildiğini sanmıyorum." Feargus Urquhart sabah kahvaltılarında şirketin avukatıyla buluşup *South Park*'ı bitirdikten sonra yeni bir proje bulamamaları hâlinde şirketin fişini çekerlerse neler olabileceğini konuşuyordu.

Sonunda Josh Sawyer ve Adam Brennecke ona bir ültimatom çekti: Bir Kickstarter kampanyası başlatmak istiyorlardı. Bunu Obsidian adına yapmayı tercih ederlerdi ama eğer Urquhart buna karşı çıkmaya devam ederse istifa edecek, kendi şirketlerini kuracak ve bunu tek başlarına yapacaklardı. Sawyer ortamı yumuşatmak için şirketteki *biri* Kickstarter için planlama yaptığı müddetçe yayıncılara sunum yapmaya mutlulukla devam edeceğini ekledi.

Obsidian'daki diğer kıdemli çalışanların da kitle fonlamasına büyük bir ilgi göstermesinin faydası oldu. Özellikle de aylardır alenen Kickstarter'ı öven, hatta stüdyonun hayranları arasında nasıl bir projenin gerçekleşmesine finansal olarak katkıda bulun-

---

* Bu kitaptaki birkaç bölümde de görüleceği gibi uzmanlar yanılıyordu. Hem PS4 hem de Xbox One çok başarılı oldu.

mak isteyeceklerine dair bir anket düzenleyen Chris Avellone'un.*
Urquhart sonunda pes etti ve Adam Brennecke sonraki birkaç
gün boyunca kendisini bir ofise kapatıp kusursuz bir Kickstarter
kampanyası tasarlamaya başladı.

Obsidian'da kalan herkes derhal bir konuda hemfikir oldu:
Eski tarz bir RPG yapmaları gerekiyordu. Şirketin DNA'sının
büyük bir bölümü Black Isle'dan, yani Feargus Urquhart'ın In-
terplay'deki günlerinde yönettiği ve *Icewind Dale, Planescape:
Torment* ve *Baldur's Gate* gibi RPG'leri geliştirip yayımlamasıy-
la ünlü stüdyodan geliyordu. Bu oyunların birkaç ortak noktası
vardı. Hepsi *Dungeons & Dragons* kuralları ve dünyaları üstüne
kuruluydu; hepsi ağırlıklı olarak hikâye ve diyalog odaklıydı ve
hepsi sabit, sanki bir satranç tahtasına tepeden bakıyormuşça-
sına "izometrik" bir kamera açısı kullanıyordu. Hepsi Infinity
Engine adlı teknolojiyi kullandığından oynanışları da birbirine
benziyordu.

Artık hiç kimse öyle oyunlar yapmıyordu. İzometrik RPG'ler
2000'lerin ortalarında gözden düşmüş ve yerini 3D grafiklere,
seslendirilmiş diyaloglara ve çok daha az konuşmaya bırakmıştı.
Yayıncılar çoğunlukla Bethesda'nın 2011'de geliştirdiği ve otuz
milyondan fazla satan RPG'si *The Elder Scrolls V: Skyrim* gibi bü-
yük ses getiren yapımların peşindeydi.** Oyuncular bu eğilimden
uzun süredir şikâyetçiydi. Black Isle'ın izometrik RPG'leriyle bü-
yüyen herkes aynı fikirdeydi: O oyunlar gerçek birer klasikti ve
artık o tarz yapımların üretilmemesi çok üzücüydü.

Obsidian'in *Dungeons & Dragons* lisansı yoktu, o yüzden
büyülü füzeler fırlatmaları ya da Karanlıkaltı'nda geçici olarak
ikamet etmeleri mümkün değildi fakat stüdyoda *Icewind Dale*
ve *Baldur's Gate* gibi oyunlar üstünde çalışmış birkaç kişi bulu-
nuyordu ve izometrik bir RPG yapmanın yepyeni bir 3D oyun

---

* Avellone daha sonra Interplay'in kurucusu ve Obsidian'ın eski dostu Brian
  Fargo'yla ortak olup *Wasteland 2* adlı oyun için bir Kickstarter kampanyası
  başlattı.
** Bu sayı Kasım 2016'da, *Glixe* adlı bir internet sitesine verdiği röportaj
  sırasında *Skyrim*'in direktörü Todd Howard tarafından açıklanmıştır.

geliştirmekten çok daha ucuza mâl olduğunu biliyorlardı. Şayet ekiplerini küçük tutmayı ve bir şekilde Kickstarter'dan birkaç milyon dolar toplamayı başarırlarsa yalnızca birkaç yüz bin adet oyun satmak bile Obsidian'ın kötü talihini tersine çevirebilirdi.

Adam Brennecke sonraki iki ay boyunca yeni bir proje üstünde çalışıp artık *Project Eternity* dedikleri şey için PowerPoint sunumları ve elektronik tablolar hazırlamaya başladı. Josh Sawyer ve Chris Avellone'un yanı sıra Tim Cain gibi –kendisi en iyi ilk *Fallout* üstündeki çalışmalarıyla tanınır– diğer Obsidian emektarlarıyla birlikte beyin fırtınaları gerçekleştirdi. Kickstarter kampanyasını başlatmadan önce bütün detayları açığa kavuşturmaları gerekiyordu; böylece haftalar boyunca zaman çizelgeleri, bütçe hesaplamaları ve hatta ödül aşamaları tasarladılar. "Düşünüp taşınılması gereken bir sürü şey vardı," diyor Brennecke. "Oyunu fiziksel olarak satacak mıydık? Satarsak kutunun içinden neler çıkacaktı? Koleksiyoncu sürümü de olacak mıydı? Koleksiyoncu sürümünde neler olacaktı?" Sonunda, Kickstarter üzerinden 65 dolar bağışta bulunduğunuz takdirde oyunun kutulu sürümünü alabileceğinize karar verdiler. Kumaşa basılı, gerçek bir haritayla birlikte gelen sınırlı, şık sürüm içinse en az 140 dolar ödemeliydiniz.

Brennecke ağustosta Obsidian'ın sahipleriyle bir araya gelip onlara sunumunu yaptı. "Bu oyunda D&D saçmalıkları olmayacak," dedi onlara. *Project Eternity* eski tarz RPG'lerin herkes tarafından sevilen en iyi yanlarını alacak fakat son on yıldır oyun dünyasında yaşanan gelişmelerin demode kıldığı özellikleri dışarıda bırakacaktı. Brennecke onlara 1,1 milyon dolarlık bir hedefe göre bütçe çalışmasını yaptığını söyledi ama içten içe 2 milyon dolar toplayabileceklerini düşünüyordu. "Obsidian çalışanları bu oyunu yapmak istiyor," diye yazmıştı. Şirketin sahipleri projeyi kabul etti. Brennecke'ye küçük bir ekip kurup kampanyayı eylülde başlatmalarını söylediler.

Brennecke o noktada Josh Sawyer'ı yatırımcı sunumlarının iç karartıcı dünyasından kurtardı ve ondan oyunu tasarlamaya başlamasını istedi. *Project Eternity*'nin özgün bir fantastik diyarda geçeceğini biliyorlardı ama nasıl görünecekti? Brennecke insan ruhuna odaklanan bir şey yapmanın çok havalı olacağını düşünüyordu, böylece Sawyer bu fikrin üstüne eğildi. *Eternity*'nin dünyasında ruhlar sadece metafiziksel bir olgu değil, insanlar için somut bir güç kaynağı olacaktı. Ana karakterinizse başkalarının ruhunu okuyup onların hatıralarına göz atabilen, yetenekli bir Watcher olacaktı. "Oyuncunun yöneteceği karakter hakkında böyle bir konsept çıkardım," diyor Sawyer. "Peki, buradan nereye gidebilirdik? Bir yolunu bulacaktık."

Oyuna karakterinizi tasarlayarak başlayacaktınız. Bir sınıf (dövüşçü, büyücü falan filan), bir ırk (insan ve elf gibi geleneksel fantazya halklarının yanı sıra ilahi güçlere sahip olan, "Godlike" türü *Eternity*'ye özgü ırklar) ve üstünkörü bildiğiniz yeteneklerinizi ve büyülerinizi seçecektiniz. Sonra da Eora dünyasını keşfe çıkacaktınız. Savaşlar gerçek zamanlı olarak gerçekleşecekti ama klasik RPG'lerde olduğu gibi istediğiniz anda zamanı durdurabilecek ve stratejinizi belirleyebilecektiniz. Tıpkı eski oyunlarda olduğu gibi *Eternity* dc sadece bilgisayarlara çıkacaktı. Konsol sürümü olmayacaktı. Oyunun *Baldur's Gate*, *Icewind Dale* ve *Planescape: Torment*'ın en iyi yanlarını almasını ve hepsini lezzetli bir karışım hâline getirmesini planlıyorlardı.

Adam Brennecke ve Josh Sawyer küçük bir Kickstarter ekibi kurup sonraki birkaç hafta boyunca her gün toplantılar düzenlediler. Sunum videolarındaki her kelimenin, her ekran görüntüsünün ve her saniyenin üstünden itinayla geçtiler. Şirket sahiplerinden birinin son saniye eleştirilerine –Bu *gerçekten de* iyi bir fikir mi? Ya kimse katılım göstermezse?– göğüs gerdiler ve 10 Eylül 2012 sabahı Obsidian'ın internet sayfasında bir geri sayım sayacı yayımlayarak dört gün içinde büyük bir duyuru yapacaklarını ilan ettiler. "Yayıncı modelini NİHAYET geride bırakıp bir Obsidian RPG'si oynamak isteyen insanlar tarafından doğrudan finanse edilmemiz için bir fırsat bu," diye bir e-posta yazdı Chris Avellone o hafta bana. "Süreci çok iyi bilmeyen, RPG türüne uzak olan ve açık konuşmak gerekirse bir oyuna uzun vadede bağlılık göstermeyen insanların patronum olmasındansa oyuncular için çalışmayı, neyi eğlenceli bulduklarıyla ilgili fikirlerini dinlemeyi tercih ederim."

Aşağı yukarı o vakitlerde Obsidian'daki farklı bir ekip, Doğu Avrupa'daki en büyük internet şirketlerinden biri olan Mail.Ru için bir sunum hazırlamaya başladı. Mail.Ru bir süredir ağırlıkla hem Avrupa'daki hem de Asya'daki hayranlarından yılda yüzlerce milyon dolar kazanan *World of Tanks*'in başarısını izliyordu. Her ne kadar çok oyunculu tank oyunları Obsidian'ın uzmanlık alanına girmese de –Urquhart'ın da dediği gibi, Obsidian'dakiler daha çok "RPG'ci şapşal çocuklar" idi– şirket sahipleri bunu düzenli bir gelir kaynağı fırsatı olarak gördü, böylece daha sonra *Armored Warfare* olacak yapımın hayallerini kurmaya başladı.

Armored Warfare, 2012'nin sonlarına doğru Urquhart ve ekibi için finansal açıdan önemli bir can simidi hâline geldi. Şirketin *varını yoğunu* Kickstarter kumarına yatırmadıkları anlamına geliyordu bu. Sadece birkaç şeyi yatırmışlardı.

14 Eylül 2012, cuma günü bir grup Obsidian çalışanı Adam Brennecke'nin masasında toplandı ve arkasına dizilip saatin 10:00'u vurmasını beklediler. Büyük olaya bir saat kala ekranda kocaman, kırmızı bir yazı belirip Brennecke'yi "kampanyayla ilgili bir hata" olduğuna dair uyardığında korku dolu anlar yaşadılar; fakat Kickstarter merkeziyle gerçekleştirdikleri hızlı bir telefon görüşmesinin ardından sorunu vaktinde çözdüler. Brennecke saat tam onda başlatma düğmesine bastı. Ekran yüklendiğinde sayaç çoktan 800 dolara çıkmış görünüyordu. *Nasıl olur lan?* Brennecke sayfayı yeniledi. Şimdi de 2.700 doları gösteriyordu. Sonra 5.000 oldu. Sadece bir dakika içerisinde beş haneli sayılara ulaşmışlardı.

Eğer 14 Eylül 2012'de Obsidian Entertainment'ın ofislerini ziyaret etmiş olsaydınız muhtemelen bir oyun geliştirme stüdyosunda olduğunuzu anlamazdınız çünkü o gün oyun geliştirmekle alakalı çok az şey yapılıyordu. Onun yerine klavyelerinin F5 tuşuna heyecanla basıp duran ve *Project Eternity*'nin Kickstarter kampanyasının dakikada yüz dolar toplamasını izleyen bir düzine insanla karşılaşırdınız. O gün çok fazla iş yapamayacaklarını fark eden Feargus Urquhart öğleden sonra bir grup çalışanını yanına alıp onları sokağın karşısındaki Dave & Buster'a götürdü ve kendilerine bira ısmarlayıp sessizce telefonlarına bakmaya, Kickstarter sayfasını yenilemeye kaldıkları yerden devam ettiler. Günün sonunda 700.000 dolara ulaşmışlardı.

Sonraki birkaç hafta, toplanan bağışlarla, güncellemelerle ve röportajlarla fırtına gibi geçip gitti. *Project Eternity* asıl hedefi olan 1,1 milyon dolara kampanyanın başlamasından sadece bir gün sonra ulaştı ama Urquhart ve ekibi asgariyle yetinmeye razı değildi; mümkün olduğunca çok bağış toplamak istiyorlardı. Daha çok paralarının olması sadece daha iyi bir oyun yapabilecekleri anlamına değil, daha fazla insanı işe alıp projeye daha fazla vakit ayırabilecekleri manasına da geliyordu (ki bu da muhtemelen daha iyi bir oyun demek oluyordu).

Brennecke, Kickstarter takipçileri için düzenli güncellemeler hazırlamakla uğraşırken ekip de ekstra hedefler –belirli bir bağış eşiğine ulaştıkları takdirde oyuna ekleyecekleri yeni özellikler– belirlemeye başladı. Bu dengelemesi zor bir işti. Oyunu yapmaya başlamadan hangi özelliğin ne kadara mâl olacağını bilmelerine imkân yoktu, o yüzden sadece tahminde bulundular. Örneğin, Feargus Urquhart *Eternity*'ye ikinci bir büyük şehir daha eklemek istiyordu ama daha ilk şehri bile yapmaya başlamadan ikincisinin ne kadar zaman alacağını nasıl bilebilirlerdi ki? Böylece tahminlerde bulundular ve şayet kampanya 3,5 milyon doları aşarsa oyuna ikinci bir şehir daha eklemeyi vadettiler.

16 Ekim 2012'de, yani Kickstarter kampanyasının son gününde Obsidian ekibi başarılarını kutlamak için bir parti verdi. Bütün şirket konferans salonunda bir araya toplandı –tıpkı yedi ay önce *Stormlands*'in iptal edildiğini öğrendikleri günkü gibi– ve verdikleri tepkileri internette yayımlayabilmek için bir

kamera kurdular. İçtiler, şarkı söylediler ve son dolarların akışını izlediler. Sayaç sıfıra ulaştığında 3.986.794 dolar toplamışlardı. Bu meblağ Kickstarter hedeflerinin neredeyse dört, en iyimser üyeleri Adam Brennecke'nin umut ettiğinin iki katından daha fazlaydı.

PayPal ve Obsidian destek sitesi üstünden elde ettikleri ek bağışlarla nihai bütçeleri yaklaşık 5,3 milyon dolara ulaştı.* Urquhart'ın şirketi, hayranlarının ortaya çıkıp yayıncıların asla finanse etmeyeceği, klasik bir RPG için büyük miktarda bağışta bulunacağına dair bir kumar oynamış ve beklentileri karşılanmıştı. Sadece yarım yıl içerisinde, *Armored Warfare* ve *Project Eternity* sayesinde Obsidian'ın kaderi tersine döndü. Şirket artık iflasın eşiğinde değildi. Nihayet yayıncıların değil, gönüllerinin istediği gibi bir oyun yapabilmek için kendilerini özgür hissediyorlardı.

Artık tek yapmaları gereken bir oyundu.

Kickstarter kampanyası sona erdikten bir hafta sonra, ortalık sakinleşip akşamdan kalmışlıklarını üzerlerinden attıklarında, Josh Sawyer destekçileri için kısa bir güncelleme videosu yayımladı. "Kickstarter sona erdi," dedi. "Teşekkürler. Ama şimdi çalışma vakti."

Çalışmaktan kastı hem kendisinin hem de ekibin geri kalanının üretim öncesi safhaya, yani *Eternity* hakkındaki temel sorulara cevap bulmaları gereken geliştirme aşamasına geçmesiydi. *Baldur's Gate* hissiyatı veren bir oyun yapmak istediklerini biliyorlardı fakat *Dungeons & Dragons* kurallarını kullanamayacaklarına göre karakterleri neye benzemeliydi? Sınıfların ne gibi yetenekleri olmalıydı? Savaşlar nasıl gerçekleşecekti? Oyunda kaç görev bulunacaktı? Dünyası ne büyüklükte olacaktı? Çizerler ne tür grafik teknikleri kullanacaktı? Hikâyeyi kim yazacaktı?

---

* Tişört ve portre gibi Kickstarter ödüllerini gerçeğe dönüştürüp yollamak yüz binlerce dolara mâl oldu, o yüzden asıl bütçeleri yaklaşık 4,5 milyon dolardı.

Ekipleri kaç kişiden oluşmalıydı? Oyunu ne zaman yayımlaya-caklardı?

Tam bir tarih kurdu ve motosiklet tutkunu olan ve her iki kolunda etkileyici şiir dövmeleri bulunan Josh Sawyer proje direktörü rolüne getirildi. Kendisi *Stormlands* ekibinde de aynı görevde yer alıyordu. Meslektaşları onu güçlü bir vizyonu olan ve kiminle zıtlaşırsa zıtlaşsın görüşlerine sıkıca bağlı kalan bir direktör olarak tarif ediyor. "Josh ilk seferinde doğru kararı alma konusunda açık ara farkla en büyük yüzdeye sahip," diyor baş bölüm tasarımcısı Bobby Null. "[Her seferinde] yüzde seksen veya seksen beş oranında doğru kararı veriyor... Gerektiği takdirde de sonuna kadar savaşıyor ve bu hiç de kolay bir şey değil çünkü ortada hatırı sayılır miktarda para oluyor."

Bu dövüşlerin büyük bir bölümünde karşı köşede hem ida-ri yapımcı hem de baş programcı görevlerini üstlenen Adam Brennecke oturuyordu. Etkileyici kaşlara sahip, tasasız bir futbol oyuncusu olan Brennecke, kendisini "tutkal çocuk" olarak tarif ediyor; yani *Eternity*'nin bütün parçalarının birbirine uyduğunu garanti altına almakla yükümlü olan adam. Kendisi aynı zaman-da bütçeden de sorumluydu. Kickstarter kampanyası sona er-dikten sonra, ilk birkaç hafta boyunca bir zaman çizelgesi çıkar-makla ve oyunun her kısmına ne kadar para harcayabileceklerini hesaplamakla uğraşmıştı. Bu da onu oyuna mümkün olduğunca çok iddialı fikir sıkıştırmaya çalışan Sawyer için doğal bir karşıt kutup hâline getiriyordu.

Üretim öncesi safhanın ilk günlerinde Sawyer verdiği karar-ların arkasında sıkıca durdu; özellikle de oyunun boyutuyla ilgili olanın... Ekiptekilerin boş akşamlarında ilham almak için oyna-dığı eski Infinity Engine oyunları, her biri nesneler ve enstanta-nelerle dolu küçük harita ekranlarına ayrılan dünyalara sahipti. Bu oyunların en büyüğü olan *Baldur's Gate 2*'de yaklaşık iki yüz benzersiz harita vardı. *Project Eternity*'nin boyutunu planlayabil-mek için Sawyer ile Brennecke'nin oyunda kaç harita olacağına karar vermesi gerekiyordu. Brennecke 120'de karar kılmıştı fakat

Sawyer onunla aynı fikirde değildi. 150 harita istiyordu ve bunun daha masraflı olacağını bilmesine rağmen kesinlikle geri adım atmıyordu. "Prodüksiyon ve yönetim arasında kasıtlı bir zıtlık olması gerektiği kanısındayım," diyor Sawyer. "Düşmanlık değil. Ama yönetici bir noktada, 'Bunu istiyorum. Çeki hemen yazıyorum,' der. Prodüksiyon da çek defterini tutar."

Kitle fonlaması sayesinde Brennecke'nin çek defterinde 4 milyon dolardan fazla bir meblağ vardı ve bu bir Kickstarter projesi için epey çoktu. Ama maliyetleri yüzlerce milyon doları bulan büyük ve modern video oyunlarının bütçeleriyle kıyaslandığında da çok küçük kalıyordu. Kişi başına ayda 10.000 dolarlık standart harcama oranı kullanıldığında *Eternity*'nin bütçesi kırk kişilik bir ekibi on ay boyunca idare edebilirdi. Ya da yirmi kişilik bir ekibi yirmi ay. Dört milyon dolar, iki kişilik bir ekibin iki yüz ay çalışmasına bile yeterdi ama Kickstarter destekçileri oyunlarını oynayabilmek için on yedi yıl beklemekten pek memnun kalmazdı herhalde.

Gerçi tüm bunlar kâğıt üstündeydi. Gerçek hayatta evdeki hesap asla çarşıya uymaz. Geliştirici ekipler her ay ihtiyaç duydukları şeylere göre büyüyüp yeni sözleşmeler imzalar ve bütçe de buna uygun olarak ayarlanır. Bu yüzden Brennecke'nin aktif bir zaman çizelgesi çıkarması gerekiyordu. Projenin gidişatına göre her gün değişebilecek bir çizelge… Oyun geliştiriciliğinde bu tür çizelgeler her zaman esnektir; yinelemeleri, insanî hataları ve ilhamın gelip giden bir şey olduğunu hesaba katmaları gerekir. "Hepsinden de öte," diyor Brennecke, "proje üstünde çalışıp kullandığımız araçlar geliştikçe bizden daha verimli olmamız beklenir."

Haritaların sayısı büyük bir fark yaratıyordu. 120 yerine 150 harita tasarlamak fazladan birkaç ay daha çalışmak anlamına geliyordu ve bu da zaman çizelgesini uzatıyor, dolayısıyla da Obsidian'a daha fazla masraf çıkarıyordu ama Sawyer pes etmedi. "Geriye dönüp baktığımda oyunlarımızı farklı kılan şey bence bu," diyor Brennecke. "Bunun gibi çılgınca kararlar almak. Bunu yapabiliriz, hadi bir yolunu bulalım demek."

Brennecke ve Sawyer, *Project Eternity*'nin boyutu üzerinde savaşadursun, bu sırada sanat ekibinin başka problemleri vardı. Obsidian'ın çizerleri ve animatörleri 3D grafikler tasarlamak için yıllardır Softimage adlı programı kullanıyordu; fakat 2012 itibarıyla program demode kalmaya başlamıştı ve rakipleriyle kıyaslandığında önemli özelliklerden yoksundu (zaten 2014'te de üretimi durduruldu). Hem Obsidian'in sahiplerinden bazıları hem de sanat direktörü Rob Nesler modernleşmek adına popüler bir 3D grafik aracı olan ve Unity'yi* modifiye ederek oluşturdukları kendi oyun motorlarıyla daha iyi çalışan Maya'ya geçmeye karar verdi.

Nesler uzun vadede bunun doğru bir karar olduğunu biliyordu ama büyüme sancıları çekeceklerdi. Sanat ekibinin Maya'yı düzgün bir şekilde kullanmayı öğrenmesi haftalar alacaktı ve bunun anlamı üretimin ilk safhalarının normalden daha yavaş ilerleyeceğiydi. "İnsanlar genellikle, 'Ah, bu sadece başka bir yazılım paketi, öğrenirsiniz,' derler," diyor Nesler. "Ama ustalık ve yeterlilik kazanmak, bir şeyi yapabilmek için ne kadar süre gerekeceğini düzgünce tahmin edebilmek için bu tür programları problem çözme derecesinde iyi bilmeniz icap eder... Birisi size, 'Falanca işi bitirmen ne kadar sürer?' diye sorduğunda ona, 'Şu kadar,' diyebilecek derecede ustalaşabilmeniz için aylar, hatta yıllar gerekir."

Prodüktörlerinin temel sanatsal çalışmaların ne kadar süreceğini tahmin edemeden isabetli bir zaman çizelgesi çıkarması mümkün değildi. İsabetli bir zaman çizelgesi olmadan projenin ne kadara mâl olacağına da karar veremiyorlardı. Her haritayı tasarlamaları altı ay sürdüğü takdirde dört milyon dolar çok geçmeden suyunu çekerdi. Şayet bir yayıncıyla çalışıyor olsalardı biraz daha para çekmek için sözleşmelerini yeniden düzenle-

---

* Altıncı bölümde daha detaylı bir şekilde bahsedeceğimiz bir oyun motoru. Geliştiricilerin oyun yapabilmesine yardımcı olan ve yeniden kullanılabilir kodlardan oluşan bir koleksiyondur. Bağımsız stüdyolar tarafından kullanılan, ortak telifli ve bağımsız bir motordur.

yebilirlerdi fakat *Eternity* durumunda böyle bir şey söz konusu bile olamazdı. "Bütçe neyse oydu," diyor ses direktörü Justin Bell. "Destekçilere gidip, 'Bize biraz daha para verin,' diyemezdik. Bu hiç iyi görünmezdi. O yüzden çok az pazarlık payı vardı."

Hem Maya'ya geçtikleri hem de sanat ekibinin izometrik RPG yapma konusunda çok az tecrübesi olduğu için *Eternity*'nin ilk prototiplerinin düzgün görünmeye başlaması epey vakit aldı. Bir müddet boyunca Infinity Engine'le yapılmış o eski oyunlarla kıyaslandıklarında çok karanlık, bulanık ve farklı kaldılar. Bazı hararetli tartışmaların ve yinelemelerin ardından, sanat ekibi bu tür oyunlarda izlemeleri gereken bazı estetik kurallar olduğunu öğrenmeye başladı. Örneğin çimenler uzun olmamalıydı çünkü *Eternity*'nin başkarakterlerinin altındaki seçim çemberlerini görünmez kılıyorlardı. Kısa çimenler oyuncuların grubu takip etmesini kolaylaştırıyordu. Başka bir kural: Zemin mümkün olduğunca düz olmalıydı. Farklı yükseklik seviyelerine sahip olan haritalar bilhassa zorluydu. Genellikle ekranın güneyinden veya batısından başlıyor ve kuzeye veya doğuya doğru ilerliyordunuz, bu yüzden haritanın da buna uygun bir şekilde yükseklik kazanması gerekiyordu. Eğer bir odaya girdiğinizde içeride güneye doğru çıkan basamaklar varsa bu durum kafa karışıklığına neden oluyor, kendinizi bir M. C. Escher tablosundaymış gibi hissediyordunuz.

Kickstarter kampanyasını izleyen aylar boyunca durmadan büyüyen *Project Eternity* ekibi oyundaki her bölümü tasarlamak için gereken en uygun yolu bulmaya çalışırken buna benzer onlarca kreatif kararla yüzleşmek, oyunun boyutunu küçültmek ve bazı özellikleri çıkarmak zorunda kaldılar. "Bir oyunu, özellikle de 'eğlence faktörünü' onu oynamaya başlayıp kendi gözlerinizle görmeden tam manasıyla anlayamazsınız," diyor Brennecke. "'Burada yanlış bir şeyler var. Bu oyunun nesi yanlış?' diye düşünürsünüz. İşte o noktada devreye Josh'la ben giriyoruz ve oturup neyin yanlış olduğunu tam manasıyla analiz ediyoruz."

Birkaç teknik prototip geliştirdikten sonra ekibin ilk büyük hedefi bir "dikey dilim" –yapımın son hâline mümkün olduğunca benzeyecek şekilde tasarlanmış küçük bir oyun parçası– hazırlamaktı. Yayıncılar tarafından finanse edilen, geleneksel geliştirme modelinde dikey dilimin etkileyici görünmesi önemliydi çünkü yayıncı oyuna onay vermediği takdirde stüdyo para alamazdı. "Yayıncıya odaklandığınızda çoğu zaman birçok şeyi [kasıtlı olarak] yanlış yoldan yaparsınız," diyor baş bölüm tasarımcısı Bobby Null. "Bu bir göz boyamacadır; oyunun içine bir sürü şey tıkıştırır ve yayıncıyı etkilemeye çalışırsınız ki faturaları ödemeye devam etsinler." Ama *Eternity*'de kandırmaları gereken kimse yoktu. Çekler çoktan nakde çevrilmişti. Dikey dilimlerini doğru olduğunu düşündükleri şekilde tasarlayabilir, modelleri ve bölgeleri oyunun son hâlini hazırlarken yapacakları şekilde dizayn edebilirlerdi. Ki bu da zamandan ve paradan tasarruf etmelerine yardımcı olurdu.

Başlarında ilerleme raporu isteyen büyük bir yayıncı yoktu ama Obsidian ekibi *Eternity*'ye bağışta bulunan 74.000 destekçisini gelişmelerden düzenli olarak haberdar etmeyi kendilerine bir borç bildi. Hayranlarıyla doğrudan iletişime geçebilmenin olumlu tarafı, bir yayıncının sıkı reklam stratejileri olmadan, açık sözlü ve dürüst bir şekilde konuşabilmeleriydi. Olumsuz tarafıysa *her zaman* açık sözlü ve dürüst olmak zorunda kalmalarıydı.

Obsidian ekibi bir veya iki haftada bir neler yaptıklarıyla ilgili detaylarla dolu güncellemeler, abartılı konsept çizimleri ve örnek diyaloglardan küçük kesitler yayımladı. Bu güncellemelerden bazıları elektronik tabloların fotoğraflarını (elektronik tablolar!), savaş ve karakter yaratımı gibi sistemlerin kapsamlı açıklamalarını içeren, inanılmaz derecede derinlikli şeylerdi. Bu da anında geri dönüş almalarını sağlıyordu ve bazen bunu idare etmek zordu. "Vurdumduymaz olmayı çabucak öğreniyorsunuz," diyor konsept sanatçılarından Kaz Aruga.

Eternity'nin geliştiricileri çoğu oyun yapımcısı gibi tecrit hâlinde çalışmaya, sadece yeni bir fragman yayımladıklarında ya da bir fuara katıldıklarında dış dünyadan geribildirim almaya alışkındı. Ancak Kickstarter yoluyla çalışırken gerçek zamanlı olarak eleştiri alıyorlardı ve bu durum oyunu önceki projelerde hiç olmadığı şekilde, daha iyi geliştirmelerine yardımcı olabilirdi. Kickstarter forumlarını neredeyse her gün okuyan Josh Sawyer hayranlarından gelen geri dönüşleri iyice özümsüyor, hatta destekçilerinden birinin planladıkları bir sistemin neden oyunda bulunmaması gerektiğine dair detaylı açıklamalarını okuduğunda her şeyi çöpe atacak kadar ileri gidiyordu. (O sistem eşyaların kullanıldıkça eskimesi üzerineydi ve hem zahmetli hem de sıkıcı bir şeydi, diyor Sawyer.)

Bazı destekçiler dobra dobra konuşup taleplerde bulunuyor, hatta *Eternity*'nin gidişatından memnun kalmadıklarında paralarının iade edilmesini istiyordu. Diğerleriyse enerjik, yapıcı ve yardımsever insanlardı. Birkaç tanesi Obsidian'a şekerlemelerle dolu paketler bile yollamıştı. "Bu gerçekten de harika bir şeydi," diyor Obsidian'ın ortaklarından biri olan Darren Monahan. "Sanki oyunun üstünde çalışan ama stüdyoda olmayan üç yüz - dört yüz kişi daha vardı."

2013'ün ortalarına doğru *Eternity* ekibi dikey dilimi tamamladı ve üretim öncesi safhadan üretim aşamasına, yani oyunun büyük bir bölümünü tasarlayacakları kısma geçtiler. Sanatçılar artık araçlara ve geliştirme sürecine alışmıştı; Josh Sawyer ve diğer tasarımcılar büyü ve zanaat gibi sistemleri hazırlamış, programcılar da hareket etmek, savaşmak ve envanter yönetimi gibi temel özellikleri tamamlamıştı. Bölüm tasarımcıları oyundaki bölgelerin büyük bir bölümünün dış hatlarını ve eskizlerini geliştirmişti. Ama oyun hâlâ takvimin epey gerisindeydi.

En büyük problem, *Project Eternity*'nin senaryosunun ekipteki herkesin beklediğinden çok daha yavaş gelişmesiydi. Sawyer ve Brennecke ana hikâyeyi 2005'ten beri Obsidian bünyesinde yazar olarak çalışan Eric Fenstermaker'ın ellerine teslim etmişti. İşleri karmaşıklaştıran şey, Fenstermaker'ın aynı zamanda *South Park: The Stick of Truth*'un da baş senaristi olmasıydı ve o oyun da kendi yayıncı değişikliğini yaşıyor, birçok geliştirme sorunuyla yüzleşiyordu. *Eternity* ondan sonra yayımlanacaktı, o yüzden öncelikleri *South Park*'tı.

Fenstermaker'ın *Eternity* için çok iyi fikirleri vardı ve ekibi arka plan hikâyelerinin büyük bir bölümünü şimdiden hazırlamıştı; ama tüm hikâyeyi ve diyalogları tamamlamak için yardıma ihtiyaçları olacakları açıktı. Kasım 2013'te basılı romanları olan fakat hiç video oyun tecrübesi bulunmayan Carrie Patel'i *Eternity*'nin ilk tam zamanlı yazarı olarak işe aldılar. "Ekibe sonradan katılan bir anlatıcı olmak zordu," diyor Patel. "Hikâye, üretim öncesi safhada pek çok farklı kişi tarafından bir araya getirilen bir avuç anlatıdan oluşuyordu ve hepsinin en iyi yanlarını alıp onlardan bir senaryo çıkarmaya çalışıyorlardı. Bu da, 'Hadi bir hikâye yazıp nereye gideceğine bir bakalım,' demiş olsaydık hiç karşılaşmayacağımız türden problemler yaratıyordu."

Patel video oyunlarına geçiş yapmayı heyecan verici buluyordu. Bir oyun senaryosu kaleme almak, bir kitap yazmaktan çok daha farklı bir tecrübe sunuyordu çünkü romanlarda hikâye sadece tek bir yönde ilerliyordu. Ama *Eternity* gibi bir oyun sizi hikâyelerinize birer yol olarak değil, farklı oyuncuların farklı dallara atladığı bir ağaç gibi bakmaya zorluyordu. *Eternity*'de gerçekleşen neredeyse her sohbet oyunculara söyleyeceklerini seçme imkânı veriyordu ve bu yüzden hikâyenin her olasılığı hesaba katması gerekiyordu. Örneğin oyunun ilerleyen bölümlerinde, kötücül rahip Thaos'u takip etmeniz gereken bir görevde hangi tanrıyı desteklediğinizi seçmeniz gerekiyor. Patel ve ekibin geri kalanı oyuncuların yalnızca bir tanesini göreceğini bilmelerine rağmen her tanrının senaryosu için ayrı ayrı diyaloglar hazırlamıştı.

2013'ün sonunda, Obsidian o güne dek neler yaptıklarını dünyaya göstermek için kısa bir tanıtım videosu yayımlamaya karar verdi. Adam Brennecke fragmanı düzenlemek için kolları sıvarken konsept sanatçısı Kaz Aruga da oyunun logosunu çizmekle görevlendirildi. *Eternity*'den önce *Star Wars* (Yıldız Savaşları) çizgi filmlerinde çalışan ve oyun sektöründe yeni olan Aruga için bu korkutucu bir şeydi. Obsidian'da çalışmaya başlayalı bir yıl bile olmamıştı, buna rağmen oyunun en önemli kısımlarından biri ona emanet edilmişti: *Eternity* ibaresinin arkasında yer alacak ve sonraki yıllar boyunca tüm pazarlama materyallerinde kullanılacak görseli çizmek.

Meşakkatli bir işti. Aruga her gün Obsidian'ın farklı departmanlarından farklı geri dönüşler alıyordu. Bu geribildirimler sıklıkla birbirileriyle çelişiyor ve Aruga'yı herkesi nasıl memnun edebileceğini düşünmeye sevk ediyordu. "Bir düdüklü tencerede gibiydim," diyor. "Bu eğitici bir deneyimdi." Aruga nihayet bütün ekibi memnun eden bir logo ortaya çıkarana kadar yüzden fazla eskiz çizmek zorunda kaldı.

10 Aralık 2013'te üretim müdürü Brandon Adler, Kickstarter'da bir güncelleme yayımladı. "*Project Eternity* ekibinin yoğun emekleri sayesinde ilk oyun içi fragmanımızı sunmaktan gurur duyarız." Fragman koro hâlinde söylenen, destansı bir şarkı eşliğinde birbirini takip eden çok kısa oynanış görüntülerinden oluşuyordu. Devasa örümceklere ateş topları fırlatan büyücüler... Bir grup maceracının ortasına balyozunu indiren bir ogre... Ağzından alevler püskürten kocaman bir ejderha... Ve en sonunda Aruga'nın logosu beliriyordu. Projenin yeni resmî adının arkasında yükselen oniks sütunlar: *Pillars Of Eternity*.

İnsanlar çok heyecanlandı. *Pillars of Eternity* denen şu oyun âdeta 2000'lerin başlarından fırlamış gibi görünüyor ve onca yıldır hasretini çektikleri, *Baldur's Gate* tarzı eski Infinity Engine oyunlarını hatırlatıyordu; fakat grafikleri çok daha pürüzsüz ve güzeldi. "Aman tanrım!" diye yazdı bir destekçi. "İç mekânlar kesinlikle harika görünüyor!" diye yazdı bir diğeri. "Aslına bakarsanız dış mekânlar da öyle."

Olumlu tepkiler karşısında keyifleri yerine gelen *Eternity* ekibi, 2014'e projenin ivme kazandığını hissederek girdiler fakat önlerinde onları bekleyen iş yükü göz korkutucuydu. Brennecke'nin zaman çizelgesine göre oyunu Kasım 2014'te yayımlamaları gerekiyordu ama hâlâ bitirmeleri gereken çok şey vardı. Göz alıcı 3D grafikler olmadan bile *Pillars of Eternity* muazzam boyutlara ulaşmıştı. Bilhassa da Josh Sawyer'ın oyunda 150 harita bulunacağına dair fermanından sonra...

Geliştiriciler çoğu oyunda, takvimin fazla sıkışık olduğunu hissettiklerinde o kadar önemli olmayan özellikleri ve bölgeleri çıkarıp atar. Ama *Pillars of Eternity* söz konusu olduğunda Adam Brennecke'nin önünde benzersiz bir problem vardı: Obsidian o özelliklerin çoğunun oyunda yer alacağına dair hayranlarına söz vermişti. Kickstarter kampanyası sırasında, isterseniz ziyaret edebileceğiniz, on beş katlı, kocaman bir zindan hakkında gösteriş yapmışlardı ve şimdi kaç gece uykusuz kalacak olsalar da o zindanı geliştirmek zorundaydılar. Tabii bir de ikinci şehir meselesi vardı.

Obsidian ilk şehri, Defiance Bay'i tasarlamayı çoktan bitirmişti ve harika gözüküyordu. Karmaşık, çok katmanlı bir yerdi ve hikâyede önemli bir yer tutuyordu. Ama şimdi, Defiance Bay'in çeşitli mahallelerini tasarlayıp modellemek için gereken zorlu süreci geride bırakmalarının ardından, ikinci şehri inşa etme düşüncesi bile midelerini bulandırıyordu. "Her kafadan, 'Keşke bunu hiç yapmasaydık,' sesleri çıkıyordu," diyor Feargus Urquhart. "En nihayetinde gerekli değildi."

"İlk şehre daha çok mahalle eklemek bile muhtemelen daha kolay olurdu," diyor Josh Sawyer. "Tempo açısından da sorunluydu. Önce tüm Defiance Bay'i geziyorsunuz, ardından bir avuç vahşi araziyi geride bırakıyorsunuz ve birdenbire karşınıza başka bir şehir daha çıkıyor. 'Ahbap, bu üçüncü bölüm, lütfen beni sal artık,' diyesiniz geliyor." Yine de söz ağızdan çıkmıştı bir kere. İkinci şehir oyunda yer almak zorundaydı. Böylece, söz verdikleri bütün özellikler oyunda bulunmadığı takdirde hayranlarının kendilerini ihanete uğramış gibi hissedeceğini bilerek Twin Elms'i inşa ettiler.

Mayıs 2014'te, bir kez daha dikkatlerini başka bir şeye çevirmek zorunda kaldılar. Pazarlama ve reklam konusunda yardım almak için bir oyun yayıncısı olan Paradox'la sözleşme imzalamışlardı ve anlaşma gereği E3'e, yani geliştiricilerin en yeni projelerini sergilemek için yılda bir kez toplandıkları bir oyun fuarına katılmaları gerekiyordu. Oyun dünyasının cazibe merkezi olan bu etkinlikte boy göstermek *Pillars of Eternity* için çok önemliydi ama bunun anlamı yeterince cilalanmış ve işlevsel bir demo hazırlamak için haftalar harcamaları gerektiğiydi.

Takım liderleri E3 demosunu herkesin oynayabileceği şekilde, fuar alanında sergilemek yerine kapalı kapılar ardında göstermeye karar verdi. Fareyi Obsidian çalışanları kontrol edecekti. Bu sayede oyuncuların yanlış bir şeye tıklayıp hatalara ya da çökmelere rastlamasının önüne geçilecekti. Adam Brennecke ek olarak demonun üzerinde çalışmaları gereken büyük bir bölümden oluşmasına karar verdi. "Hem E3 demosu hem de dikey dilim için prensibim oyunun içinde yer alacak bir şeyden oluşmalarıdır, böylece yaptığımız iş boşa gitmez," diyor Brennecke. "E3 demosunun oyunla alakasının olmadığı birçok projede yer aldım. 'Bunu neden yapıyoruz ki? Bu tam bir zaman kaybı,' diye düşünürdük."

Brennecke fuarda oyunun ilk yarım saatini göstermeleri konusunda kararlıydı. Bu bölümde *Pillars of Eternity*'nin başkarakteri, yabancılarla dolu bir kervanla bir ormandan geçiyor. Düşmanlar kervanı tuzağa düşürüyor, kahramanımız yakınlardaki dolambaçlı mağaralara kaçıyor, burada bazı canavarlarla kapışıyor, tuzakları atlatıyor ve rahatsız edici bir tören düzenleyen bir grup tarikatçıya denk geliyor. Bölüm biraz hikâye, biraz da savaş içeriyor ve en heyecanlı yerinde son buluyor. Kısacası, kusursuz bir demo. "'Hadi şunu bir güzel cilalayalım,' dedim," diyor Brennecke. "Harcadığımız sürenin bir dakikası bile boşa gitmeyecekti. Oyunun cilalanmaya en çok ihtiyacı olan kısmı başlangıcıydı ve biz de bunu yapacaktık."*

---

* "Cilalamak" oyun geliştiricileri jargonunda çoğunlukla hataları ayıklamak, ince ayar çekmek ve oyunun sorunsuz ve eğlenceli bir şekilde çalışması için gereken diğer tüm o küçük eylemlerde bulunmak anlamına gelir.

E3 başladığında Brennecke ve ekibi küçücük, sıcak bir kabinde tam üç gün geçirdiler ve her yarım saatte bir içeri gelen yeni bir basın mensubu grubuna daha önceden hazırladıkları aynı konuşmaları tekrarladılar. Bu monotonluğun karşılığını oyun basınında genişçe yer bularak aldılar. Muhabirler –özellikle de *Baldur's Gate* gibi yapımları oynayıp sevenler– *Pillars of Eternity*'nin potansiyeli karşısında derhal ikna oldu. *PCWorld* sitesinde yer alan ilk bakış makalelerinden birinde, "Obsidian tipik güçlükleri –hatalar, iptal edilen görevler vb.– atlattığı takdirde bu oyunun harika olacağına hiç şüphem yok," ibaresi yer aldı.

Pillars ekibi E3 bittikten sonra oyunun herkese açık, büyük bir versiyonunu daha hazırlamak zorunda kaldı: Destekçi betası. Brennecke ve Sawyer, *Pillars of Eternity*'nin Gamescom'da –her yıl on binlerce Avrupalı oyuncunun toplandığı Alman oyun fuarında– herkes tarafından oynanabilir olmasını istiyordu. Öte yandan, Gamescom'a katılan insanların oyunu finanse edenlerden daha önce oynamasının da haksızlık olacağını düşünüyorlardı. Bu yüzden demoyu Kickstarter destekçilerine de aynı anda sunmaya karar verdiler. Bunun anlamı önlerinde zorlu bir teslim tarihi olduğuydu: 18 Ağustos 2014.

Ekiptekiler E3'ü takip eden iki ay boyunca her akşam ofiste kalıp –fazla mesai vakti– destekçi betası için gerekenleri tamamlamaya çalışırken günler uzun ve muğlak saatlere dönüştü. 18 Ağustos yaklaştıkça Josh Sawyer oyunun çok iyi durumda olmadığını fark etti ve sahiden de, *Pillars* betasını Kickstarter destekçileriyle paylaştıklarında derhal eleştiri yağdı. "Maalesef oyunda bir sürü hata bulunduğundan pek çok olumsuz eleştiri aldık," diyor Brennecke. "Bana kalırsa betayı yayımlamadan önce üstünde bir ay daha çalışmamız gerekiyordu." Eşyaların açıklaması yoktu. Savaşlar dengesizdi. Oyuncular kahramanlarını bir zindana soktuğunda karakter modellemeleri kayboluyordu. İnsanlar demonun genel içeriğinden ve ana mekaniklerden memnundu ama beta o kadar dengesizdi ki ağızda acı bir tat bırakıyordu.

Eylül 2014'te, *Pillars of Eternity* ekibinin büyük bir bölümü oyunu o yıl yayımlamanın çok zor olacağını fark etti. Sadece destekçi betası değil, bütün oyun daha fazla emek istiyordu. Onu cilalamaları, optimize etmeleri, hatalarını ayıklamaya daha fazla zaman ayırmaları ve bütün bölgelerin aynı anda hem ilginç hem de eğlenceli olduğundan emin olmaları gerekiyordu. "Herkes birbirine bakıp, 'Hayır. Henüz yaklaşamadık bile. Henüz o noktada değiliz,' diyordu," diyor ses direktörü Justin Bell. "Oyunu en başından en sonuna dek oynamalı ve bunun eksiksiz bir tecrübe sunduğunu hissedebilmelisiniz. Ancak *Pillars* henüz bunun yanından bile geçemiyordu."

Adam Brennecke ve Josh Sawyer, Feargus Urquhart'tan bir toplantı talep ettiler. Hep birlikte Urquhart'ın favori mekânlarından biri olan Cheesecake Factory'de bir öğle yemeği yediler ve Brennecke ile Sawyer oyunu kasımda yayımlamaya çalışmanın bir felakete neden olacağını açıkladılar. Ekibin daha fazla süreye ihtiyacı vardı. Evet, Kickstarter'dan topladıkları para bitmişti ve Obsidian'ın kendi kaynaklarını kullanmak zorunda kalacaklardı ama *Pillars of Eternity* gibi bir oyun –Obsidian'ın o güne kadarki en önemli yapımı– için fazladan yatırım yapmaya değerdi. Urquhart buna karşı çıktı ama Brennecke ve Sawyer ısrarcıydı. Onlar seçimlerini çoktan yapmıştı.

"Feargus ikimizi de karşısına alıp şöyle dedi: 'Eğer bu oyun marta kadar bitmezse ikinizi de bu projeden sonra kovarım.'"

O an hissettiği baskıyı anımsayan Brennecke gülmeden edemedi. "Tamam, halledeceğiz," dedik.

Oyun geliştiriciliğinin ortak noktalarından biri de her şeyin son dakikada hallolmasıdır. O son saatlerde bir şey vardır. Bir oyunun geliştirilme sürecindeki son hafta ve aylarda ekip üyeleri oyunu cilalamaya, test etmeye ve son anda akıllarına gelen özellikleri yerleştirmeye çalışırken ortama tam bir kaos hâkimdir. Sonra birdenbire bir şeyler yerine oturur. Bu bir görsel efekt, bir ses dizisi veya oyunun saniyedeki kare hızını mümkün olduğunca stabil kılan bir optimizasyon olabilir. Genellikle bu saydıklarımın hepsidir. Oyunun ayrı ayrı bölümlerinin bir araya gelip nihayet tamamlanmış bir şey hissi verdiği, kutsal bir an...

O son anlarda bütün *Pillars of Eternity* ekibi oyunu çıkarabilmek için dur durak bilmeden fazla mesai yaptı. Yapımın devasa boyutları nedeniyle hataları ayıklamak bilhassa zordu. Obsidian'ın kalite kontrol elemanları oyunu çökertmeye çalışırken *Pillars*'ı baştan sona oynamak zorundaydı ve bu da yetmiş ila seksen saat alıyordu. Bütün hataları bulup onarmanın imkânsız olduğunu biliyorlardı. Programcılar şimdilik ellerinden gelenin en iyisini yapıyordu; oyun yayımlanıp oyuncular kendi hata raporlarını yollamaya başladığında yeniden fazla mesai yapacaklardı.[*] Obsidian'ın konsollar konusunda endişelenmesine gerek yoktu –*Pillars of Eternity* yalnızca bilgisayarlara çıkıyordu– fakat oyunun olabildiğince farklı pek çok bilgisayarda sorunsuzca çalışmasını sağlamak oldukça zorlu bir işti. "Bir sürü bellek sorunu yaşıyorduk," diyor Brennecke. "Oyun çok fazla bellek tüketiyordu, bu yüzden onu çoğu makinede nasıl sorunsuzca çalıştırabileceğimizi bulmamız gerekiyordu." Urquhart'ın dediğine göre, oyunu Mart 2015'e ertelemek stüdyonun kasasından 1,5 milyon dolar daha eksiltti ama bu doğru bir karardı. Kazandıkları ekstra süre –*Pillars* ekibindeki herkesin fazla mesaileriyle birleştiğinde– ortaya çok daha düzgün bir oyun çıkarmalarını sağladı.

Obsidian, *Pillars of Eternity*'yi 26 Mart 2015'te yayımladı. Eleştirmenler oyuna bayıldı. "Yıllardır PC'de oynadığım en bağımlılık yapıcı, en tatmin edici RPG," diye yazdı oyunu inceleyenlerden biri.[**] İlk yıl içerisinde Kickstarter destekçileri dışında oyunu 700.000 kişiye daha satarak en büyük beklentilerini bile aştılar ve bir devam oyunu yapabilmeyi garantilediler. "Bu projenin en güzel yanı herkesin oyunun üstünde tutkuyla çalışma-

---

[*] *Pillars of Eternity* yayımlandıktan sonra bulunan en kötü rasgele hatalardan biri, oyuncuların bir nesneyi kuşanmadan önce ona çift tıklaması hâlinde bütün karakter puanlarının silinmesiydi. "Bazen bir oyun yayımlandıktan sonra bir hata görür ve 'Bunu nasıl gözden kaçırmış olabiliriz?' diye sorarsınız," diyor Josh Sawyer.

[**] Andy Kelly, "Pillars of Eternity İncelemesi," PC Gamer, 26 Mart 2015

sıydı," diyor Justin Bell. "Tabii bir de *Stormlands*'le yaşananlar var. *Pillars*, Obsidian'ın tarihindeki en berbat olayın küllerinden doğdu. Herkes mümkün olabildiğince özel bir şey yapabilmek için süper, über derecede arzuluydu."

Ancak *Pillars of Eternity*'nin geliştirilmesi oyun yayımlanır yayımlanmaz sona ermedi. Sonraki aylar boyunca hataları yamamaya devam ettiler. Daha sonra da iki kısımdan oluşan, *The White March* adlı bir genişletme paketi çıkardılar. Sawyer oyunun çıkışının ardından bir yıl boyunca dengeleme yamaları üstünde çalışıp hayranlarından gelen geribildirimler ışığında bazı özelliklere ve sınıfların yeteneklerine ince ayar çekti. *Pillars* ekibi, Kickstarter destekçileriyle iletişimde kalıp onları son yamalardan ve Obsidian'ın diğer projelerinden haberdar etti. "Çünkü yaklaşık seksen bin kişi bu oyunu istediklerini söylemiş, bize yeni bir hayat bahşetmişti ve bu yüzden onlara büyük bir saygı duyuyorduk. Bize bu kadar çok para vermeleri gerçekten de çok anlamlıydı," diyor Rob Nesler. "Tüm bu olanların öylesine saf ve temiz bir yanı vardı ki aynı şeyi yeniden yapabilmeyi umuyordum."

Obsidian, 6 milyon dolardan daha düşük bir miktarla 2015'in en iyi RPG'sini, gelecekte pek çok ödül kazanacak ve stüdyonun bağımsızlığını korumasına yardım edecek bir oyunu yapmıştı. Şirket bir felaketin eşiğinden döndü ve nihayet sadece onlara ait olan, telif ücretleri ve yayın hakları büyük bir yayıncının kasası yerine kendi ceplerine giren bir fikrî mülk oluşturdu. (Paradox oyunun pazarlamasına, dağıtımına ve yerelleştirilmesine yardımcı olsa da *Pillars of Eternity*'nin hiçbir hakkına sahip değildi.) Ekiptekiler oyunun çıkışı şerefine Costa Mesa gece kulübünde düzenlenen müsrif bir partide kadeh tokuştururken Urquhart bir konuşma yapıp ne kadar gurur duyduğunu ve rahatladığını söyledi onlara. Neredeyse üç yıl önce onlarca kişiyi işten çıkarmak zorunda kalmıştı ama şimdi kutlama zamanıydı. Oynadıkları kumar işe yaramıştı. Onlar kazanmıştı. Başka şirketlere bel bağladıkları, kuşkuyla dolu onca yılın ardından Obsidian nihayet artık kendi ayakları üzerinde durabilirdi.

***

2016 yazında, bu kitabı yazabilmek için Obsidian'ın ofislerini ziyaret ettiğimde, ekiptekiler *Pillars of Eternity*'nin devam oyununu için bir Kickstarter kampanyası başlatmaya hazırlanıyordu. Fragmanın ilk sürümlerinden birini izledim; videoda ilk oyundan tanıdığımız Caed Nua kalesinin dev bir tanrı tarafından yıkılışı gösteriliyordu. Obsidian ekibinin ikinci oyunun nasıl bir yön izlemesi, senaryoya nasıl yaklaşmaları gerektiği gibi konularda tartışmalarını ve ortak bir yol bulmaya çalışmalarını dinledim. Bu kez oyunlarını Kickstarter yerine Fig'e, yani Feargus Urquhart'ın kurulmasına yardım ettiği başka bir kitle fonlama sitesine koymaya karar vermişlerdi.

Kitle fonlamasına sadece ilk *Pillars*'dan elde ettikleri kâra yenisini eklemek için değil, o aktif topluluk ruhunu korumak için dönmek istiyorlardı. *Pillars of Eternity* ekibi, bazen ne kadar can sıkıcı olurlarsa olsunlar hayranlarıyla etkileşime girmekten ve anında geribildirim almaktan hoşlanmıştı. Eşit derecede, çılgınca bir kitle fonlaması başarısı beklemeseler de *Pillars of Eternity II*'de de aynı yaklaşımı izlemek istiyorlardı. "Tekrar para istiyor olsak bile," dedi Urquhart bana, "insanların kampanyaya eşit derecede ilgi göstermesini beklemiyoruz."

Altı ay sonra, 26 Ocak 2017'de *Pillars of Eternity II*'nin Fig kampanyasını başlattılar. Hedefleri yine 1,1 milyon dolardı. Bu miktarı sadece yirmi dört saat, elli yedi dakika içerisinde topladılar. Kampanyanın sonunda 4.407.598 dolar, yani neredeyse ilk *Pillars*'dan yarım milyon fazla bağış elde etmişlerdi. Bu sefer ikinci bir şehir sözü vermediler.

Obsidian henüz finansal meselelerinin hepsini çözememişti. Fig kampanyasını başlattıktan kısa bir süre sonra, *Armored Warfare* için Mail.Ru ile kurdukları ortaklığın sona erdiğini ve ekipteki birkaç kişiyi işten çıkardıklarını açıkladılar. Ama Feargus Urquhart ve ekibi için kendi oyunlarını nasıl finanse edebileceklerini düşünmek artık o kadar da büyük bir problem değildi.

2
Uncharted 4

Video oyunları diğer pek çok sanat dalında olduğu gibi yaratıcılarının bir yansımasıdır. *The Legend of Zelda*, Shigeru Miyamoto'nun çocukken yaptığı mağara gezilerinden doğmuştur. *Doom*, John Romero ile John Carmack'in birlikte oynadığı bir *Dungeons & Dragons* oyununda iblislerin dünyayı istila etmesiyle ortaya çıkmıştır. *Uncharted 4* ise –başrolünde haşarı Nathan Drake'in yer aldığı, *Indiana Jones* tarzı aksiyon-macera serisinin son halkası– iş yerinde çok fazla vakit geçiren bir adamın öyküsüdür.

Uncharted'ın arkasındaki stüdyo olan Naughty Dog'un bu kirli sakallı kahramanla tek benzerliği isimlerinin baş harfleri değildir. Naughty Dog'un oyun endüstrisi çevrelerinde belli başlı iki ünü vardır. Birincisi, en iyi oyun geliştiricileri arasında yer almalarıdır; sadece fevkalade hikâyeler anlatmakla kalmazlar, aynı zamanda göz kamaştırıcı muhteşemlikte grafikler sunarlar. Öyle ki rakipleri ne tür kara büyü teknikleri kullandıklarını açıkça merak eder. İkincisiyse fazla mesaiyi kucaklamalarıdır. Naughty Dog çalışanları *Uncharted* ve *The Last of Us* gibi oyunları yapabilmek için bitmez tükenmez saatler boyunca çalışmış, her önemli kilometre taşı öncesinde ortaya çıkan cehennemvari fazla mesailer sırasında gece 2'ye 3'e kadar ofiste kalmıştı. Bütün oyun stüdyoları fazla mesaiye kalır ama çok azı bunu Naughty Dog gibi canını dişine takarak yapar.

Uncharted 4'ün başında Nathan Drake hazine avcılığından vazgeçiyor ve sıradan bir yaşam tarzını benimseyerek akşamlarını karısı Elena'yla birlikte makarna yiyip oyun oynayarak geçiriyor. Çok geçmeden oyuncak bir tabancayla tavan arasındaki bazı hedeflere ateş ettiği, unutulmaz bir sahneyle adrenalin yüklü eski işini özlediği açıkça belli ediliyor. Uzun zamandır kayıp olan ağabeyi seneler sonra tekrar ortaya çıkınca Drake'in kendisini yeni bir hazine avına kaptırması çok uzun sürmüyor. Sonra yalan söylemeye başlıyor ve hayatını tehlikeye atıyor. Drake bir yandan bir adrenalin bağımlısı olduğu gerçeğiyle yüzleşirken diğer yandan da Elena'yla aralarının iyice açılmasını riske ediyor. *Uncharted 4* tarih sayfalarında görülmeyen, gizli bir korsan topluluğunun hikâyesini anlatıyor. Ama aynı zamanda daha evrensel bir konuyu işliyor: İlişkilerinizi yok etmeden hayallerinizi nasıl takip edebilirsiniz?

"Bazen hayattaki en büyük tutkunuz ile hayatınızın en büyük aşkı birbirine uymaz," diyor *Uncharted 4*'ün yardımcı direktörü Neil Druckmann. "Bazen de birbirleriyle çatışırlar. Özellikle bizim sektörde pek çok insan oyunları çok sevdiği için bu işe girer ve bizim için sınırlarımızı ne kadar zorlayacağımız, hayatımızın ne kadarını oyun geliştirmeye adayacağımız büyük önem taşır. Ama bazen, eğer dikkatli olmazsanız işiniz özel hayatınızı mahvedebilir. Kısacası ilham alabileceğimiz çok fazla kişisel tecrübemiz var."

Önceki *Uncharted* oyunlarından çıkardıkları dersler ve tecrübeler sayesinde dördüncü oyunu yapmanın Naughty Dog için çocuk oyuncağı olacağını düşünebilirsiniz. Ama yaşanan bir yönetmen değişikliğinin ardından her şeye sil baştan başlamak ve aylarca fazla mesai yapmak zorunda kalan ekip için *Uncharted 4*'ü geliştirmek neredeyse Kilimanjaro Dağı'na tırmanmaktan farksız bir hâle geldi. Bir de şu şekilde ifade edeyim: *Uncharted* serisinin süregiden esprilerinden biri Nathan Drake'in atladığı bir çatının ya da uçurumun çökmek üzere olmasıdır. *Uncharted 4*'ün geliştirilme aşamasının sonlarına doğru Naughty Dog'taki herkes Nathan'ın o anda neler hissettiğini çok iyi anlayabiliyordu.

***

İlk *Uncharted*, Naughty Dog'tan beklenmeyecek bir hareketti. 1984'te iki çocukluk arkadaşı Jason Rubin ile Andy Gavin tarafından kurulan stüdyo, yirmi yıl boyunca *Crash Bandicoot* ve *Jak & Daxter* gibi Sony'nin PlayStation konsolunun simgesi hâline gelen platform oyunları* yapmıştı. Sony daha sonra stüdyoyu satın aldı ve onları yeni çıkacak PlayStation 3 konsolu için bir oyun hazırlamakla görevlendirdi. Böylece tecrübeli direktör Amy Hennig'in önderliğinde daha önce yaptıklarından çok farklı bir proje üstünde çalışmaya başladılar: *Indiana Jones*'un dünyanın dört bir yanındaki uçarılıklarından esinlenen, ucuz roman tadında bir macera. Oyuncular Nathan Drake'i kontrol ederek dünyanın çeşitli köşelerinde hazine arayacak ve bulmacalar çözecekti.

İddialı bir hamleydi bu. Oyun geliştiricileri için yeni bir fikrî mülk yaratmak, daima bir devam oyunu tasarlamaktan daha zordur çünkü ortada üzerine bir şeyler inşa edebilecekleri bir temel yoktur. Yepyeni bir konsolun –özellikle de alışılmışın dışındaki "Cell" mimarisine sahip,** PS3 gibi bir cihazın– üstünde çalışmaksa işleri daha karmaşık hâle getirebilirdi. Naughty Dog, Hollywood geçmişi olan ama neredeyse hiç oyun tecrübesi bulunmayan birkaç yetenekli kişiyi işe aldı; fakat stüdyodakiler yeni gelenlere gerçek zamanlı grafiklerin nasıl işlediğine dair nüansları anlatmaya çalışırken bu durum daha fazla aksaklığa yol açtı.

Sanat direktörü Bruce Straley, *Uncharted*'ı yaparken bilhassa zorlandıkları günlerde tasarım departmanına gidiyor ve oradaki meslektaşlarıyla dertleşiyordu. 90'lı yıllardan beri oyun sek-

---

* Platform oyunları çoğunlukla engellerin üstünden atladığınız bir oyun türüdür. *Super Mario*'yu düşünün. Ya da *Süper Tesisatçının Maceraları*nı.

** Verileri alışılmadık bir yolla kullandığından PlayStation 3'ün Cell işlemcisiyle çalışmak mühendisler için oldukça zordu. PS3 çıktıktan sonra birçok geliştirici yıllar boyunca bu mimariyi eleştirdi. Aralarında Valve'ın CEO'su Gabe Newell da vardı ve 2007'de *Edge* dergisine verdiği bir röportajda Cell'in "herkesin zamanını boşa harcadığını" söyledi. (Üç yıl sonra, belki de hatasını kabul ederek Sony'nin E3 konferansında boy gösterdi ve *Portal 2*'nin PS3'e geleceğini ilan etti.)

töründe çalışan Straley, oyunun gelişimden memnun değildi ve içini dökebileceği birilerini arıyordu. Çok geçmeden tasarımcılardan bazılarıyla düzenli olarak öğle yemeğine çıkmaya başladı. Bunlardan biri de yirmili yaşlarındaki, İsrail doğumlu bir genç olan ve şirkete birkaç yıl önce stajyer programcı olarak katılan Neil Druckmann'dı. Stüdyonun yükselen yıldızlarından biri olan Druckmann siyah saçlara ve esmer bir tene sahip biriydi; inatçı bir yapısı ve hikâye anlatmaya yatkın bir kafası vardı. Her ne kadar *Uncharted*'ın jeneriğinde sadece bir programcı olarak gözükse de Hennig'e oyunun senaryosunu yazma konusunda da yardım etmişti.

Straley ve Druckmann çabucak arkadaş oldular. Birbirleriyle oyun tasarımıyla ilgili fikir alışverişlerinde bulundular, ofis politikalarını tartıştılar ve oynadıkları oyunları analiz ederek hangi bölümün neden başarılı olduğunu bulmaya çalıştılar. "Akşamları evlerimize döndüğümüzde beraber çevrimiçi oyunlar oynamaya başladık, böylece hâlâ konuşmaya devam ediyor ve çevrimiçi oyunlarda bile bir şeyleri tartışıyorduk," diyor Straley. "İş arkadaşlığımız böyle oluşmaya başladı."

Uncharted, 2007 yılında çıkışını yaptı. Naughty Dog kısa süre sonra Straley'yi terfi ettirerek oyun direktörü rolüne (kreatif direktör Amy Hennig'in altına) getirdi ve *Uncharted 2*'nin yaratımında kendisine daha fazla yetki verdi. O oyun da 2009'da yayımlandı. Sonra, Naughty Dog'un büyük bir bölümü *Uncharted 3*'ü hazırlamaya girişirken Straley ile Druckmann ise yeni bir şeyler denemek için o ekipten ayrıldı. Kasım 2011'de, *Uncharted 3* raflardaki yerini alırken Straley ile Druckmann'ın ilk ortak projesi olan kıyamet sonrası macera oyunu *The Last of Us*'ın çalışmaları başlamıştı.

Bu seferki oyunları *Uncharted* serisinden çok farklıydı. *Uncharted* daha çok Tenten'in izinden giderken *The Last of Us* ise Cormac McCarthy'nin *Yol* romanını andırıyordu. *Uncharted* oyunları neşeli ve tasasızken *The Last of Us* ise başkarakterin on iki yaşındaki kızının bir asker tarafından vurulup öldürülmesiyle başlıyordu ama amaç sadece insanları ağlatmak değildi. Straley ile Druckmann *İhtiyarlara Yer Yok* gibi filmleri izlemiş ve video oyunlarının neden bir balyozun inceliğine sahip olduğunu merak etmişti. Neden, diye düşünmüşlerdi, oyun karakterlerinin dile getirilmemiş düşünceleri olamıyor? *The Last of Us*'taki hastalıklı zombiler ve harap olmuş Amerikan yolları sadece iki ana karakterin hikâyesine hizmet etmek için oradadır. Her sahne ve her karşılaşma kır saçlı paralı askerimiz Joel ile giderek üvey evladı hâline gelen Ellie adlı genç kızımızın arasındaki ilişkiyi güçlendirir. Çoğu oyunun, "Vay canına, Ellie, sahiden de ölen kızımın geride bıraktığı duygusal boşluğu doldurdun!" cümlesini açıkça kuracağı noktada *The Last of Us* aradaki boşlukları doldurma görevini oyunculara bırakır.

İncelikli bir hikâye anlatmayı istemek, incelikli bir hikâye anlatabilmekten daha kolaydır elbette. Bruce Straley ile Neil Druckmann sıfırdan bir fikrî mülk yaratmanın işkenceden farksız bir süreç olabileceğini son on yıl içerisinde ikinci kez keşfettiler ve son âna kadar *The Last of Us*'ın bir facia olacağını düşündüler. "Hayatım boyunca çalıştığım en zor projeydi," diyor Straley. O ve Druckmann geliştirme aşaması boyunca göz yaşartan duygusal kısımlar ile zombilerle çatıştığımız hareketli bölümler arasında durmadan bir denge oluşturmaya çalıştılar. Siper alma sisteminden tutun da hikâyenin sonuna kadar her şeyle tek tek uğraştılar. Test ekibi oyuna daha fazla oyunumsu şeyler –bölüm sonu canavarları, ultra güçlü silahlar, özel düşman sınıfları– eklemelerini tavsiye edip inceleme notlarının düşük olabileceği konusunda onları uyarsa da Straley ile Druckmann hayallerine bağlı kaldı.

İnceleme notları hiç de düşük değildi. Oyun Haziran 2013'te çıktığında hem stüdyonun hayranları hem de eleştirmenler *The Last of Us*'ı öve öve bitiremedi. Naughty Dog'un tarihindeki en başarılı yapımdı; Straley ile Druckmann'ı endüstrinin rock yıldızları hâline getirdi ve ikisinin de diledikleri süre boyunca stüdyoda proje lideri olarak çalışabileceğini garanti altına aldı.

Aynı yıllarda, 2011 ve 2014 arasında, Amy Hennig küçük bir

grupla birlikte *Uncharted 4*'ü hazırlıyordu. Oyunun nasıl olacağı hakkında bazı fikirleri vardı. Örneğin, oyuna araç sürme mekanikleri eklemek istiyorlardı. Belki bir de fırlatma kancası. En şaşırtıcı olanıysa Nathan'ın oyunun yarısına kadar hiç silah kullanmamasını istiyorlardı. Eleştirmenler önceki *Uncharted* oyunlarının hikâyeleri ve oynanışı arasındaki tutarsızlıklara dikkat çekmiş, eğlenmeyi seven ve arkadaş canlısı biri olmasına rağmen Nathan'ın binlerce düşman askerini gözünü kırpmadan öldürmesini yermişti. Hennig ve ekibi de bunun üzerine Drake'in bir süreliğine sadece yumruklarını kullanmasının ilginç olabileceğini düşünmüş ve muzip kahramanımızın dilediği takdirde yöntemlerini değiştirebildiğini göstermek istemişlerdi.

Hennig, *Uncharted 4*'te Nathan Drake'in eski ortağı Sam'i de dünyaya tanıtmak istiyordu. Sam'i daha önceki *Uncharted* oyunlarından hiçbirinde görmemiştik çünkü Nathan onun on beş yıl önce Panama'da, ters giden bir hapishane firarı esnasında öldüğünü sanıyordu. Hennig'in hayalindeki *Uncharted 4*'te Sam oyundaki baş düşmanlardan biri olacak, onu ölüme terk ettiği için Nathan'a kin kusacaktı. Nathan hikâye boyunca hazine avcılığı kökenlerinden uzaklaşmaya çalışırken, oyuncular da Sam'le ikisinin aslında kardeş olduğunu öğrenecekti. Eninde sonunda aralarındaki ilişkiyi düzeltecek ve oyunun gerçek kötüsüne, yani hapishanede Sam'le birlikte yatan, Rafe (Alan Tudyk tarafından seslendirilmişti) adlı kötücül bir hırsıza karşı güçlerini birleştireceklerdi.

Ama *Uncharted 4* zor durumdaydı. Naughty Dog'un aynı anda iki oyun geliştirmek için iki ayrı ekibe ayrılma arzusunun fazla idealist olduğu ortaya çıkmıştı. 2012 ve 2013 yılları boyunca *The Last of Us* ekibi her geçen gün daha fazla *Uncharted 4* geliştiricisini saflarına katmak zorunda kalmış, Hennig'i yalnızca çekirdek bir kadroyla baş başa bırakmıştı. "Tam kadrolu iki ekibimiz olduğunu ummuştuk," diyor Naughty Dog'un eş başkanı Evan Wells. "Onlarsa bir nevi birdirbir oynadılar ve beklentileri karşılamamızı sağlayacak kadar geliştiriciyi yeterince hızlı şekilde işe alamadık. En iyi ihtimalle bir buçuk, hatta belki de bir çeyrek ekibimiz vardı."

2014'ün başında, Neil Druckmann ve Bruce Straley *The Last of Us*'ın *Left Behind* adlı genişletme paketinin üstünde çalışmayı tamamladığında stüdyo acil duruma geçti ve *Uncharted 4*'ün karşılaştığı güçlükleri teşhis edebilmek için birçok toplantı düzenlendi.

Bundan sonra ne yapılması gerektiğine dair ihtilaflı görüşler vardı. Bazıları *Uncharted 4* ekibinin yeteri kadar eleman ve kaynak alamadığını çünkü Naughty Dog'un tüm dikkatini *The Last of Us* ve *Left Behind*'a verdiğini söylüyordu. Diğerleriyse Amy Hennig'in karar vermekte güçlük çektiğini ve oyunun çok iyi şekillenmediğini iddia ediyordu. *Uncharted 4*'ün üstünde çalışanlardan bazıları daha tutarlı bir yönetim talep ediyordu. Geri kalanlarsa *Uncharted 4* ekibinin ne kadar küçük olduğunu göz önünde bulundurarak oyunun hâlâ tamamlanmamasını son derece anlaşılır buluyordu.

Ancak kesin olan tek bir gerçek vardı. Amy Hennig, Mart 2014'te Naughty Dog'un eş başkanları Evan Wells ve Christophe Balestra'yla bir toplantı yaptıktan sonra stüdyodan ayrıldı ve bir daha geri dönmedi. Kısa bir süre sonra Hennig'in kreatif ortağı Justin Richmond ile ona yakın olan birkaç kıdemli çalışan daha istifa etti. "Bu her seviyede olan bir şey," diyor Wells. "Bizim başımıza epey yüksek bir seviyede geldi. Ama çeşitli nedenlerden ötürü stüdyo içerisinde sıklıkla personel değişimi yaşarız. Amy benim arkadaşım; onu gerçekten özlüyor ve kendisine bol şans diliyorum. Fakat işler yolunda gitmiyordu. Bu yüzden yollarımızı ayırmak zorunda kaldık ve işleri toparlamak için kolları sıvadık."

Hennig'in ayrılışının ertesi günü *IGN* adlı oyun sitesinde yayımlanan bir haberde isimsiz bir kaynaktan alıntı yapılarak onu Neil Druckmann ve Bruce Straley'nin kovdurduğu iddia edildi. Naughty Dog'un yöneticileri daha sonra bu söylentiye alenen şiddetle karşı çıktı ve haberi "son derece amatörce" olmakla suçladı. Stüdyo başka bir açıklamada bulunmadı, Hennig de olanlar hakkındaki suskunluğunu korudu. "O dedikoduların yayımlanması acı vericiydi çünkü çalışanlarımız alakaları olmayan bir süreçle ilişkilendirilmişti," dedi Wells daha sonra bana.

Ama Naughty Dog'ta çalışan pek çok kişi Druckmann ile Straley'nin artık Hennig'le eskisi gibi anlaşamadığını ve *Uncharted* serisinin gidişatı hakkında önemli fikir ayrılıkları yaşadıklarını söylüyor. Olup bitenleri yakından bilen insanların dediğine göre, Hennig stüdyodan ayrılırken her iki tarafı da yaşananlarla ilgili olumsuz yorumlar yapmaktan alıkoyan bir sessizlik anlaşması imzalamıştı. (Hennig bu kitap için röportaj vermeyi reddetti.)

Hennig'in istifasının hemen ardından Evan Wells ve Christophe Balestra ikilisi Neil Druckmann ile Bruce Straley'yi bir toplantıya çağırıp onlara Hennig'in gittiğini haber verdiler. Straley, patronlarının ne teklif etmek üzere olduğunu anladığında "bir mide büzüşmesi" olarak tarif ettiği bir his yaşadı. "Sanırım, 'Peki bu ne anlama geliyor? *Uncharted 4*'ün başında kim var?' gibi bir şey söyledim," diyor Straley. "O noktada, biraz gergin bir şekilde, 'İşte burası sizin devreye girdiğiniz yer,' dediler." *The Last of Us*'ın aldığı muazzam eleştirilerin ve yakaladığı ticari başarının ardından Druckmann ve Straley stüdyonun altın çocukları hâline gelmişti. Şimdiyse bir karar vermeleri gerekiyordu: Hayatlarının bir sonraki yılını Nathan Drake'le beraber geçirmek istiyorlar mıydı?

Bu kolay kolay cevap verilecek türden bir soru değildi. İki direktör de *Uncharted* serisiyle işlerinin bittiğini düşünmüştü. Hem Druckmann hem de Straley başka oyunlar üstünde çalışmak istiyordu –*The Last of Us*'ın devam oyununu yapabilmek için prototipler hazırlamışlardı– ve Straley kendisini bilhassa tükenmiş hissediyordu. "Çok zor bir projeden, hayatımın en zor projesi olan *The Last of Us*'tan yeni çıkmıştım," diyor Straley. Sonraki birkaç ayı dinlenerek, prototipler geliştirerek ve teslim tarihlerinin stresi olmadan beyin fırtınası yaparak geçirmek istiyordu. Hiç ara vermeden *Uncharted 4*'e geçmek, iki yıldır geliştirilme aşamasında olan ve sadece bir yıl sonra, 2015'te yayımlanması planlanan bir oyunun yapımcılığına soyunmak bir maratonda koştuktan hemen sonra Yaz Olimpiyatlarına katılmak gibi olurdu.

Ama başka ne seçenekleri vardı ki?

"*Uncharted 4*'ün yardıma ihtiyacı vardı," diyor Straley. "İletişim kanalları, geliştirme süreci ve insanların yaptığı çalışmalar kötü durumdaydı. Ayrıca kendisinden beklenen pozitif gelişmeyi de henüz gösterememişti... Peki, kendimi nasıl hissediyordum? Kötü mü? İçinde bulunduğum durumun kıskanılacak bir yanı yoktu fakat aynı zamanda Naughty Dog'a inanıyordum. Ekibe de öyle." Straley ve Druckmann birkaç aylığına *Uncharted 4* ekibine katılıp herkesi tek bir istikamete yönlendirebileceklerini, gemi harekete geçtikten sonra da dümeni diğer ekip liderlerine teslim edip başka projelere geçebileceklerini düşünüyorlardı.

Druckmann ve Straley bunu sadece bir şartla yapacaklarını söylediler: Kreatif konularda tam yetki istiyorlardı. Hennig'in hikâyesini devam ettirmekle ilgilenmiyorlardı ve her ne kadar bazı karakterleri (Sam ve Rafe) ve mekânları (İskoçya ve Madagaskar'daki büyük arazileri) tekrar kullanmayı deneyecek olsalar da *Uncharted 4* ekibinin şu âna dek yaptığı işlerin büyük bir bölümünü çöpe atmak istiyorlardı. Stüdyonun milyonlarca dolar harcadığı ara sahneleri, seslendirmeleri ve animasyonları da elden geçirmeleri gerekecekti. Naughty Dog bunu gerçekten kabul edecek miydi?

Evet, dedi Wells ve Balestra. Yapın.

Druckmann ve Straley derhal tartışmalara yol açacak bir karar verdiler: *Uncharted 4* serinin son oyunu olacaktı. Ya da en azından Nathan Drake'in başrol oynadığı son oyun. Stüdyo zaten Hennig zamanında da bu fikri değerlendirmeye almıştı ama artık resmileşmişti. "Önceki oyunlara baktık," diyor Druckmann. "Hikâye örgülerine, Nathan'ın nereden nereye geldiğine, anlatılabilecek ne tür öyküler kaldığına baktık ve aklımıza gelen tek şey bunun son macera olacağıydı. Peki, Nathan'ı seriden nasıl çıkarabilirdik?"

Bu çok az stüdyonun başarabileceği bir şeydi. Kendisine saygısı olan hangi oyun şirketi kârlı bir seriye zirvede son verirdi ki? Görünüşe göre Sony... Naughty Dog'un yıllardır süren başarıları onlara istedikleri her şeyi yapabilme ayrıcalığı kazandırmıştı. Bunun anlamı Nathan Drake'e veda etmek olsa bile. (Ayrıca Sony farklı başkarakterlerle yeni *Uncharted* oyunları yapmaya her zaman devam edebilirdi).

Uncharted 4 halihazırda yaklaşık iki yıldır geliştirilme aşamasındaydı. Ama Straley ve Druckmann ikilisi Hennig'in yaptığı o kadar çok şeyi değiştiriyordu ki kendilerini sıfırdan başlamış gibi hissediyorlardı. "Göz korkutucuydu," diyor Straley. "Daha önce hazırlanan şeyleri kullanamazdık çünkü problemi başlatanlar onlardı. Hem oynanış hem de hikâye anlatımında sıkıntılar vardı. Her ikisinin de üzerinde epeyce çalışılması gerekiyordu. Tam bir kırmızı alarm, tüm sistemler çöktü, paniklemece, 'Bu işin içinden nasıl çıkacağız lan?' durumuydu. *The Last of Us* bizi tükettikten sonra şimdi de burada fazla mesai yapıyorduk."

İki direktör sık sık Pixar'ın *Yaratıcılık A.Ş.* adlı kitabında gördükleri ve yaratıcı ekiplerin doyumsuz çalışma açlığına atıfta bulunan "canavarı beslemek" teriminden söz ediyordu. *The Last of Us*'ın tamamlanmasıyla birlikte artık *Uncharted 4*'ün üstünde yaklaşık iki yüz kişi çalışıyordu ve hepsinin yapması gereken işler vardı. Straley ve Druckmann oyunun direktörlüğünü devralır almaz hızlı kararlar vermişti. Evet, İskoçya ve Madagaskar'ı oyunda tutacaklardı. Evet, oyunda hâlâ bir hapishaneden kaçış hatırası olacaktı. İki direktör tüm departmanların –sanat, tasarım, programlama ve diğerleri– liderleriyle görüşüp yaşanan karmaşaya rağmen ekiplerin her gün yapacak bir işleri olduğundan emin oldular.

"Gerçekten de çok stresliydi," diyor Druckmann. "Bazen doğru seçimi yapmak için gereken zamana sahip olmadığınızı hissediyorsunuz ama yine de o seçimleri yapmak zorundasınız. Eğer yüzde seksen oranında haklı çıkıyorsak yüzde yüz doğru olanı seçmekle vakit kaybetmemek bizim için daha iyiydi çünkü bu esnada ekip boş boş oturuyor, bir karar alınmasını bekliyordu."

Naughty Dog'un pek çok çalışanı bu ani değişiklikler karşısında yıpranmıştı, özellikle de başından beri *Uncharted 4*'ün üstünde çalışanlar. Straley ile Druckmann'ın o güne dek yapılan çalışmaları mümkün olduğunca oyunda tutmaya çalışacağını duymanın faydası olduysa da iki yıllık emeklerinin boşa gideceğini bilmek bazılarını hasta ediyordu. "Alınan her karar bazen kalbe saplanan bir hançer etkisi yaratıyordu," diyor baş animatör Jeremy Yates. "Offf, aylardır benim veya bir arkadaşımın üstünde çalıştığı bir şeyi kesip attığımıza inanamıyordum. Gerçekten de zor bir geçiş dönemiydi fakat dürüst olmak gerekirse geriye dönüp baktığınızda alınan kararların doğru olduğunu görüyorsunuz. Bu sayede *Uncharted 4* daha iyi bir oyun oldu. Daha odaklı, daha net."

"Geçiş süreci nispeten güzel ve çabuk oldu," diyor baş bölüm tasarımcısı Tate Mosesian. "Bir planları vardı, net bir plan ve bunu ekibe aktardılar. Özgüven aşıladılar. Çok uzun bir süredir bu serinin üstünde çalışan insanların şirketten ayrıldığını görmek üzücü olsa da geleceği ve tünelin sonundaki ışığı görebiliyorduk."

Straley ve Druckmann sonraki birkaç hafta boyunca bir konferans salonunda oturup dizin kartlarına baktılar ve *Uncharted 4*'ün yeni hikâyesini oluşturmaya çalıştılar. Nathan Drake'in ağabeyi Sam'i oyunda tutmaya karar verdiler ama o kadar kötü biri olmasını istemiyorlardı. Onun yerine baştan çıkarıcı bir unsur, Nathan Drake'i evcimen hayatından çıkarıp hazine avcılığı günlerine geri döndüren bir katalizör görevi görecekti. Öteki kötü adam Rafe'yi de oyunda tutmaya karar verip onu Drake'in başarılarını kıskanan, zengin ve şımarık birine çevirdiler. Straley ve Druckmann senaryoyu yazarken farklı tasarımcılardan ve yazarlardan dönüşümlü olarak yardım alarak projeden ayrıldıklarında yerlerine kimi getirebileceklerini kestirmeye çalıştılar.

Haftalar boyunca aynı odada buluşup dizin kartlarını *Uncharted 4*'ün kutsal kitabı hâline gelen büyük bir tahtaya yapıştırdılar. Her kartta bir hikâye parçacığı ya da sahne fikri vardı – örneğin, oyunun ortalarındaki "destansı kovalamaca" dediğimiz bölüm– ve bir araya getirildiklerinde oyunun bütün hikâyesini oluşturuyorlardı. "Burada asla yapmadığımız bir şey varsa o da oturup bir oyunun senaryosunu baştan sona yazmaktır," diyor bu toplantılarda pek çok kez Straley ve Druckmann'la buluşan yazarlardan Josh Scherr. "Bu hiçbir zaman olmaz. Bunun sebebi oyun tasarlamanın yinelemeli bir süreç olmasıdır ve oturup bir senaryo yazdığınız takdirde kalbinizin kırılmasına davetiye çıkarıyorsunuz demektir; çünkü oynanış etmenleri beklediğiniz gibi çıkmadığında, aklınıza daha iyi bir fikir geldiğinde ya da buna benzer başka bir şey olduğunda her şey kaçınılmaz olarak değişir. Esnek olmalısınız."

Druckmann ve Straley sonraki birkaç hafta boyunca kafalarındaki *Uncharted 4*'ün dış hatlarını belirleyen, iki saatlik bir sunum hazırladılar. Bu bir bağımlılık hikâyesi, diye açıkladılar. Nathan Drake oyunun başında normal bir işte çalışıyor ve uzun süredir beraber olduğu sevgilisi Elena'yla huzurlu bir hayat sürüyor olacaktı. Ama çok geçmeden Drake'in bundan memnun olmadığı anlaşılacaktı. Daha sonra Sam ortaya çıkacak, Drake'i her ikisini de dünyanın dört bir yanına sürükleyecek karmaşık bir maceraya çekecek ve hazinelerle dolu bir korsan şehrini ararlarken silahlı çatışmalara ve ölümcül araba kovalamacalarına karışacaklardı. Kahramanımızın geçmişte yaşadıklarını gösteren birçok sahnenin yanı sıra serinin hayranlarının bir *Uncharted* oyunundan bekleyeceği türden büyük, sürükleyici bölümler de olacaktı. Drake'in Elena'ya yalan söylediğini görecektik. Elena'nın bunu öğrendiğine şahit olacaktık. Ve her şey gömülü şehir Libertalya'da, Drake ve arkadaşlarının bir korsan ütopyası sandığı ama aslında bir açgözlülük ve paranoya limanı olduğunu öğrenecekleri yerde sona erecekti.

Bu, Naughty Dog'un o güne dek yaptığı her şeyden daha büyük bir oyun olacaktı. Yine de oyunu 2015'in sonbahar aylarında, yani bir buçuk sene sonra yayımlamayı umuyorlardı. *Uncharted 4*'ün sonunda neye benzeyeceğini bir yol haritası olarak görmek geliştiriciler için faydalı oldu fakat yapılması gereken işlerin miktarı korkutucuydu. "Ekiptekilerden bazıları daha şimdiden tükenmişti," diyor Druckmann. "Projenin bu kadar iddialı görünmesi onları biraz korkutmuştu. Onlara bu yeni vizyona göre tekrar ilham vermek biraz zaman aldı."

E3'ün yakında başlayacak olmasının faydası dokundu. Bazı oyun stüdyoları bu tür etkinlikleri bir tür oyalanma, sadece caka satmak, ilgi uyandırmak ve pazarlama araştırması yapmak için bir fırsat olarak görür. Naughty Dog ise E3'e önemli bir kilometre taşı gözüyle bakar. Genellikle Sony'nin yıllık basın konferansındaki en önemli yeri alır. Onlarca Naughty Dog çalışanının gösteriye katılmak için stüdyonun Santa Monica'daki ofislerinden Los Angeles Fuar Merkezi'ne gitmesi olağandır. Naughty Dog geliştiricileri, sergiledikleri muazzam oyunlara verilen tepkiler sayesinde her sene E3'ten yenilenmiş olarak ayrılırlar.

Haziran 2014'teki E3'te de durum farklı değildi. PlayStation basın konferansının sonunda, Sony başkanı Andrew House son bir kısa tanıtım videosu için sahneye çıktı ve ekranda "Naughty Dog" ismi belirir belirmez hayranlarından bir alkış tufanı koptu. Videoda bir yandan yaralı durumdaki Nathan Drake'in bir ormanda tökezleyerek ilerlediğini görürken diğer yandan da eski ortağı Sully'yle aralarında geçen eski bir sohbeti işitiyor, bunun son maceraları olduğunu öğreniyorduk. Ardından oyunun ismi beliriyordu: *Uncharted 4: A Thief's End.*[*] Druckmann ve Straley, Nathan Drake'in ölmeyeceğini biliyordu elbette ama oyunun hayranlarının kesinlikle aksini düşünmesini istemiş ve böylece her türden eğlenceli dedikoduya sebep olmuşlardı. Naughty Dog çalışanları çok zahmetli olacağını bildikleri geliştirme periyoduna hazırlanırken hayranlarının tepkilerini görmek için YouTube ve NeoGAF gibi siteleri geziyor, onların heyecanıyla enerjilerini tazeliyorlardı.

---

[*] (İng.) Bir Hırsızın Sonu *–çn*

Sonra işe koyuldular. Sony'nin hayranlarına yönelik yeni etkinliği PlayStation Experience (PSX), Aralık 2014'te gerçekleştirilecekti. Naughty Dog ekibi PSX'in açılış törenine yardım etmek için özel bir *Uncharted 4* oynanış demosu hazırlamayı kabul etti. Ki bunun anlamı oyunun son hâlinin bir bölümünün neye benzeyeceğine karar vermeleri için yalnızca birkaç ayları olduğuydu.

Çoğu tecrübeli stüdyo gibi, Naughty Dog da oyunu oynayıncaya dek hangi kısımlarının eğlenceli olduğunu bilmenin imkânsız olduğunun farkındaydı. O yüzden tıpkı öteki stüdyolar gibi küçük bir "gri kutu" bölgesi geliştirdiler –hiçbir çizim eklenmediği için bütün 3D modellerin monokromatik ve çirkin göründüğü sınırlı alanlar– ve hangilerinin oynarken keyif verdiğini görmek için tasarım fikirlerini test ettiler. Bu prototipin tasarımcılar için iyi yanı çok fazla zaman ya da para kaybetmeden yeni fikirler deneyebilmeleridir; kötü yanıysa bu fikirlerin çok azının oyunda kendine yer bulmasıdır.

Ekiptekiler, projenin başında Amy Hennig'in olduğu yıllarda *Uncharted 4* için her tür gri-kutu prototipini kurcalamıştı. Drake'in *Mega Man* usulü ilerlemesini sağlayan bir yerde kayma tekniği denemişlerdi. Drake'in ateş edip mermi deliklerine tutunarak tırmanabildiği uçurum duvarları. Bir de Drake ve arkadaşları eski bir eseri şüphe çekmeden çalmaya çalışırken oyuncuların birçok farklı karakter arasında geçiş yapıp ipucu topladığı bir İtalyan müzayede evi.

Bir noktada, müzayede evi sahnesinde Drake ve Elena gösterişli bir balo salonunda dans edecek ve o eski esere gitgide daha çok yaklaşırlarken oyuncular da tıpkı ritim oyunlarındakine benzer bir şekilde (*Dance Dance Revolution*'un zıplamasız hâlini düşünün) müziğin temposuna göre tuşlara basacaktı. Teoride dans mekaniği harika olabilirdi ama pratikte işe yaramıyordu. "Konuşurken, 'Tamam, hadi şu eğlenceli dans sahnesini yapalım,' diyorsunuz fakat oyunun geri kalanıyla alakasız kalıyordu. Oyunda yer alabilmek için hem derinlikli hem de eğlenceli olmalıydı," diyor baş tasarımcı Emilia Schatz. "O yüzden rafa kaldırıldı." Ekip daha sonra dans sahnesini oyunun ilk bölümlerinde, Drake ile Elena'nın evde akşam yemeği yediği bir kısımda kullanmayı denemiş –üç *Uncharted* oyununun ardından ikilinin arasındaki ilişkinin durumunu göstermek istemişler– ama onları dans ederken görmek çok tuhafmış.

"Eğlenceli değildi," diyor Schatz. "O bölümün en büyük hedefi oyuncuların bu insanlara yakınlık duymasını sağlamaya çalışmak, ilişkilerini göstermekti. Gerçek hayatta çok az insan oturma odalarında bu şekilde dans eder." Daha sonra birisi Drake ile Elena'nın video oyunu oynaması gerektiği fikrini ortaya attı, Naughty Dog oyuna ilk *Crash Bandicoot*'u sıkıştırdı ve ikili PlayStation 1'de kozlarını paylaşırken ortaya güzel anlar çıktı.

Bruce Straley ve Neil Druckmann bu gri-kutu prototiplerinin kendi vizyonlarıyla örtüşmediğini biliyordu. Straley bir oyunun "ana mekaniklerin" ya da oyuncunun oyun boyunca sergileyeceği temel hareketlerin etrafına inşa edilmesi gerektiğine inanıyordu ve o mekaniklerin sınırlarını çizmek çok önemliydi. "Yapmayı en çok istediğim şey buydu: Ana mekanikleri belirlemek," diyor Straley. "Prototipleri gözden geçirmek, neyin çalışıp neyin çalışmadığını görmek. Neyin orantılı olduğunu. Neyin neyle çalıştığını." Straley için anahtar kelime uyumdu. Tek başlarına harika görünen prototipler –balo salonundaki dans gibi– oyunun atmosferine her zaman uymayabiliyordu. "'Teori ürünü' dediğim bir avuç fikir vardı," diyor Straley. "Kâğıt üstünde iyi gözüken, yemek yerken 'Şöyle yapsak süper olmaz mı?' dediğiniz fikirler vardır ama onları oyunun içinde test etmeye çalıştığınızda çabucak başarısızlığa uğrarlar."

Straley ve ekibi *Uncharted*'ın esas mekaniklerine ek olarak – sıçramak, tırmanmak ve ateş etmek– oyuna iki ana prototip daha eklediler. Bunlardan biri kamyon sürmekti; yıllardır *Uncharted* 4'e bir eklenip bir çıkarılıyordu zaten. İkincisiyse Drake'in yüksek yerlere tırmanmak ve uçurumları aşmak için kullanacağı bir fırlatma kancası. Bu kanca son hâlini alana kadar onlarca yinelemeden geçti. Önceleri oyuncunun halatı toplaması, başının üstünde çevirmesi ve haritadaki belirli bir noktayı hedef alması gerekiyordu. Straley bunu bezdirici buldu ve ekibiyle birlikte birçok yineleme yaparak en sonunda bu mekaniği tek bir tuşla –sadece kanca atılabilir bir yere yakın olduğunuzda– kullanılır hâle getirdiler.* "Onu daha kullanışlı, daha hızlı ve daha güvenilir kıldık," diyor Straley. "Fırlatma kancasının eski hâli savaş mekanikleriyle uyumlu değildi çünkü kullanması o kadar zahmetliydi ki yeterince hızlı olamıyordunuz. Birileri size ateş ederken anında tepki verebilmelisiniz, yoksa oyundan nefret edersiniz."

Ek olarak, oyuna daha fazla gizlilik mekaniği eklemek istiyorlardı. *The Last of Us*'ta işe yaramıştı ve ekiptekiler bunun *Uncharted 4*'te de geçerli olabileceğini düşünüyordu. Nathan Drake'in arazide gizli gizli ilerlemesi, düşmanlarını gözetlemesi ve onları teker teker avlaması bir makineli tüfek kapıp üzerlerine saldırmasından daha mantıklı geliyordu. Ancak cevaplanması gereken bir sürü soru vardı. Bölümlerin genel tasarımı nasıl olacaktı? Haritalar ne kadar açık alana sahip olacaktı? Drake düşmanlarının arkasından sessizce yaklaşıp onları alaşağı edebilecek miydi? Muhafızlara yakalanmadan onları ortadan kaldırabilmek için ne tür dikkat dağıtıcı araçlara sahip olacaktı? *Uncharted 4* ekibi bölümlerin çoğunu ilk tasarılara göre, Drake'in silah kullanamayacağı şekilde geliştirmiş ancak Straley ve Druckmann daha sonra bu fikirden vazgeçmişti. Ekip *Uncharted 4*'ün ilk oynanış videosunu gösterecekleri PlayStation Experience'a hazırlanırken pek çok büyük değişiklik yapmak zorunda kaldı.

Ama acilen ilgilenilmesi geren bir soru daha vardı: Neil Druckmann ve Bruce Straley oyunun direktörlüğünü yapacak

---

* Oyun geliştiriciliğinde "Fırlatma kancasını ne zaman kullanabileceğini nasıl anlayacaksın?" gibi basit bir soru bile pek çok karmaşık tartışmaya neden olabilir. Her ne kadar Naughty Dog ekibi ilk başta ekrana kancayı kullanabileceğinizi gösteren bir ikon koymaya karşı olsa da –aslında bir oyun oynadığınızı hissettiren bu tür kullanıcı arayüzü birimlerinden nefret ediyorlar– sonunda teslim oldular. "Kanca ikonu olmayınca insanlar durmadan ilgili tuşa basıp duruyordu," diyor baş tasarımcı Kurt Margenau. "Buraya kanca atabiliyor muyum? Hayır, atamıyormuşum."

mıydı? *The Last of Us*'ın meşakkatli geliştirme sürecinin hemen ardından *Uncharted 4*'ün başına geçmek, "Afganistan'dan döner dönmez Irak'a tayininizin çıktığını öğrenmek gibi," diyor oyunun iki sanat yönetmeninden biri olan Erick Pangilinan. Hem Druckmann hem de Straley kendilerini bitkin hissediyordu. "İlk başta ekibe sadece kısa bir süreliğine katılmayı, insanlara akıl hocalığı yapıp aralarından bir oyun direktörü ile kreatif direktör çıkarmayı, sonra da bir kenara çekilmeyi düşünüyorduk," diyor Straley. "Bizim projemiz olmayacaktı." Belki o zaman uzun bir tatile çıkabilir ya da günlerini prototip deneyleri yapmak gibi daha az stresli işlerle uğraşarak geçirebilirlerdi.

Ama böyle bir şey olmadı. PSX 2014 ufukta göründükçe Straley bu projeden hiçbir zaman ayrılamayacaklarını anlamaya başladı. Liderliği devralmalarını bekledikleri geliştiriciler çeşitli nedenlerle bu role soyunmuyordu; ayrıca oyunun ana mekaniklerine ince ayar çekebilecek yegâne kişiler Druckmann'la kendisiymiş gibi geliyordu. Mesela tırmanma. Birçok yapımcı tutunduğunuz yerlerin kaydığı ya da yıkıldığı, ayrıntılı bir tırmanma sistemi yapmak için aylar harcamıştı. Tek başına oldukça gerçekçi ve oynaması eğlenceli bir mekanikti fakat *Uncharted 4*'ün geneline yansıtıldığında, zorlu bir savaşın ortasında uçurumdan atlarken sırf yanlış bir tuşa bastınız diye kayıp ölmekten daha sinir bozucu bir şey yoktu. O yüzden aylarca duvarlara tırmanan ve usta dağcıların tekniklerini araştıran ekibi üzme pahasına da olsa bu mekaniği askıya almıştı.

"Sanırım bu benim için bir dönüm noktasıydı," diyor Straley. "Heyecan ve enerji uyandıracak, insanlara bunun nasıl bir oyun olduğunu gösterecek bir demo yaratmak için bu tür kararlar almak zorundaydım... Demonun bu şekilde olması gerekiyordu ve bu kararları alacak kişiler Druckmann'la bendim. Sanırım, 'Tamam, bu oyunla sonuna kadar ilgilenmeliyim,' dediğim nokta buydu."

PSX'te iki şey açıklığa kavuştu. Birincisi *Uncharted 4*'ün 2015'te çıkmayacağıydı. Naughty Dog yetkilileri bu konuyu

Sony'yle görüşmüş ve oyunun Mart 2016'da çıkmasına karar vermişlerdi. Ekiptekilerden bazıları bu tarihe bile şüpheyle yaklaşsa da en azından oyunu bitirmek için önlerinde bir yıl daha vardı.

2014'ün sonunda açığa kavuşan ikincisi şeyse Nathan Drake'in sonuna kadar Neil Druckmann ve Bruce Straley'nin yakasından düşmeyeceğiydi.

Çoğu oyun projesinin tek bir lideri vardır. Kendilerine ister "kreatif direktör" desinler (Josh Sawyer'ın *Pillars of Eternity*'de yaptığı gibi), ister "başyapımcı" (altıncı bölümde tanışacağımız Mark Darrah'nın *Dragon Age: Inquisition*'da yaptığı gibi), hepsinin ortak noktası son kararı onların vermesidir. Kreatif anlaşmazlıklar ve fikir ayrılıkları ortaya çıktığında buna son veren adam veya kadın. (Ne yazık ki video oyun endüstrisinde bunlardan ikincisine çok az rastlanır.)

Druckmann ve Straley bir istisnaydı. Hem *The Last of Us*'ta hem de *Uncharted 4*'te birlikte direktörlük yapmışlardı ve bu alışılmadık bir dinamikti. Birbirlerini iyi tamamlıyorlardı; Druckmann diyalog yazıp aktörlerle çalışmayı severken Straley ise günlerinin çoğunu geliştirici ekibe yardım edip oyunun mekaniklerini bilemekle geçiriyordu. Ama yine de iki hırslı, yaratıcı alfa erkeğinden bekleyeceğiniz kadar da kavgacıydılar. "Bu gerçek bir ilişkiydi, tıpkı evlilik gibi," diyor Druckmann. "Aynı Nathan ve Elena gibi. Peki, hangimiz Nathan, hangimiz Elena'ydı? Muhtemelen Elena bendim."

İlk *Uncharted* zamanından beri öğle yemeği molalarında dertleşen ikili benzersiz bir dostluk kurmuştu. "Çalışırken birbirimize mümkün olduğunca dürüst davranıyoruz," diyor Druckmann. "Bir şey hoşumuza gitmediğinde bunu hemen söylüyoruz. Bir oyunla ilgili büyük bir karar vereceğimiz zaman birbirimizi bilgilendiriyoruz ki ikimizden biri hazırlıksız yakalanmasın."

Anlaşmazlığa düştüklerinde o konunun kendilerini nasıl hissettirdiğine bağlı olarak buna on üzerinden puan veriyorlar. Eğer Druckmann sekiz, Straley üç puan verirse Druckmann'ın istediğini yapıyorlar. Peki, ya ikisi de dokuz veya on verirse? "İşte o zaman ofislerden birine gidiyor, kapıyı kapatıyor ve birbirimize, 'Tamam, neden böyle düşünüyorsun?' diye soruyoruz," diyor Druckmann. "Öyle zamanlarda bazen saatlerce sohbet ediyoruz; ta ki ikimiz de hemfikir olana kadar. Ondan sonra, 'Tamam o zaman, şöyle yapacağız,' diyoruz. Kimi zaman ilk baştaki o iki seçenekten tamamen farklı bir şey yaptığımız bile oluyor."

Bu alışılmadık bir yönetim şekliydi; gerçi bu durum *Uncharted* serisinin arkasındaki stüdyo için bir tür gelenekti. Çoğu oyun şirketinin aksine, Naughty Dog çalışanları prodüktörlerinin olmadığını vurgulamayı sever. Stüdyodaki kimsenin işi sadece zaman çizelgelerini düzenlemek veya insanların ortaklaşa çalışmasını sağlamak değildir. Onun yerine Naughty Dog'taki herkesin kendi kendisini idare etmesi beklenir. Başka bir stüdyoda, aklına ilginç bir fikir gelen bir programcının bunu iş arkadaşlarına anlatabilmek için prodüktörden izin alması gerekebilir. Naughty Dog'taysa ayağa kalkıp odanın ortasına doğru yürüyebilir ve düşüncelerini tasarımcılarla paylaşabilir.

Bu özgürlük karmaşaya da neden olabilir elbette. Tıpkı bir keresinde birkaç gündür birbirleriyle konuşmayan Druckmann ile Straley'nin aynı sahneyi iki farklı şekilde tasarlaması ve birkaç haftalık çalışmayı boşa harcaması gibi... Eğer bir prodüktörleri olsaydı böyle bir şey asla olmazdı ama Naughty Dog'un yöneticilerine göre en iyi yaklaşım buydu. "Ender rastlanan bu gibi olaylarda kaybettiğiniz zaman, kazandığınız verimliliğin yanında hiç kalır," diyor Evan Wells. "Bizim yaklaşımımız bir toplantı talep edip fikrinizin doğruluğunu tartışmak, onay almak ve takvime yerleştirmekten daha iyi. Öbür türlü çok zaman kaybediyorsunuz."*

---

* *Uncharted 4*'ün geliştirilmesi sırasında Naughty Dog'un kadrosu daha önce hiç olmadığı kadar büyüyünce şirketin eş bakanlarından Christophe Balestra stüdyodaki günlük işleri ve onarmaları gereken hataları düzenlemeye yardım etmek için "Tasker" adlı bir program yazdı. "Bir bölümü tamamlamaya çalıştığımızda düzeltmemiz gereken her hatayı gösteren bir liste çıkıyordu ve bu son derece önemliydi," diyor baş tasarımcılardan Anthony Newman.

Belki de bu alışılmadık yapıdan ötürü Naughty Dog detaylara olağanüstü bir önem gösterir. Eğer *Uncharted 4*'teki herhangi bir sahneye yakından bakacak olursanız sıradışı bir şeyle karşılaşırsınız: Drake'in gömleğindeki kırışıklıklar, düğmelerinin dikişleri, bir tüfek kuşandığında silahın deri kayışını başından aşağı geçirmesi. Bu detaylar yoktan var olmuyor. Bunları oyuna ekleyecek kadar takıntılı insanlarla dolu bir stüdyonun ellerinden çıkıyorlar; bunun anlamı sabahın üçüne kadar ofiste kalmak olsa bile… "Mümkün olduğunca buna devam edeceğiz," diyor ses yönetmeni Phil Kovats. "Nathan Drake'in son oyununu hazırladığımız için hepimiz elimizden gelen her şeyi yaptığımızdan emin olmak istedik."

Bunun en bariz olduğu yer oyunun E3 demosuydu. Ki kendisi PSX gösterisinin başarısının ardından, *Uncharted 4* ekibinin en büyük kilometre taşlarından biri oldu. Demo dizin kartlarındaki "destansı kovalamaca" sahnesinden –hayali bir Madagaskar şehrinin sokaklarında gerçekleşen çılgın bir araç sürme bölümü– oluşuyor ve oyunun yeni taşıtlarını ve patlama sahnelerini gösteriyordu.

E3'ten önceki haftalar boyunca *Uncharted 4*'ün çizerleri ve tasarımcıları her şeyin yerli yerinde olması için dur durak bilmeden çalıştı. Tüm E3 ekibi haftada bir kez (bazen de her gün) amfide toplanıp yaptıkları işlerin üstünden geçiyordu. Hangi mekaniklerin işe yaramadığını, hangi efektlerin daha fazla cilalanmaya ihtiyacı olduğunu ve hangi NPC'nin (oynanamayan karakter) biraz daha solda durması gerektiğini tekrar gözden geçiriyorlardı. "Temel olarak o sahne üstünde çalışan herkes oradaydı, böylece dolaysız bir iletişim gerçekleşiyordu," diyor baş tasarımcılardan Anthony Newman. "Bruce ve Neil demoyu oynuyor ve şurası sorunlu, şurası sorunlu, şurası da sorunlu deyip duruyordu."

Demo kalabalık bir pazar yerinde başlıyor. Drake ile Sully çok geçmeden kendilerini silahlı bir çatışmanın ortasında buluyor, birkaç paralı askeri vuruyor, sonra da zırhlı bir tanktan kaçmaya başlıyorlar. Binalara tırmanıp kaçarlarken yakınlara park etmiş bir arabaya rastlıyorlar. Bu, Naughty Dog adına yeni mekaniklerden biriyle hayranlarının gözünü kamaştırmak için bir şans. *Hey, bakın, araba sürebildiğimiz bir Uncharted oyunu!* Demo ilerledikçe Drake ile Sully eski sokaklarda çılgınca kaçıp düşman araçlarını atlatmaya çalışırken çitleri ve meyve tezgâhlarını parçalıyorlar. Derken başka kötü adamlar tarafından kovalanan ve aracı yoldan çıkarılmaya çalışılan Sam'e rastlıyorlar. Drake Sully'ye direksiyona geçmesini söylüyor, ardından kancasını yanlarından geçen bir kamyona fırlatıyor ve saatte yüz kilometre hızla bir otoyolun yanında havada sallanarak ilerliyor.

Teknik sanat yönetmenlerinden Waylon Brinck, paralı askerler pazar yerinde ateş ettiğinde vurulan tahıl çuvallarının boşalıp sönmesi için saatler harcadıklarını hatırlıyor. Ardından tahıllar çuvallardan fışkırıyor ve zeminde düzgünce birikmiş yığınlar oluşturuyor. Bu, bazı stüdyoların kaynak harcamayı gereksiz görebileceği türden bir detay fakat Naughty Dog çalışanları yaptıkları fazla mesailere değdiğini düşünüyor. "Bu insanların hatırlayacağı bir an ve kazara olmadı," diyor baş çevre tasarımcılarından Tate Mosesian. "Oynanış açısından bu tür anları ve ritimleri kullanıp insanları oyunun içine daha fazla çekmeye çalışıyoruz ve çoğunlukla bunu yıkılan binalar kadar büyük veya içi boşalıp sönen bir tahıl çuvalı gibi küçük şeylerle yapıyoruz."

Demo inanılmaz görünüyordu. Daha sonra bunun *Uncharted* 4'teki en heyecanlı bölümlerden biri olduğu anlaşıldı, yani belki de Naughty Dog'un bu kısmı E3'te göstermemesi daha iyi olurdu. Ama bu bütün geliştiricilerin sorması gereken bir soru: Yaptığınız işin en iyi kısımlarını göstermeden hayranlarınızı oyununuzun muhteşem olacağına nasıl ikna edebilirsiniz? "Oyundaki en iyi sinematik sahneleri göstermiş olabileceğimiz için endişeliydik," diyor Druckmann. "Ama aynı zamanda da en uzak olan gibi görünüyordu… Ek olarak, hem insanları heyecanlandırmaya hem de oyunun satacağını garanti altına almaya çalışıyorsunuz."

Bu yaklaşım etkili oldu ve Naughty Dog ekibi bir kez daha E3'teki pozitif yorumlar sayesinde enerji depoladı. Sonraki aylarda onları bekleyen işlerin üstesinden gelebilmek için buna ihtiyaçları vardı. Temmuz 2015'te *Uncharted 4* ekibindeki herkes kendisini tükenmiş hissediyordu. E3'ten önceki haftalar boyunca geceleri ve hafta sonları ofiste kalmışlardı ve yakın gelecekte iş yüklerinin azalmayacağını hepsi biliyordu. Büyük bir bölümü *The Last of Us*'ta fazla mesai yaptıktan sonra şimdi de *Uncharted 4* için fazla mesai yapıyor, çok az dinlenip izin alabiliyorlardı. "Sanırım o demoyu hazırlayan herkes şöyle düşünüyordu: Her gün işe gidip demoyu tamamlamak için ne gerekiyorsa yap," diyor Bruce Straley. "'Devam edecek cesareti ve irade gücünü nasıl bulacağım?' diye düşünen tek kişinin ben olmadığımı biliyorum. Çünkü kimse yapamıyordu. Ekipteki herkes benzinleri bitmek üzereymiş gibi çalışıyordu."

Straley, Los Angeles'ın batı yakasında yaşıyordu ve bu yüzden Naughty Dog'un Santa Monica'daki ofislerine varması en az bir saat sürüyordu. *Uncharted 4* için fazla mesai yaptıkları süre boyunca, sabah olur olmaz işe varmak ve gecenin 2'sine 3'üne kadar çalışmak istediğinde araç kullanmanın hem bir vakit kaybı hem de birazcık tehlikeli olduğuna karar verdi ve ofisin yakınlarında bir daire tuttu. Hafta içinde orada kalıyor, hafta sonları evine dönüyordu. "Hayatımı tehlikeye atmayacağım ve trafiğe takılmayacağım kadar yakın bir yerdeydi," diyor.

Böylece bir zamanlar *Uncharted 4*'te sadece birkaç aylığına çalışacağını düşünen Bruce Straley, oyunu bitirmek için kendisini tuhaf ve yeni bir dairede yaşarken buldu.

Fazla mesai denince insanın aklına sıkılan dişler geliyor ve bu benzetme bitmek bilmez saatler boyunca büyük bütçeli video oyunlarının üstünde çalışmayı güzel tanımlıyor. Fazla mesailer onlarca yıldır yaygın olarak kullanılan bir yöntemdir ve oyun geliştiriciliği alanının bilgisayar ve oyun kolları kadar ayrılmaz bir parçası olarak görülürler. Aynı zamanda da tartışmalıdır. Bazıları fazla mesai yapmanın ekip liderlerinin ve proje yönetiminin başarısızlığına işaret ettiğini ileri sürer; işçilerin çoğunlukla fazla

mesai ücreti bile almadan, günde on dört saat çalışması vicdan-
sızlıktır. Bazılarıysa başka türlüsünün mümkün olup olmadığını
sorgular.

"Evet, bütün oyunlarımız için fazla mesai yapıyoruz," diyor
Naughty Dog'un eş başkanı Evan Wells. "Ama bunu hiçbir za-
man dayatmadık. Asla, 'Tamam, bu hafta altı gün çalışacaksınız,'
ya da 'Tamam, bu hafta altmış saat çalışacaksınız,' demiyoruz.
Çalışanlarımızdan haftada kırk saatten fazla mesai yapmalarını
veya sabah on buçukla akşam altı arası dışında burada olmala-
rını beklemiyoruz... İnsanlar bunu yapıyor ama kendi kendi-
lerine, ne kadar enerjileri kaldığına göre." Bunun tetikleyici bir
etkisi de oluyor elbette; bir geliştirici bölümlerden birini tamam-
lamak için geç saatlere kadar kaldığında diğerleri de aynı şeyi
yapmak için üzerlerinde bir baskı hissediyorlar. Naughty Dog'un
her çalışanı stüdyonun belli bir standardı olduğunu biliyor ve o
standartları yakalamak için her zaman fazla mesai yapmak ge-
rekiyor. Ayrıca, hangi sanatçı eserini kusursuzlaştırmak için her
dakikadan faydalanmak istemez ki?

"Bu kesinlikle çok tartışılan bir konu ve önemsiz olduğunu
söyleyip geçiştirmek istemem fakat fazla mesailerin oyun sektö-
ründen eksik olacağını sanmıyorum," diyor Wells. "Ekstra çalış-
ma saatlerini hafifletebilir, uzun vadede etkisini azaltmaya ça-
lışabilir ve insanlara kendilerini toparlama fırsatı sunabilirsiniz
ama bana sorarsanız bu sanatsal bir çalışmanın doğasında var.
Video oyunu yapmanın belli başlı bir yolu yoktur. Her seferinde
ürününüzü baştan icat etmeniz gerekir."

En büyük sorun da buydu: Ürünü baştan icat etmek. Naughty
Dog'un on yıldır çıkardığı bir serinin dördüncü oyununda bile
her şeyi hazırlamanın ne kadar süreceğini planlamak imkânsızdı.
"Sorun şu ki kimseye yaratıcı olmasını emredemezsiniz," diyor
Bruce Straley. "Kimseye eğlenceli bir şeyler yapmasını emrede-
mezsiniz."

Tasarımcılar, yeni gizlilik mekaniklerini haftalarca sınayıp yi-
neleme yapmadan onları oyunda tutmaya değip değmeyeceğini

nereden bilebilirdi? Çizerler haftalarca süren optimizasyon çalışmaları olmadan o gösterişli, güzel çevre tasarımlarının düzgün bir FPS oranıyla çalışacağından nasıl emin olabilirdi? Diğer tüm stüdyolarda olduğu gibi, Naughty Dog'ta da bu soruların cevabı daima tahminidir. O tahminler kaçınılmaz olarak fazla iyimser çıktığındaysa tek yol fazla mesaidir.

"Fazla mesai sorununu çözmek için yapabileceğiniz en iyi şey, 'Yılın Oyunu'nu yapmaya çalışmayın,' demektir," diyor Neil Druckmann. "Bunu yapmadığınız zaman sorun kalmaz." Çoğu deneyimli oyun geliştiricisi gibi Druckmann da fazla mesaileri karmaşık bir mesele olarak görüyor. Naughty Dog mükemmeliyetçilerle dolu bir stüdyo, diye iddia ediyor. Yöneticiler çalışanlarına akşam 19:00'da eve gidebileceklerini söylese bile ekipteki herkes gece geç saatlere kadar çalışmak ve oyunlarını son saniyeye kadar cilalamak için savaş veriyor. "*Uncharted 4*'te, 'İşte hikâyenin başı ve sonu bu, bunlar da aralarda olanlar,' demeyi her zamankinden önce yapmaya bile çalıştık," diyor Druckmann. "Ama fazla mesaileri azaltmak yerine kendimizi daha iddialı bir oyun yaparken bulduk ve insanlar önceki oyunlarda yaptıklarından daha sıkı çalıştılar. Kısacası hâlâ daha iyi bir hayat-iş dengesi bulmaya çalışıyoruz."

Erick Pangilinan'ın çözümü her gece geç saatlere kadar çalışmak –"Genellikle eve sabahın ikisinde gidiyorum"– ama hafta sonları hiç çalışmamaktı. "Bu kurala oldukça bağlıyım." Diğerleriyse projenin salahiyeti için sağlıklarını feda ediyordu. Naughty Dog çalışanlarından biri, daha sonra Twitter'da *Uncharted 4*'ün son fazla mesai maratonu sırasında yedi kilo aldığını yazdı. Ekiptekilerden bazıları 2015'in son aylarında oyunu bitiremeyeceklerinden korkmaya başladı. "O son periyotta yaptığımız fazla mesailer muhtemelen bugüne kadar yaşadıklarımızın en kötüsüydü," diyor Emilia Schatz. "Gerçekten de çok sağlıksızdı. Daha önce de aşırı derecede fazla mesai yaptığımız olmuştu ama hiçbir zaman oyunu bitiremeyeceğimiz hissine kapılmamıştım. *Uncharted 4*'ün sonlarına doğru koridorda karşılaştığınız diğer insanların yüzünde, 'Bunu nasıl bitirebileceğimizi bilmiyorum. İmkânsız gibi geliyor,' bakışını görebiliyordunuz."

Yapılması gereken çok fazla iş vardı. Hâlâ tamamlamaları gereken bölümler, ince ayar çekmeleri gereken sahneler ve cilalamaları gereken çizimler vardı. İlerleyişleri arada sırada felaketlerle sekteye uğruyordu; ekiptekiler günde yüz binlerce devasa içerik dosyası yüklediği için sunucularının durmadan çöktüğü gün olduğu gibi...* Uncharted 4 ekibinin büyük bir bölümü haftanın beş günü fazla mesai yapsa da bitiş çizgisi hâlâ kilometrelerce ötede görünüyordu.

Oyun tamamlandıkça nelerin iyileştirilmeye ihtiyacı olduğu daha net bir şekilde görülebiliyordu fakat ekip üyeleri hangisine öncelik vermeleri gerektiğine karar veremiyordu. "Sonlara doğru bir sürü ekip lideri toplantısı yapıp birbirimize, 'Kusursuz, iyinin düşmanıdır,' diye hatırlatıp duruyorduk," diyor senarist Josh Scherr. "Siz yüzde doksan beş oranında başarılı bir şeyi parlatmaya çalışırken yüzde altmış oranında iyi olan başka bir şey sizden sevgi bekliyor. Fazla mesaileri zor kılan şey de bu. Çünkü bir kez başladınız mı ayrıntılarla uğraşmaktan büyük resmi göremiyorsunuz."

Neil Druckmann ve Bruce Straley prodüksiyonun son ayında ekibin en sevdiği sinematik sahneyi kesmeye karar verdi. İskoçya'da geçen sahnede Drake kocaman bir vince tırmanıyor, sonra da vinç yıkılırken bir yandan kaçmaya diğer yandan da düşmanlarla dövüşmeye çalışıyordu. Tasarımcılar bu vinç sahnesi için ayrıntılı prototipler hazırlamıştı ve hepsi de heyecan verici bir gösteri olduğunu düşünüyordu fakat onu bitirmelerine yetecek kadar vakitleri yoktu. "Tüm o sahneyi prototip olarak çalıştırabildik," diyor Evan Wells. "Ama o prototipi tamamlamak için gereken cilalama vakti bile çok fazlaydı... Görsel efekt, ses

---

* "Bu tür sorunları çözmeye çalışmak hiç eğlenceli değil," diyor baş programcılardan Christian Gyrling. "Dosya sunucusu tüm ağımızın ortasında yer alıyor ve neler olduğunu araştırmaya kalktığımızda bilginin yüzüne bir yangın hortumuyla su sıkmış kadar oluyorsunuz. Ve o bilgi akışının bir yerlerinde hangi makinenin hataya yol açtığını bulmanız gerekiyor."

ve animasyon eklenmesi lazımdı. O kadar çok departmanla o kadar farklı yollardan bağlantılıydı ki sadece birkaç gün içinde bir araya getirebileceğiniz o prototipi gerçek anlamda tamamlamak aylar sürerdi."

Bu esnada, Druckmann ve Straley hedef kitle testlerine ağırlık vermeye başlamıştı. Bu testlere katılanlar –genellikle farklı oyunculuk deneyimleri olan, çeşitli LA sakinleri– ofislere geliyor, sıra sıra masalara oturuyor, kulaklıklarını takıyor ve *Uncharted 4*'ün son sürümünü sınıyorlardı. Test elemanları monitörlerin soluk mavi ışıkları altında parlayan yüzlerle oyunu saatler boyunca oynarken Naughty Dog tasarımcıları da her şeyi izliyordu. Test odasına yerleştirilen kameralar sayesinde katılımcıların fiziksel tepkilerini ölçüyor ve ne oynadıklarını görebiliyorlardı. Naughty Dog tasarımcıları video kayıtlarına notlar ekleyip "burada on kez öldü" veya "sıkılmış görünüyor" gibi şeyler bile yazabiliyordu.

O son safhada hedef kitle testleri Druckmann ve Straley için daha önemli hâle geldi. *Uncharted 4*, prototiplerden ve gri-kutu bölümlerinden oluşan bir derleme olmaktan çıkıp gerçek bir oyuna dönüşmüştü ve iki direktör artık oyunun tonu ve hızı gibi daha büyük ölçekli problemleri tespit edebiliyordu. Oyunun üstünde neredeyse iki yıl çalıştıktan sonra hem Druckmann hem de Straley tüm objektifliklerini kaybetmişlerdi, bu yüzden testler çok önemliydi. "Bazı mekanikleri anlamayabilirler," diyor Druckmann. "Bazen kaybolup oyunun temposundan kopabilirler. Bazen de hikâyeyi kafa karıştırıcı bulabilir, sizin gayet net olduğunu düşündüğünüz nüansları kaçırabilirler ve işte o zaman aslında öyle olmadıklarını anlarsınız." Şahsi geribildirimler o kadar da faydalı değildi –ya canı sıkılan bir test elemanı sadece kötü bir gün geçiriyorsa?– o yüzden Naughty Dog bunun yerine genel eğilimlere odaklandı. Aynı yerde sıkışıp kalan çok fazla oyuncu var mıydı? Herkesin sıkıcı bulduğu ortak bir bölüm mevcut muydu?

"Hedef kitle testlerinin ilk birkaç tanesi bizim için oldukça küçük düşürücüydü," diyor Druckmann. "Bu testler her şeye geniş bir bakış açısı sağladığı için Bruce ve ben heyecanlıydık. Acımasızdırlar ve kendinizi yenilmiş gibi hissedersiniz. Oyun yapımcıları çoğu zaman geliştirdikleri bir bölümü oynanırken seyretmekten nefret eder ve saçlarını başlarını yolar. 'Hayır, öteki tarafa dön, şuradaki şeye tutun, ne yapıyorsun?' Elinizden hiçbir şey gelmez."

2015'in sonuna vardıklarında oyunun teslim tarihi gözlerini korkutmaya başladı. *Uncharted 4*'ü planlandığı gibi 18 Mart 2016'da çıkarmak için şubat ortasında oyunun "gold sürümünü" teslim etmeleri gerekiyordu.* Şubata kadar en önemli hataların hepsini düzeltebilmeleri imkânsız görünüyordu ve stüdyodaki herkes projeyi zamanında tamamlayamayacaklarından endişelenmeye başladı. "Tüm bunların nasıl sonuçlanacağını bilememenin verdiği o mide büzülmesini daima hissedersiniz," diyor Evan Wells. "Tek bildiğiniz önünüzde üç ay olduğudur. Sonra da son oyununuzdan gelen hata raporlarına bakarsınız. 'Üç ay kaldı, düzeltmemiz gereken kaç hata var? Kaçı A seviyesinde?** Günde kaç tanesini düzeltebiliyoruz?' Tamam, günde elli tane düzeltebiliyormuşuz. İşte o zaman, 'Pekâlâ, tamamen boku yemiş sayılmayız,' diyerek geçiyorsunuz tüm hesaplamaların üstünden."

Her hafta hedef kitlesi testleri yapmaları faydalı oldu. Büyük hatalardan ("Yanlış bir yerde ateş ettiğinizde oyun çöküyor") tutun da ufak tefek olanlara kadar ("Buraya zıplayabileceğinizi anlamak zor") giderek daha fazla sorunu çözdükçe teste katılanlar oyuna daha iyi puanlar vermeye başladılar. Naughty Dog ekibi de *Uncharted 4*'ü şekle sokmak için limitlerini zorlayıp daha geç saatlere kadar çalıştılar. Ama zamanları tükeniyordu.

"'Tamam, peki, biz de bir yama yayımlarız,' demeye başla-

---

* Bir oyunun "gold sürümü" ya da üretime hazır versiyonu, CD'lere basılması ve raflara sürülmesi için yayıncıya (*Uncharted 4*'ün durumunda Sony'ye) yollanan hâlidir.

** Bir oyun şirketi hataları onarırken, geliştirici ekip "triyaj" denen bir metot kullanıp bütün hataları önem sırasına göre etiketler. Genellikle oyunun çökmesine neden olan, en büyük hatalar "A" veya "1" olarak işaretlenir. Eğer bir oyunda bir hatayla karşılaşırsanız muhtemelen bunu yapımcılar da bulmuştur ve bu sadece oyun çıkmadan önce onarmaya vakit bulamadıkları (ya da niyetlenmedikleri) "C" seviyesinde bir hatadır.

dık," diyor Wells, oyunun gold sürümünde çıkabilecek hataları onarmak için yayımlanan ve giderek genel bir uygulama hâline gelen "ilk gün" yamalarına gönderme yaparak. "Bir oyunu CD'ye bastığımızda eğer bu Naughty Dog standartlarının altında, tamamen cilalanmamış bir şey olursa CD'lerin basılıp raflardaki yerini alması için gereken üç - dört haftalık zaman dilimini bir yama hazırlamak için kullanıyoruz." Başka bir deyişle, *Uncharted 4*'ü satın alan ama internet bağlantısı olmayan biri yamayı indiremez ve oyunun kötü bir versiyonunu oynar. "Sony'yi buna hazırlamaya başladık. 'Tamam, epey büyük bir ilk gün yamamız olacak. İşler yolunda gitmiyor. Epey uğraşmamız gerekecek,' dedik," diyor Wells.

Sony'nin mühendisleri yamama sürecini Naughty Dog için kolaylaştırırken *Uncharted 4*'ün durumunun sallantıda olduğu haberi şirket içinde yayılmaya başladı ve en nihayetinde havadisler en tepedekilere ulaştı.

Bir Aralık 2015 gecesi, Wells ofisinde oturup *Uncharted 4*'ün son sürümünü oynarken cep telefonunun titrediğini işitti ve tanımadığı bir San Francisco numarasının aradığı gördü. Arayan Shawn Layden'dı, yani Sony Computer Entertainment America'nın başkanı ve Sony'nin tüm geliştirici stüdyolarından sorumlu olan adam. Layden ona *Uncharted 4*'ün biraz daha süreye ihtiyacı olduğunu duyduğunu söyledi. Sonra da bombayı patlattı.

"Layden bana, 'Oyunu nisanda yayımlamaya ne dersiniz?' diye sordu," diyor Wells. "Ben de, 'Bu harika olur,' dedim. 'Oldu bil. Yeni çıkış tarihiniz bu,' dedi o da."

Böylece oyunu şubat ortasında bitirmek yerine *Uncharted 4*'ün hatalarını düzeltmek, ona ince ayar çekmek ve ilk gün yamasına gerek duymayacağına emin olmak için 18 Mart'a kadar zaman kazandılar. Daha sonra Wells'in de ekibine diyeceği gibi bu tam bir yılbaşı mucizesiydi.

Bir müddet sonra, Sony'nin Avrupa departmanından bir temsilci gelip Wells'e oyunu sahiden de 15 Mart'ta teslim edip edemeyeceklerini sordu. Dediğine göre Sony, *Uncharted 4*'ü zamanında satışa sunabilmek için Avrupa'daki bazı üretim fabrikalarını bakımdan geçiriyordu ve bu yüzden oyunu üç gün önce almaları gerekiyordu.

"'Gerçekten mi?' diye sorduk," diyor Wells. "O üç gün bizim için çok değerliydi. O süreye gerçekten ihtiyacımız vardı." Ama Sony Avrupa bu konuda katıydı. Şayet Naughty Dog'un o üç güne ihtiyacı varsa oyunu bir kez daha, bu sefer mayısa erteleyeceklerdi. "Çok sinir bozucuydu," diyor Wells, "'Aman tanrım, insanlar yine bizi suçlayacak,' diye düşünüyorduk çünkü ama bu sefer bizim suçumuz yoktu. Bizim suçumuz değildi. Umarım insanlar bunu çoktan unutmuştur ve sadece oyunu hatırlıyorlardır."

O ekstra süreyi almak Naughty Dog adına gerçekten de bir yılbaşı mucizesiydi fakat fazladan çalışılan her hafta, fazla mesaiyle geçen bir hafta anlamına geliyordu. "Zordu," diyor Bruce Straley, "özellikle de beyniniz ve vücudunuz, 'Sadece bir haftalık enerjim kaldı,' derken. 'Bir dakika ama daha önümde üç hafta var!' diyordunuz siz de. Sonlara doğru işler gerçekten de çok zorluydu." Ama kolektif tecrübeleri ve bir oyunun üstünde çalışmayı ne zaman bırakmaları gerektiğini bilmeleri sayesinde bunu başardılar. "'Bir sanat eseri asla bitmez. Sadece yarım bırakılır,' diye eski bir deyiş vardır," diyor Straley.* "Oyun artık gönderildi. Prodüksiyonun son aşamasındaki parolamız budur. Etrafta yürüyüp gördüğüm herkese, 'Gönder gitsin,' derim. 'Onu da gönder. Bunu da gönder.'"

Böylelikle 10 Mayıs 2016'da oyunu yayımladılar. *Uncharted 4* sadece bir haftada 2,7 milyon kopya sattı, hakkında gösterişli incelemeler yazıldı ve hiç şüphe yok ki o güne dek yapılmış en etkileyici, en fotogerçekçi oyun oldu. Bitkin düşen geliştiricilerden bazıları sonraki haftalar ve aylar boyunca Naughty Dog'tan ayrıldı. Diğerleriyse uzun birer tatile çıktı ve sonraki iki projeleri için prototipler geliştirmeye başladılar: *Uncharted 4* için bir geliştirme paketi –ki kendisi daha sonra *Uncharted: The Lost Le-*

---

* Leonardo Da Vinci. –çn

gacy adında kendi başına bir oyun oldu– ve *The Last of Us*'ın resmî adı *The Last of Us: Part II* olan devam oyunu.

Naughty Dog'un bu projeler için yeterli ön prodüksiyon zamanı vardı ve ekiptekilerin hemen ateşe atlamasına gerek kalmayacaktı. "O yüzden herkesi mutlu görüyorsun," dedi Bruce Straley bana, Ekim 2016'da stüdyoyu ziyaret ettiğimde. "Normal saatlerde evlerine dönüyor, normal saatlerde işe geliyorlar. Sabahları sörf yapmaya gidiyorlar. Öğlenleri de spor salonuna." Ama Naughty Dog her iki oyunu da duyurduktan sadece birkaç ay sonra Straley'nin *The Last of Us: Part II*'de direktör olarak yer almayacağı haberi duyuldu. Stüdyodan yapılan resmî açıklama uzun bir senelik izine çıktığı yönünde.

Uncharted 4'ün sonunda, Libertalya'da canlarını kıl payıyla kurtaran Nathan ve Elena belki de hayatlarında bir parça maceraya ihtiyaç olduğuna karar veriyorlar. Belki de işleri ve kişisel hayatları arasında bir denge kurmanın bir yolu vardır. Elena, Nathan'ın çalıştığı hurda fabrikasını satın aldığını ve onunla birlikte bir seyahate çıkmak istediğini açıklıyor. Tabii canlarını kıl payıyla kurtardıkları tecrübeler yaşamadan… O andan itibaren eski eserleri daha yasal bir yoldan avlamaya karar veriyorlar. "Kolay olmayacak, biliyorsun değil mi?" diye soruyor Nathan. Elena cevap vermeden önce ona yarım saniyeliğine bakıyor. "Güzel bir şeye ulaşmak hiçbir zaman kolay değildir."

3
STARDEW VALLEY

Amber Hageman, Eric Barone'la ilk kez karşılaştığında çatal çörek satıyordu. Amber liseyi bitirmek üzereydi, Eric ise koleje yeni başlamıştı ve her ikisi de Seattle'ın hemen güneyindeki Auburn Supermall adlı markette çalışıyordu. Barone koyu renkli gözleri ve utangaç bir gülümsemesi olan, yakışıklı bir çocuktu. Hageman onun küçük şeyler yapma tutkusunu çekici buluyordu: oyunlar, müzik albümleri, çizimler... Çok geçmeden çıkmaya başladılar. İkisinin de *Harvest Moon*'u –oyunculara kendi çiftliklerinin bakımını ve onarımını yaptıran, sakin bir Japon oyunu serisi– çok sevdiğini keşfettiler. Buluştuklarında yan yana oturup PlayStation'da *Harvest Moon: Back to Nature* oynuyor, oyun kumandasını değişmeceli olarak kullanıp köylülerle arkadaş oluyor ve para kazanmak için lahana ekiyorlardı.

2011'de ilişkileri daha ciddi bir hâl aldı ve Barone'un ailesinin evinde beraber yaşamaya başladılar. Kısa süre önce Washington Tacoma Üniversitesi'nin bilgisayar mühendisliği bölümünden mezun olan Barone, programcı olarak iş bulmakta zorlanıyordu. "Biraz gergin ve beceriksizdim," diyor Barone. "İş görüşmelerim iyi geçmiyordu." Evin içinde ayaklarını sürüye sürüye dolaşıp bulabildiği her işe başvururken, '*Neden bir oyun yapmıyorum ki?*' diye düşünmeye başladı. Programlama yeteneklerini geliştirmek, kendine güvenini tazelemek ve belki de düzgün bir iş bulmak için iyi bir yoldu bu. Daha önce *Bomberman*'in internet üzerinden oynanan bir kopyası gibi birkaç büyük projeyle uğraşmış fakat hiçbirini tamamlamamıştı. *Bu sefer*, dedi kendi kendine, *başladığım şeyi bitireceğim*. Hageman'a oyununu yaklaşık altı ay içerisinde, yani tam da yeni işe alım dönemi başladığı sırada tamamlayacağını söyledi.

Barone'un hayali gösterişsiz ama kesin sınırları olan bir şeydi: Kendi *Harvest Moon*'unu yapmak istiyordu. Orijinal seri bir telif anlaşmazlığı ve büyük bir kalite düşüşü nedeniyle eskisi kadar popüler değildi ve eski çiftçilik simülasyonlarının uyandırdığı sükûnet hissini yaşatan, modern bir oyun bulmak zordu.* "Tek yapmak istediğim tıpkı ilk iki *Harvest Moon*'a benzeyen ama farklı bir haritası ve karakterleri olan bir oyun oynamaktı," diyor Barone. "Aynı oyunun yeni versiyonlarını sonsuza dek oynayabilirdim ama öyle bir şey yoktu. Ben de neden kimse bunu yapmıyor ki diye düşündüm. Bu tarz bir oyun oynamak isteyen bir sürü insan olduğuna emindim."

Barone aynı zamanda bunu tek başına yapmak istiyordu. Çoğu video oyunu her biri sanat, programlama, tasarım veya müzik gibi alanlarda ustalaşmış, onlarca kişilik ekipler tarafından yapılır. *Uncharted 4* gibi bazı oyunlarsa yüzlerce kişilik ekipler ve dünyanın dört bir yanındaki serbest sanatçıların çalışmalarıyla hazırlanır. Bağımsız küçük stüdyolar bile genellikle girişimcilere ve üçüncü taraf motorlara bel bağlar. Kendini içine kapanık biri olarak gören Eric Barone'un ise farklı bir planı vardı. Bütün diyalogları, görselleri ve müzikleri tek başına hazırlamak istiyordu. Hatta başarısı kanıtlanmış grafik motorlarından kaçınıp oyunu sıfırdan programlamayı planlıyordu ki bunu yapıp yapamadığını görebilsin. Yalnız başına çalışacağı için düşüncelerini açıklaması ya da onayını alması

---

* *Harvest Moon* serisinin hakları ve dağıtımı ilk oyundan beri Natsume şirketine aitti ama 2014'te serinin uzun soluklu geliştiricisi Marvelous şirketten ayrılmaya ve kendi oyunlarını yayımlamaya karar verdi. *Harvest Moon* ismi hâlâ Natsume'ye ait, o nedenle Marvelous kendi çiftçilik oyunlarını *Story of Seasons* adı altında yayımlıyor. Bu esnada Natsume de kendi *Harvest Moon* oyunlarını geliştiriyor. Kafa karıştırıcı, evet.

gereken kimse olmayacaktı. Neyin doğru olduğuna sadece ve sadece kendisi karar verecekti.

Barone küçük *Harvest Moon* klonunu bağımsız geliştiriciler arasında popüler olan Xbox Live Indie Games (XBLIG) adlı mağazaya koymayı planlıyordu. XBLIG, 2011'de diğer dijital dağıtımcılara oranla daha az kısıtlamaya sahipti ve bütün geliştiricilerin oyunlarını yayımlıyorlardı. Tecrübesi olmayan, yeni bir mezununkini bile... "O zamanlar bunun sadece bir süreliğine, belki beş veya altı ay kadar süreceğini, sonra da oyunumu XBLIG'e koyup birkaç papele satacağımı ve birkaç bin dolar falan kazanacağımı düşünüyordum," diyor Barone. "İyi bir tecrübe olacaktı, sonra da önüme bakacaktım."

Barone, Microsoft XNA olarak bilinen ilkel araçları kullanarak karakterlerini iki boyutlu bir ekranda hareket ettirecek temel kodları yazmaya başladı. Sonra Super Nintendo (SNES) oyunlarındaki bazı grafikleri parçalayıp farklı farklı kareleri elle çizerek onlara hareket ediyormuş izlenimi vermeyi öğrendi. "Hiçbir metodoloji yoktu," diyor Barone. "Her şey plansız, derme çatma ve gelişigüzeldi."

2011'in sonunda Barone iş aramaktan vazgeçti. *Sprout Valley* adını verdiği yeni projesiyle kafayı bozmuştu (daha sonra adını *Stardew Valley* olarak değiştirdi) ve tam zamanlı bir işe girmeden önce onu bitirmek istiyordu. *Stardew Valley*'nin mantığı basitti. Bir karakter yaratıp saçından pantolonunun rengine dek dış görünümünü değiştiriyordunuz. Oyunun başında kahramanınız büyük bir şirketteki sıkıcı masa başı işinden ayrılıyor ve Pelican Town adlı sakin bir köye yerleşip dedesinden miras kalma, eski ve köhne bir çiftliği devralıyordu. Göreviniz sebze yetiştirmek, köylülerle arkadaş olmak ve Pelican Town'ı eski görkemli günlerine geri kavuşturmaktı. Barone tohum ekmek ve döküntüleri temizlemek gibi alelade işlerin tıpkı *Harvest Moon*'da olduğu gibi tatmin edici olmasını istiyordu. Arkadaşlarınızla çevrimiçi olarak bir ekip bile oluşturabilecektiniz.

Barone'un günlük alışkanlıkları nadiren değişiyordu. Her

sabah kalkıyor, kahve yapıyor, sürünerek bilgisayarının başına geçiyor ve sekiz ila on beş saat boyunca oyunun üstünde çalışıyordu. Hageman eve geldiğinde birlikte akşam yemeği yiyip yürüyüşe çıkıyor, *Stardew Valley* hakkında konuşuyor ve "Hangi karakterlerle evlenebilirsin?" ya da "Hangi karakterleri öpebilirsin?" gibi önemli sorulara kafa yoruyorlardı.

Kirada oturmamak Barone'un bu düzeni birkaç ay boyunca devam ettirmesini sağladı fakat çok geçmeden genç çift kendi evlerine çıkmak istedi. Barone'un ailesinin evinde yaşarken biraz para biriktirmişlerdi ve bunun faydası dokundu ama hazıra dağ dayanmazdı; özellikle de Seattle'ın merkezinde yaşamak istiyorlarsa... Barone'un oyun projesi onlara ayda koskocaman bir sıfır dolar kazandırıyordu, o nedenle lisans eğitimini tamamlayan Hageman ikisine birden bakmak zorundaydı. Kendilerine bir ev tutar tutmaz genç kız iki işte birden çalışmaya başladı; hafta sonları bir kahve dükkânında tezgâhtarlık, okul çıkışlarında da bakıcılık yapıyordu. "Mütevazı bir hayat sürdük ve bu işimize geldi," diyor Hageman. Aylar geçtikçe bu rutine ayak uydurdular. Barone oyununun üstünde çalışıyordu; Hageman ise mutfak masraflarını, harcamalarını ve stüdyo tarzı küçük dairelerinin kirasını ödüyordu.

Sabırsız bir sevgili böyle bir anlaşmayı kabul etmeyebilirdi ama Hageman buna aldırmıyordu. "Erik'in ailesinin evinde yaşadığımız zamanlarda bu hiç de zor değildi. Seattle'a taşındığımızdaysa ona da bakmak zorunda olduğum gerçeği iyice açığa çıktı fakat bu hiçbir zaman bir problem olmadı," diyor. "O kadar çok çalışıyordu ki ona kızmak imkânsızdı."

Bu doğruydu, Barone gerçekten de çok çalışıyordu ama verimli çalıştığı söylenemezdi... Çünkü *Stardew Valley*'yi tek başına yapıyordu; onu sorumlu tutabilecek ya da bir takvime uymaya zorlayabilecek kimse yoktu. Emrinde çalışan birileri ve masrafları yoktu. Sandalyesinin arkasında dikilip detaylarla bu kadar takılmamasını ve şu kahrolasıca oyunu yayımlamasını söyleyecek bir prodüktörü de yoktu. Ne zaman aklına havalı bir özellik ya da oyuncuların arkadaş olabileceği ilginç bir karakter gelse oyuna ekleyebiliyordu. *Stardew Valley* her hafta katlanarak büyüyordu.

Yüzlerce kişi tarafından hazırlanan bir oyun ile tek kişinin yaptığı bir oyunu birbirinden ayırmak o kadar da zor değildir elbette. Bir oyun ne kadar gerçekçi gözüküyorsa –daha güzel grafikler, 3D modellerde daha fazla poligon– sanat ve mühendislikle ilgili son derece teknik konuların üstesinden gelebilen, muazzam büyüklükteki tecrübeli bir ekip tarafından geliştirilmiş olması o kadar muhtemeldir. *Uncharted 4* gibi oyunlar devasa ekiplere (ve onlarca milyon dolara) gereksinim duyar çünkü insanların gözlerini yuvalarından uğratmak zorundadır.

Ama oyun geliştiriciliği, stüdyo dairesinde tek başına oturan Barone için bambaşka bir anlama geliyordu. Onun oyunu en üst seviye 3D grafiklere ya da bir orkestra tarafından bestelenmiş müziklere sahip değildi. *Stardew Valley*'nin el çizimi, iki boyutlu grafikleri ve Reason adlı ucuz bir ses programıyla düzenlenmiş müzikleri vardı. Her ne kadar Barone'un oyun geliştiriciliğiyle ilgili çok az tecrübesi olsa da yıllarca bazı müzik gruplarında yer aldığından beste yapmayı biliyordu. (Lisedeyken profesyonel bir müzisyen olmak istiyordu.) Program yazmayı kolejde öğrenmişti ve *Stardew Valley*'yi oluşturacak basit arka planların ve hareketli grafiklerin nasıl çizileceğini yavaş yavaş kavrıyordu. Piksel sanatı teorisini okuyan ve YouTube'dan eğitici videolar izleyen Barone, ayrı ayrı pikseller çizerek her bir hareketli grafiği nasıl oluşturacağını çözdü. Karmaşık ışıklandırma teknikleri hakkında hiçbir şey bilmiyordu fakat onları nasıl taklit edeceğini, meşalelerin ve mumların arkasına yarı saydam beyaz daireler yerleştirip odayı daha aydınlık gösteriyorlarmış illüzyonunu uyandırmayı öğrendi.

Gerçekten yardım alabileceği bir alan varsa o da planlama yapmaktı. Bazı oyun geliştiricileri projelerinin kilometre taşlarını geliştirilmesinin daha uzun süreceğini düşündükleri şeylere göre belirlerken bazılarıysa E3 gibi halka açık etkinlikler için hazırlamak zorunda oldukları demolar çerçevesinde planlama yapar. Eric Barone'un farklı bir yaklaşımı vardı; canı ne istiyorsa onu yapıyordu. Bir sabah uyandığında kendisini oyunun ana müziğini bestelemek isterken bulabiliyor, öğlen olduğunda da karakter portrelerini çizmeye ya da balık tutma mekaniğine gömülmeye karar verebiliyordu. Herhangi bir gün oyunun 2D grafiklerine bakabiliyor –artık SNES oyunlarından arakladıklarını kullanmak yerine kendi piksel grafiklerine terfi etmişti– ve berbat göründüklerine karar verip her şeye baştan başlayabiliyordu.

Hageman ve diğer aile fertleri *Stardew Valley*'nin ne zaman biteceğini düzenli aralıklarla sormaya başladı. *Bir - iki ay içinde*, diyordu. İki ay sonra yine soruyorlardı. *Sadece birkaç ay daha*, diyordu. Zaman geçtikçe Barone bu aralığı uzatmaya başladı. *Üç ay sonra. Altı ay sonra.* "Paranız olmadığında ve sizinle birlikte yaşamak isteyen bir kız arkadaşınız varken tek başınıza oyun geliştirmenin bir yanı da insanlara bu işi yapacağınızı ve sizi bundan vazgeçirmeye çalışmamalarını kabul ettirmektir," diyor Barone. "Herkesi bana inanmaya ikna etmek zorunda kaldım. Eğer daha en başından, 'Ah, oyunu bitirmem beş yıl sürecek,' deseydim sanırım kimse bunu kabul etmezdi. Bunu yaptığımın farkında bile değildim çünkü kulağa gerçekten çıkarcı bir davranışmış gibi geliyor fakat geriye dönüp baktığımda belki de onlara kısa zaman aralıkları vermem gerektiğini bilinçaltımda biliyormuşum gibi geliyor. 'Ah, sadece altı ay sürecek. Bir yıl sürecek. Tamam, iki yıl.'"

2012'nin ortasında, *Stardew Valley*'yi geliştirmeye başlamasının üstünden neredeyse bir yıl geçtikten sonra Barone kendine bir internet sitesi açtı ve *Harvest Moon*'la ilgili hayran forumlarında oyunuyla ilgili bilgiler paylaşmaya başladı. Bu forumlardaki çoğu insan tıpkı onun gibi orijinal serinin giderek kötüye gittiğini düşünüyordu. *Stardew Valley* anında ilgilerini çekti. Oyun canlı ve renkli, birinin yirmi yıl sonra kazıp çıkardığı ve yeni bir boya tabakasıyla kapladığı keşfedilmemiş bir Super Nintendo oyunu gibi görünüyordu. Hareketli grafikler biraz ilkel duruyordu, evet ama *Stardew Valley*'nin neşeli çiftçisinin beyaz bir turpu yerden çekip çıkardığını görüp de ona hayran olmamak çok zordu.

Pozitif yorumlarla enerji depolayan Barone, *Stardew Valley*'yi insanlara nasıl ulaştırabileceğini düşünmeye koyuldu. Oyunu PC'ye çıkarabilmek için Xbox'ı çoktan gözden çıkarmıştı çünkü bilgisayar oyuncuları sayıca çok daha fazlaydı. Öte yandan tek bir mağaza tarafından domine ediliyordu: Steam. Oyun yayıncısı Valve'ın yönettiği, devasa bir ağ. Bağımsız oyun yapımcıları oyunlarını Steam'e öylece koyamıyordu; Valve'ın özel onayına ihtiyaçları vardı.

Bu bir sorundu. Barone, Valve'dan kimseyi tanımıyordu. İletişime geçebileceği bir yayıncısı yoktu. Hatta kendisi dışında oyun yapan hiç kimseyi tanımıyordu.

Bir senedir üstünde çalıştığı oyununu hiç kimsenin keşfedemeyeceğinden endişelenen Barone internette bir araştırma yaptı ve ümit vadedici görünen, yeni bir programla karşılaştı: Steam Yeşil Işık. Valve bu program vasıtasıyla onay sürecini oyuncularla birlikte yürütüyor ve hangi oyunları oynamak istediklerini oylamaya sunuyordu. Belirli bir oy sayısına ulaşan yapımlar (Valve'ın gizli tuttuğu meşhur bir sayı) otomatik olarak mağazada kendilerine bir yer buluyordu.

Barone, Eylül 2012'de *Stardew Valley*'yi Steam Yeşil Işık'a koydu. "Oyunun genel olarak bittiğini düşünüyordum," diyor. "'Evet, onu altı ay içerisinde hazır edebilirim,' diyordum kendi kendime."

Çok geçmeden Finn Brice adında, İngiliz bir geliştirici Barone'a bir teklifte bulundu. Chucklefish adlı bir şirketi yöneten Brice, *Stardew Valley*'nin nasıl bir şey olduğunu görmek istiyordu. "Herkes oyunun potansiyelini daha en başından fark edebilirdi," diyor Brice. "PC için hazırlanan ve gerçekten de çok iyi gözüken bir *Harvest Moon* klonu insanın hemen ilgisini çekiyordu." Barone e-posta yoluyla ona *Stardew Valley*'nin bir versiyonunu yolladı ve çok geçmeden bütün Chucklefish ekibi Brice'ın masasının etrafına toplanıp oyunu oynamasını seyretti. *Stardew*

Valley'nin bazı kısımları henüz tamamlanmamıştı ve arada sırada çöküyordu ama yine de hepsini büyülemeyi başardı.

Finn Brice, Barone'a bir teklifte bulundu: Kârının yüzde onu karşılığında Chucklefish oyunun fiili yayıncısı rolünü üstlenecekti. Electronic Arts (EA) ve Activision gibi büyük yayıncıların ölçeğine ve erişimine sahip değillerdi belki ama Barone'a oyun geliştiriciliğinin daha sıkıcı yönlerinde yardımcı olabilecek avukatları, halkla ilişkiler uzmanları ve başka elemanları vardı. (Eğer hayatınızda bir tomar telif hakkı evrakını okumaya hiç çalışmadıysanız can sıkıntısının ne olduğunu bilmiyorsunuz demektir.)

Barone, Chucklefish'in ön sipariş safhasında yüz binlerce dolar kazanan uzay macerası oyunu *Starbound*'la ilişkilendirilme fikrini sevdi. Aynı zamanda, daha büyük bir yayıncının *Stardew Valley*'nin kâr pastasından daha büyük bir dilim talep edeceğini –muhtemelen yüzde elli veya altmışa yakın– öğrendi, bu da yüzde onluk bir anlaşmayı son derece makul kılıyordu. "Bu fırsatı değerlendirmeyi seçtim elbette," diyor Barone.

17 Mayıs 2013'te, *Stardew Valley* yeterince oy toplayıp Steam Yeşil Işık onayını kaptı. Çok heyecanlanan Barone, internet sitesi üzerinden bu haberi giderek büyüyen hayran kitlesiyle paylaştı. "Bu oyunu size bir an önce ulaştırmak için bilimsel olarak elimden geleni yapacağım," diye yazdı. "Onu mümkün olduğunca eğlenceli ve zengin özellikli kılmaktan kaçınmayacağım (mantıklı bir zaman aralığı içinde elbette). Hâlâ kesin bir çıkış tarih veremiyorum; tahmin etmek çok zor ve boş vaatlerde bulunmak istemiyorum. Ancak her gün çok çalıştığımdan ve durmadan aşama kaydettiğimden emin olabilirsiniz!"

Birkaç ay daha. *Sadece birkaç ay daha.* Barone oyunu geliştirmeye devam ederken, karamsarlığa kapıldığı zamanlarda bu mantrayı tekrarlayıp durdu. Sabahları oyunun yeterince iyi olmadığına dair, içini kemiren bir hisle uyanıyordu. "Çok kötü olduğunu fark ettim," diyor Barone. "Daha iyisini yapmam gerekiyordu. Çok başarılı falan olmayacaktı." *Stardew Valley*'yi aşırı hevesli bir oyma sanatçısı gibi parçalarına ayırdı ve aylardır yazdığı kodları ve özellikleri çıkarıp attı. "Bir noktada oyunu neredeyse tamamladığını düşünmüştüm," diyor Barone, "ama daha sonra fikrimi değiştirdim. 'Tamam, henüz hazır değil. Oyundan memnun değilim ve böyle bir şeye ismimi yazmak istemiyorum,' diye düşündüm."

Barone sonraki aylar boyunca hareketli grafikleri baştan tasarladı. Karakter portrelerini tekrar çizdi. Rasgele oluşan yeraltı madenleri gibi ana özellikleri rafa kaldırdı ve oyunun daha sorunsuz çalışması için kodlamanın büyük bir bölümünü yeniden yazdı. Neredeyse iki yıldır *Stardew Valley*'nin üstünde çalıştıktan sonra bütün oyun geliştiriciliği yeteneklerinin arttığını hissediyordu. Artık ilk başladığı günlere nazaran daha iyi bir piksel sanatçısı, daha iyi bir programcı, daha iyi bir görsel efektçi ve daha iyi bir ses tasarımcısıydı. Neden oyunun bu kısımlarını geliştirmek için daha fazla zaman harcamasındı ki?

"Portreleri on beş kere falan baştan çizdi," diyor Amber Hageman. "Şimdi geriye dönüp baktığımda çizim yeteneğinin çok geliştiğini ve buna gerçekten değdiğini görebiliyorum... Ama o zamanlar günlerce ve günlerce oturup sadece tek bir karakterin görünümünü değiştirirken, 'Hadi ama, harika görünüyor, endişelenmen yersiz,' gibi şeyler söylüyordum. Eric biraz mükemmeliyetçi biri ve içine sinmediği sürece bir şeyin üstünde çalışmaya devam etmek ister."

Para genç çift için sıkıntı olmaya başladı. Birikimlerinin büyük bir bölümünü yemişlerdi ve Hageman mezuniyet sınavlarına hazırlandığı için hâlâ sadece yarı-zamanlı işlerde çalışabiliyordu. Barone faturalara yardımcı olabilmek için *Stardew Valley*'yi Erken Erişim'e –Steam kullanıcılarının oyunların henüz tamamlanmamış bir versiyonunu çıkış tarihinden önce satın almalarına imkân tanıyan bir hizmet– koymayı düşündü ama oyununu bitirmeden başkalarının parasını alma fikrini huzursuz edici buldu. Üstünde çok fazla baskı hissederdi. Bunun yerine Seattle merkezindeki Paramount Sineması'nda yer gösterici olarak iş buldu ve parasız kalmamaları için haftada birkaç saat, yarı zamanlı olarak çalıştı.

Barone ayda bir *Stardew Valley* sitesini güncelliyor, yeni özellikleri tanıtıyor (Meyve ağaçları! İnekler! Gübre!) ve hayranlarının önünde iyimser bir tavır takınıyordu. 2013'ün sonunda yazdıklarını takip eden ve arkadaş canlısı yorumlar bırakan yüzlerce takipçisi oldu. Yine de morali bozuktu. İki yıldır her gün bilgisayarının başında oturuyor, aynı oyunu geliştirip defalarca test ediyordu. İçine endişe tohumları ekilmişti ve olabilecek en kötü zaman filizlenmeye başladılar.

"Depresyona girip, 'Ben ne yapıyorum böyle?' diye düşündüğüm zamanlar oldu," diyor Barone. "Bilgisayar mühendisliği mezunuydum ama asgari maaşla bir sinemada yer gösterici olarak çalışıyordum. İnsanlar bana, 'Başka bir iş yapıyor musun?' diye soruyorlardı. Ben de onlara, 'Bir video oyunu geliştiriyorum,' diyordum. Bu bana utanç verici geliyordu. 'Ah, bu herif zavallının teki,' diye düşünmüş olmalılar."

Barone bazı günler hiç çalışmamaya başladı. Sabahları kalkıyor, kendisine bir kahve yapıyor, kız arkadaşını uğurluyor, sonra da sekiz saat boyunca *Civilization* veya eski *Final Fantasy* oyunları oynuyordu. Hageman eve döndüğünde de *Stardew Valley*'ye tıklıyor ve böylece kız arkadaşı kaytardığını anlamıyordu. "Kesinlikle hiçbir şey üretmediğim zamanlar oldu," diyor Barone. "Alt-Tab'a basıp Reddit'te dolaşıyor ve hiç çalışmıyordum." Belki de vücudu onu rahatlatmaya çalışıyordu; iki senedir hiç hafta sonu tatili yapmamıştı.

"Çok öfkelendiği ve oyundan nefret ettiği zamanlar oldu tabii," diyor Hageman. "Ama asla onu bırakma noktasına gelmedi. Bir gün oyundan nefret edip onu daha iyi hâle getirmeye çalışıyor, başka bir gün ondan büyük bir coşkuyla bahsediyordu. Bu tam da onun tarzı."

Gerçekten de Barone'un doğru dürüst bir molaya ihtiyacı vardı. 2014'ün başında Hageman'ı yeni tabletiyle oyun oynarken görünce aklına bir fikir geldi. *Stardew Valley*'yi bir müddet nadasa bırakıp bir mobil oyun yapacaktı. Bir hafta içerisinde bitirebileceği, küçük ve kolay bir şey. Sonraki ay *Stardew Valley*'yi görmezden gelip sörf yapan, mor bir armutla ilgili bir Android oyunu geliştirdi. Oyuncular dokunmatik ekranla armudu yönetip engelleri aşacak ve en yüksek puana ulaşmaya çalışacaklardı. 6 Mart 2014'te *Air Pear*'ı küçük bir törenle yayımladı. "*Air Pear* bir mobil oyun geliştiricisi olmak istemediğimi anlamamı sağladı," diyor Barone. "Aslına bakarsanız ondan nefret ettim."

Barone'un kaderinde yeni *Candy Crush*'ı yaratmak olmasa da verdiği bu ara kendisini biraz toparlamasını sağladı. Haftanın yedi günü çalışmak onu boğmuştu. İşe daha fazla ara vermeye başladı ve internet sitesinde (iki aydır güncelleme yapmadığı için hayranları ölmüş olabileceğini düşünüyordu) "sadece hayattan zevk almak için değil, aynı zamanda *Stardew Valley*'yi geliştirme sürecini daha verimli hâle getirmek için (böylece işimin başına oturduğumda daha fazla odaklanıyorum)" eskisi kadar sık geliştirme maratonları yapmadığını yazdı.

Amber Hageman kolejden mezun olduktan sonra laboratuvar teknisyeni olarak iş buldu ve bu durum para sıkıntısını çözmelerine yardımcı oldu. (2015'in ilerleyen aylarında Hageman yüksek lisans yapacak ve bitki biyolojisindeki araştırmaları için düzenli bir burs almaya başlayacaktı.) Aileyi geçindiren kişi olmaktan gocunmuyordu fakat her akşam eve dönüp *Stardew Valley*'nin ne kadar iyi göründüğüne şahit oldukça Barone'u oyunu yayımlaması için sıkıştırmaya başladı. "Sinirim bozuluyordu," diyor Hageman. "Şey, bilirsiniz, madem oyundan o kadar bıkmıştı, o zaman neden yayımlamıyordu?" Yıl sonunda Barone'un hayranları da aynı soruyu sormaya başladı. *Stardew Valley* neredeydi? Neden oyunu hâlâ oynayamamışlardı?

Nisan 2015'te, Barone blog sayfasında bir yazı yayımlayıp bu soruyu bir kez daha yanıtladı. "Oyunun yayımlanmaya hazır olduğuna karar verir vermez bunu duyuracağım," diye yazdı. "Kimseyi kandırmak ya da gizli saklı işler çevirmek gibi bir niyetim yok." Sırf daha sonra ertelemek için bir tarih vermeyeceğini ve oyun hazır oluncaya dek *Stardew Valley* hakkında daha fazla heyecan yaratmayacağını söyledi.* "*Stardew*'in üstünde yıllardır çalışıyorum ve onu yayımlamayı ben de herkes kadar çok istiyorum," yazdı Barone. "Ancak bunu sadece oyun tamamlanana kadar değil, aynı zamanda kendisinden memnun kalıncaya dek yapmak istemiyorum. *Stardew* şu anki haliyle yayımlanamaz... Henüz bitmedi. Tamamlanmış bir oyun olmaya kışkırtıcı bir şekilde çok yakın. Ama bu çok büyük bir proje, bense sadece tek kişiyim."

Yalnız bir geliştirici olmanın iki büyük zorluğu vardı. Birincisi, her şeyin çok fazla vakit almasıydı. Barone sıkı bir takvimi olmadığından bir özelliğin yüzde doksanını tamamlamaya, sıkılmaya ve tamamen başka bir şey yapmaya meyilliydi. *Stardew Valley*'yi neredeyse dört yıldır geliştirmesine rağmen oyunun evlilik ve çocuk yapmak gibi ana mekaniklerinden bazılarını hâlâ bitirmemişti. Ayrıca bir "ayarlar" menüsü kodlamak da çok heyecanlı bir iş değildi doğrusu. "Sanırım bu bana oyunu bitirmeye yaklaştığıma dair yanlış bir izlenim verdi çünkü onu başlatıp ilk günden itibaren oynamaya başladığınızda her şeyi yapabiliyormuşsunuz gibi görünüyordu," diyor Barone. "Ancak yakından baktığınızda her şeyin daha fazla emeğe ihtiyacı olduğunu fark ediyordunuz." Yarım kalan bu özelliklerin hepsini tekrar gözden geçirip tamamlamak aylar sürecekti.

İkinci büyük zorluk yalnızlıktı. Barone artık dört yıldır tek başına bir bilgisayarın başında oturuyor, Amber Hageman dışında neredeyse kimseyle konuşmuyordu. Fikir alışverişi yapabileceği

---

* Eylül 2016'da, Eric Barone'la ilk buluşmamızda oyun tarihinin en çok beklenen oyunlarından birinin, *No Man's Sky*'ın çıkışına şahit olmuştuk. Barone'un evinin yakınlarındaki bir restoranda Çin şehriyelerini höpürdeterek mideye indirirken o oyunun geliştiricilerinin vaatlerini nasıl yerine getiremediğiyle ilgili uzun bir sohbet gerçekleştirdik. "Sadece bir şeyler anlatıp heyecan yaratabilir ve bu sayede epey para kazanabilirsin," dedi Barone. "Ama bu benim tarzım değil. Heyecan yaratmayı bile sevmiyorum. Ben heyecan falan istemiyorum. Harika bir oyun yapmayı yeğlerim. Eğer doğru oyunu tasarlarsanız ve ortaya sahiden de iyi bir şey çıkarsa bunun gerekli heyecanı yaratacağına yürekten inanıyorum. O zaman o oyun kendi kendini pazarlar."

çalışma arkadaşları, öğle yemeğinde buluşabileceği birileri ya da oyun endüstrisinin eğilimlerini çekiştirebileceği bir dostu yoktu. Oyununun yaratımı üstünde tam bir hâkimiyet elde etmek için yalnızlığı kucaklamak zorunda kalmıştı. "Sanırım bir oyunu tek başınıza geliştirmek için kendinizle yalnız kalmaya alışkın biri olmalısınız," diyor Barone. "Ben öyle biriyim. Bununla ilgili bir sorunum yok. Ama kendinizi çok yalnız hissettiğinizi itiraf etmem gerek. O yer göstericilik işini almamın bir sebebi de buydu çünkü bu sayede arada sırada dışarı çıkıp başkalarıyla iletişime geçebiliyordum."

Stardew Valley'nin dağlarına ve ağaçlarına bakan Barone, bir kez daha oyununun o kadar iyi olup olmadığını sorgularken buldu kendisini. *Harvest Moon*'u andırıyordu, evet. Ekin toplayabiliyor, birileriyle çıkabiliyor ve yıllık yumurta festivalinde tatlı insanlarla takılabiliyordunuz. Ama Barone oyunun üstünde o kadar uzun bir süredir çalışıyordu ki onu tarafsız bir gözle değerlendirmekte zorlanıyordu. Hikâyesi güzel miydi? Peki müzikleri? Portreler yeterince iyi miydi yoksa onları bir kez daha mı elden geçirmeliydi? "Tek başınıza bir oyun geliştirmenin zorluklarında biri de bu," diyor Barone. "Oyununuzla ilgili bütün objektifliğinizi kaybediyorsunuz. *Stardew Valley*'nin eğlenceli olup olmadığı hakkında hiçbir fikrim yoktu. Hatta yayımlanmadan birkaç gün önce onun çöp olduğunu düşünüyordum. 'Bu oyun berbat,' falan diyordum."

Diğerleri onunla aynı fikirde değildi. Eylül 2015'te bir grup Chucklefish çalışanı Twitch'te bir yayın başlatıp *Stardew Valley*'yi bir saat kadar oynadılar. Oyun hâlâ tamamlanmamıştı ama yeterince yakındı. Temel özellikleri gösterebiliyor, ana karakteri yönetip çiftlikteki döküntüleri temizliyor ve Pelican Town'ın dost canlısı sakinleriyle tanışabiliyorlardı. Hayranları oyunun harika göründüğü fikrindeydi. "Hem göze hem de kulağa muhteşem geliyor," diye yazdı yorumculardan biri. "Sen gerçekten de tek kişilik bir ordusun."

"Sona doğru yaklaştıkça bunun çok başarılı bir oyun olacağı

giderek netleşti," diyor Finn Brice. "Projeye zaten inanıyorduk fakat kendisi en büyük beklentilerimizi bile aştı. Ve bizim beklentilerimiz Eric'inkilerden birkaç kat daha büyüktü."

2015'in başında, Barone bundan böyle *Stardew Valley*'ye yeni şeyler eklememeye karar verdi. Bunun yerine yılın geri kalanını hataları düzelterek ve oyunu daha eğlenceli kılacak küçük ayarlamalar yaparak geçirecekti. Bu kuralı çiğnemesi çok uzun sürmedi. Kasım ayı geldiğinde *Stardew Valley*'ye yeni ekinler, zanaatkârlık şemaları, sahipleriyle arkadaş olduğunuz takdirde ziyaret edebildiğiniz özel yatak odaları, görev günlüğü, gezgin bir tüccar ve bir at (işleri "stressiz" tutmak için beslemenize ya da bakımını yapmanıza gerek olmayacak, diye yazdı hayranlarına) ekledi.

Bu son eklentilere rağmen oyun neredeyse tamamlanmıştı; tek bir önemli kısım haricinde. Barone, ilk başta *Stardew Valley*'nin hem tek kişilik hem de çok oyunculu seçeneklerinin olacağını vadetmişti fakat işin çok oyunculu kısmını hazırlamak tahmin ettiğinden daha uzun sürüyordu. 2015 sona erip kış Seattle'a yaklaşırken –Barone ve Hageman sıkış tıkış stüdyo dairelerinden ayrılıp iki arkadaşlarıyla birlikte paylaştıkları, daha makul bir eve taşınmıştı– *Stardew Valley*'nin "tamamlanmış" versiyonunu yayımlamak için bir yıla daha ihtiyacı olduğu anlaşıldı.

Barone haftalar boyunca bir karar almaya çalıştı. Bitmemiş bir oyunu yayımlamak ona yanlış geliyordu. Ama hayranları yıllardır *Stardew Valley*'nin ne zaman çıkacağını soruyordu. Artık vakti gelmemiş miydi? Çok oyunculu seçeneği olmadan oyun umduğu kadar çok satmayabilirdi, öte yandan dört yıldır dur durak bilmeden bu proje üstünde çalışıyordu. Tıpkı *Stardew Valley*'nin sessiz başkarakteri gibi Barone da bu gündelik işin yoruculuğundan bıkmıştı. "*Stardew Valley*'yi geliştirmekten o kadar bıkmıştım ki artık onu yayımlamam gerekiyordu," diyor Barone. "Birdenbire, 'Tamam, artık büyük oranda hazır. Bu oyunu geliştirmekten bıktım. Artık onunla uğraşmak istemiyorum,' dediğim noktaya gelmiştim."

Barone 29 Ocak 2016'da büyük haberi duyurdu: *Stardew Valley*, 26 Şubat'ta çıkacaktı. Ücreti 15 dolar olacaktı. Bir pazarlama kampanyasının nasıl başlatılacağı hakkında en ufak bir fikri bile yoktu ama hey, Chucklefish'e bu iş için kârdan yüzde on pay vermeyi kabul etmişti zaten. Chucklefish'teki halkla ilişkiler uzmanları, muhabirlere ve Twitch yayıncılarına *Stardew Valley* kodları yolladı. Barone oyununun canlı yayında oynanması fikrine şüpheyle yaklaştı – "İnsanların oyunu ilk önce Twitch'te izleyeceğinden, sonra da zaten her şeyi gördüklerini düşünüp onu satın almayacaklarından korkmuştum," diyor– fakat ilk videolar ve canlı yayınlar *Stardew Valley*'yi diğer hiçbir medya organının yapamayacağı şekilde öne çıkardı. O ay Twitch'teki en popüler oyun oydu ve neredeyse her gün sitenin ilk sayfasında çıkıyordu.

Şubatın o son haftalarında Barone izin yapmak için kullandığı tüm bahaneleri rafa kaldırdı. Uyanık olduğu her saati bilgisayarının başına oturup (ya da monitörünü boş bir Wii U kutusunun üstüne koyarak oluşturduğu eğreti çalışma masası sayesinde ayakta durarak) hataları düzeltmeye harcadı. Ev arkadaşları ve oyununu denemelerini rica ettiği birkaç dostu haricinde hiç test elemanı yoktu. Bir kalite kontrol ekibi de yoktu. Bütün hataları kendi başına yakalaması, belgelendirmesi ve onarması gerekiyordu. "Korkunçtu," diyor Barone. "Günlerce uyumadım." Oyunun yayımlanmasına günler kala, son dakikada ortaya çıkan sinir bozucu yerelleştirme hatalarını düzeltmeye çalışırken bilgisayarın başında uyuyakalıyordu.

Eric Barone 26 Şubat 2016'da, pili bitmiş bir vaziyette *Stardew Valley*'yi yayımladı. Hem sevgilisi hem de ev arkadaşları Jared ile Rosie bu önemli günün şerefine işten izin almıştı ve hep beraber Barone'la birlikte üst katta oturup oyunun satışa sunulmasını izlediler. Diğerleri tezahürat edip kutlama yaparken Barone ise Steam'deki geliştirici hesabına bakıyordu. Canlı çizelgeye tıklarsa insanlar *Stardew Valley*'yi satın alıp oynamaya başladıkça gerçek zamanlı olarak değişen sayıyı takip edebilecekti. Çizelgeye tıklar tıklamaz oyununun büyük bir sükse yapıp yapmadığını öğrenecekti.

O noktada ne beklemesi gerektiğini bilmiyordu. Uzun zamandan beri kendini tükenmiş hissediyordu ve arkadaşları ona oyununun harika olduğunu söylese bile dünyanın geri kalanının bu küçük *Harvest Moon* klonuna nasıl tepki vereceğini tahmin etmenin bir yolu yoktu. Oyunu satın alacaklar mıydı? Onu beğenecekler miydi? Ya kimse umursamazsa?

Çizelgeyi açtı.

Altı ay sonra Seattle'da, sıcak bir perşembe akşamı Eric Barone kucağında bir kutu dolusu video oyun pelüşüyle evinin önündeki basamaklardan aşağı indi ve arabasına bunlardan kaç tane sığdırabileceğini merak etti. Cuma günü Penny Arcade Expo ya da diğer adıyla PAX –dünyanın dört bir yanındaki oyun tutkunlarının bir araya geldiği bir etkinlik– başlıyordu. Fuar alanı kendilerine oynayacak yeni oyunlar arayan on binlerce insanla dolu olacaktı ve Barone, *Stardew Valley*'yi tanıtmak için küçük bir stant kiralamıştı. Bu onun ilk büyük etkinliği olacaktı ve bu yüzden biraz endişeliydi. Oyun geliştiricileri şöyle dursun, daha önce oyununun olası hayranlarıyla bile hiç yüz yüze görüşmemişti. Ya kötü insanlarsa?

Barone iki ev arkadaşından (ve New York'tan ziyaretine gelen benden) yardım alarak aracının bagajını gerekli şeylerle doldurmaya başladı: iki küçük bilgisayar ekranı, ev yapımı bir afiş, su şişeleriyle dolu bir çanta, birkaç ucuz rozet ve pelüş *Stardew Valley* oyuncakları. Toplanmayı bitirdiğimizde Barone aracın şoför penceresinden içeri tırmanıp koltuğa oturdu. Kapı aylardır bozuk, dedi. Araba ikinci eldi ve neredeyse yirmi yıldır ailesine aitti. Kapıyı tamir ettirmeyi planlayıp planlamadığını sordum. Bu konuyu hiç düşünmediğini söyledi.

Tanıdık, neredeyse sıradan bir sahneydi. Onlarca bağımsız oyun geliştiricisi büyük bir fuarda bir yer kapmayı umuyor, stantta görev almaları için ev arkadaşlarını topluyordu. Eğer şansı yaver giderse o hafta sonu yapacağı sunum ve gösterimler birkaç yüz yeni takipçi daha edinmesini sağlayacaktı. Bağımsız geliştiriciler için bu çok önemli bir fırsattı. PAX gibi fuarlarda dilden dile dolaşmak küçük bir oyunu büyük bir başarıya dönüştürebilirdi.

Ama Eric Barone'un böyle bir yardıma ihtiyacı yoktu. O perşembe akşamı, arabasının ön camından içeri tırmanırken *Stardew Valley* çoktan 1,5 milyon adet satmıştı bile. Oyunu yayımladığından beri 21 milyon dolara yakın bir gelir elde etmişti. Arabasının kapısını açamayan, yirmi sekiz yaşındaki Eric Barone'un banka hesabında 12 milyon dolar vardı. Yine de bozuk bir Toyota Camry'yle seyahat ediyordu. "İnsanlar bana ne zaman bir spor araba alacağımı soruyor," diyor Barone. "Öyle bir şeye ihtiyacım yok. Fikrimin ne zaman değişeceğini de bilmiyorum. Muhtemelen bir noktada bir ev satın alırım fakat acelem yok. Gözüm yükseklerde değil. Paranın mutluluk getirmediğini biliyorum."

Sonraki birkaç gün boyunca Washington State Convention Center'ın altıncı katındaki küçük bir stantta oturan Barone, kendisini gerçek bir rock yıldızı gibi hissederek insanlarla el sıkışıp hayatında ilk defa imza dağıttı. Hayranları *Stardew Valley*'deki mor saçlı Abigail ve hoş tavırlı Gunther gibi karakterlerin kılığına girerek gelmişti. Bazıları ona çizimler ve el emeği hediyeler getirmişti. Bazılarıysa *Stardew Valley* oynamanın zor zamanların üstesinden gelmelerine nasıl yardımcı olduğuna dair kişisel hikâyeler anlatmıştı ona. "Bir sürü insanın Eric'e tüm samimiyetleriyle, yürekten teşekkür ettiğini gördüm ve bu benim için gerçekten de çok güzeldi," diyor stantta ona yardım eden Amber Hageman. "Aslında benim istediğim de buydu. Eric'in çalışmasının takdir edildiğini görmek ve müziklerinin, hikâyelerinin ve hayran olduğum, başarılı olduğunu düşündüğüm tüm o diğer meziyetlerinin başkaları tarafından da deneyimlenmesini istiyordum. İnsanların onu takdir ettiğini ve bunu söylediklerini görmek gerçekten de harikaydı."

Önceki sene Eric Barone ve Amber Hageman için bir bulanıklıktan ibaretti. *Stardew Valley* çıktıktan sonra Barone oyununun Steam'in çok satanlar listesinin tepesine fırladığına ve bir günde on binlerce kopya sattığına şahit olmuştu. Oyununun başarılı olacağını düşünmüştü ama son rakamlar beklentilerinin çok ötesindeydi ve bu aynı anda hem sevindirici hem de korkutucuydu. Başarıyla beraber oyunu daha iyi hâle getirme baskısı da geliyordu. Artık *Stardew Valley*'yi beş kişiden fazla insan oynadığı için Barone'un tüm zamanını durmadan patlak veren hataları ayıklamaya harcaması gerekiyordu. "Tam uyumaya gideceğimiz sırada Eric birdenbire panikliyor ve, 'Tamam, bu gece uyanık kalıp şunu çözmem lazım,' falan diyordu. Sonra da sabaha kadar çalışıyordu," diyor Hageman.

Bu bir kısır döngü hâline geldi. Oyunun hayranları hata raporları yolluyor, Barone onları düzeltmek için yamalar yayımlıyor ancak istemeden *daha fazla* hataya sebebiyet veriyordu. Sonra da yeni hataları düzeltmeye çalışmak için yine sabahlıyordu. Bu döngü haftalarca sürdü. "Sanırım böyle bir başarıya imza atmak oldukça şok edici olmalı," diyor Chucklefish'ten Finn Brice. "Ansızın kendinizi pek çok insana bir sürü şey borçluymuş gibi hissediyorsunuz."

Bu başarının bir başka anlamı –ve aradan altı ay geçmesine rağmen benimsemesi hâlâ zor olan yanı– ise Eric Barone'un artık bir multimilyoner olmasıydı. Bunu sevgilisi ve iki arkadaşıyla birlikte yaşadığı mütevazı eve ya da bozuk Toyota'sına bakarak anlayamazdınız fakat yarım sene içerisinde çoğu oyun geliştiricisinin kariyerleri boyunca göreceğinden daha çok para kazanmıştı. Barone'un önceki hayatı –geçinmek için Hageman'a bel bağlayıp bir sinemada yer gösterici olarak çalıştığı yıllar– sanki başka bir boyutta yaşanmış gibiydi. "Oyun çıkmadan önce paramız sadece yiyecek bir şeyler almaya falan yetiyordu," dedi bana, yeni edindiği servetiyle bir şey yapıp yapmadığını sorduğumda. "Şimdiyse bir şişe şarap veya canımın istediği herhangi bir şey alabiliyorum. Bu konuyu çok kafaya takmıyorum." Düşünmek için birkaç saniye duraksadı. "Bir de hayat sigortası yaptırdım. Daha önce yoktu."

Barone daha sonra bana yeni bir bilgisayar aldığını söyledi. "İlk başta çok acayip geliyordu," diyor Amber Hageman. "Gerçekten de inanılması güçtü. Evet, birdenbire bir sürü paramız oldu ama hepsi bilgisayar ekranındaki sayılardan ibaretti sadece... İleride bir ev alabileceğimizden bahsettik ve bu çok güzeldi. Pazar günü gazetenin oldukça hoş bir ev eki oluyor; sırf eğlence olsun diye onun sayfalarını karıştırdık çünkü bu artık bir bakıma mümkündü. Gerçekten bir ev satın alacağımız falan yoktu. Sadece eğlenmek için yaptık."

2014'te *New Yorker* gazetesinin muhabirlerinden Simon Parkin, finansal bir başarı elde eden bağımsız geliştiricilerin karmaşık duygularını konu alan, "Video Oyun Milyonerlerinin Suçluluk Duygusu" adlı bir makale yayımladı. Yazıda *Nuclear Throne*'un geliştiricisi Rami Ismail ve *The Stanley Parable*'ın yapımcısı Davey Wreden gibi oyun yapımcıları yeni edindikleri servetleriyle birlikte gelen benzer duygularını tarif ettiler: Depresyon, huzursuzluk, suçluluk, ilham kaybı ve bunun gibi şeyler. "Para, ilişkileri karmaşıklaştırıyor," diyordu *Super Meat Boy* adlı platform oyunun tasarımcısı Edmund McMillen. "Ben sadece bir oyun yapımcısıyım. Yalnız olmayı seven bir sanatçı. Elde ettiğim başarı bana yapay olarak seviye atlattı; kıskançlığa, hatta nefrete yol açtı."

Eric Barone da benzer bir duygusal girdaba kapılmıştı. *Stardew Valley*'nin çıkışını takip eden aylar içerisinde yoğun ve bazen de çelişkili hislere yenik düştü. İlk başta, satış rakamları yükselip Sony ve Valve gibi büyük şirketler onu telefonla aramaya başladığında Barone'un aklı başından gitti. "Kendimi büyük bir yetenek gibi hissetmeye başlamıştım." Microsoft onu gösterişli akşam yemeklerine çıkardı. Nintendo onu Redmond'taki lüks merkezinde (o kadar gizli bir yer ki içeri girebilmek için fotoğraf çekmeyeceğinize dair bir sözleşme imzalamanız gerekiyor) bir gezintiye çıkardı. "Herkes benden bir şey istiyordu," diyor Barone. "Nintendo oyunumu onların konsollarına uyarlamamı arzuluyordu. Sanırım asıl istedikleri sadece onların cihazına özel bir oyun yapmamdı ama o tür işlere girmiyorum."*

Yine de endişeye kapılmadan edemedi. Kendisini yabancı bir ülkedeki bir turist gibi hissediyor, yayıncılar ona şarap ikram edip yemek ısmarlarken oyun endüstrisiyle ilgili onlarca yıllık bilgiyi özümsemeye çalışıyordu. Oyunları oldum olası severdi fakat o güne dek onları çevreleyen kültür hakkında çok fazla şey bilmiyordu. "Ansızın bu çılgın dünyanın ortasına fırlatılmıştım," diyor Barone. "Son derece önemsiz biriyken birdenbire sahnenin ortasına itilmiştim ve kendimi tam bir yabancı gibi hissediyordum... Ben sadece şansı yaver giden, doğru anda doğru oyunu yapan biriyim, hepsi bu."

Barone işe daha fazla gömülüp *Stardew Valley*'ye yamalar çıkarmak için uykusundan feragat etmeye başladı. Sonra da yapılacak işleri sıraladığı, devasa listeye baktı. Sadece yeni içeriklerle dolu birkaç yamayı değil, aynı zamanda oyun piyasaya çıkmadan yıllar önce vaat ettiği çok oyunculu seçeneği de kapsayan bir listeydi bu. Barone'u en çok hayal kırıklığına uğratan şey, çok oyunculu seçeneği programlamanın yaratıcılık anlamında onu herhangi bir şekilde zorlamamasıydı. Sadece satır satır ağ kodu yazması gerekiyordu ve bundan nefret ediyordu.

2016'nın ortalarına doğru, Eric Barone bir sabah çalışmayı aniden bıraktı. Daha fazla devam edemiyordu. Dört buçuk yıl boyunca dur durak bilmeden çalıştıktan sonra ömrünün birkaç ayını daha *Stardew Valley*'nin çok oyunculu seçeneğine adama düşüncesi onu hasta ediyordu.

"Kendimi tamamen tükenmiş hissediyordum," diyor. "Her gün bir sürü röportaj veriyor, telefonda insanlarla konuşuyor ve iş anlaşmaları yapıyordum. Ama bir noktada şalterlerim atıverdi." Chucklefish'i arayıp bir molaya ihtiyacı olduğunu söyledi. Yayıncısı oyunun çok oyunculu kısmını kendi programcılarından birine yaptırmayı teklif edince de bunu mutlulukla kabul etti.

---

* Barone daha sonra *Stardew Valley*'nin PlayStation 4, Xbox One ve Nintendo Switch'e de geleceğini duyurdu.

Video oyun endüstrisinde büyük şirket çalışanlarının oyunları yayımlandıktan sonra uzun süreli izinlere çıkması normaldir. Fazla mesailer sona erip cehennem ateşinden kurtulduklarında genellikle bir iki ay tatil yapmaya hak kazanırlar. Barone oyununu şubatta yayımladığında böyle bir şey yapmamıştı fakat yaz geldiğinde artık uzun bir tatile çıkma vaktinin geldiğine karar vermişti. Bilgisayar oyunları oynayıp ekran karşısında vakit öldürerek uzun saatler geçirdi. Bir sürü içki içti. Bir sürü esrar çekti. Kış kirazı –ashwagandha– denen ve stresini azaltıp onu enerjik tutan bir bitki kullanmaya başladı ama bu bile *Stardew Valley*'le daha fazla ilgilenmesini sağlayamadı.

Eric Barone, 6 Ağustos 2016'da oyunun internet sitesinde yeni bir yazı yayımladı. *Stardew Valley*'ye yeni özellikler ve içerikler eklemesi gereken 1.1 yamasının ilerleyişi hakkında hayranlarını bilgilendirmek istiyordu. "Açık sözlü olmak gerekirse," diye yazdı, "güncellemenin bu kadar uzun sürmesinin başlıca sebebi son zamanlarda kendimi tükenmiş hissetmem ve üretkenliğimin çok düşmesi. *Stardew Valley* neredeyse beş yıldır uyanık geçirdiğim her ânı tüketiyor ve sanırım beynim ondan biraz uzaklaşmayı talep ediyor."

Barone yaz aylarını çok az şey yaparak geçirdiğini ve bu yüzden kendini epey suçlu hissettiğini de ekledi. "Aslına bakarsanız inişli çıkışlı zamanlarım her zaman oldu; yoğun ve enerjik üretkenlik dönemlerinin ardından motivasyonumun düştüğü periyotlar yaşadım," diye yazdı. "Kendimi bildim bileli böyleyim. Bu seferki her zamankinden biraz daha kötü görünüyordu ama *Stardew Valley*'nin başarısının ardından hayatımın birdenbire çok tuhaf bir hâl aldığını hatırlattım kendime. Böyle bir şeye uyum sağlamak için biraz zamana ihtiyaç duymanız muhtemelen normaldir. Son zamanlarda hissettiğim bu bunalımın aniden elde ettiğim başarıdan mı, beynimin değişken kimyasından mı, yoksa çok uzun bir süre boyunca ara vermeden çalışmaktan mı kaynaklandığına emin değilim. Bazen benim de biraz dinlenmeye ve eğlenceye ihtiyaç duyan, basit bir insan olduğumu unutuyorum."

Ama rahatlamak için çok fazla vakti yoktu. PAX'ın ardından Chucklefish ona Stardew Valley'nin PS4 ve Xbox One versiyonlarını zamanında yetiştirebilmeleri için 1.1 yamasını eylülün sonuna kadar bitirmesi gerektiğini söyledi. Barone bir kez daha deli gibi çalışmaya başladı ve haftalar boyunca sabahladı. Yamayı zamanında yetiştirmeyi başardığındaysa kendini yeniden bitip tükenmiş gibi hissetti ve bu döngü böyle devam etti.

Kasım 2016'da, *Stardew Valley*'nin üstünde düzensiz aralıklarla çalışmaya devam ettiği sırada NIS Amerika'nın bir temsilcisinden Yasuhiro Wada adlı bir adamla tanışmak isteyip istemeyeceğini soran bir e-posta aldı. Tabii ki isterim, diye yanıtladı Barone. Böyle bir fırsatı tepmek için kafayı yemiş olmanız gerekirdi. 80'li yıllardan beri oyun yapan Japon Wada, son simülasyon oyunu *Birthdays the Beginning*'i tanıtmak için Seattle'a gelmişti. Ama ondan önce kendi çiftliğinizi yönetmenizi sağlayan bir oyunun tasarımcısı ve direktörü olarak tanınıyordu. O oyunun adı *Harvest Moon*'du.

Endişelenen ve gözü korkan Barone, çalışmalarıyla kendisine en çok ilham veren adamla tanışmak üzere olduğunu bile bile NIS Amerika'nın Seattle şehir merkezindeki kiralık ofislerine gitti. "Onunla tanışacağım için oldukça gergindim," diyor Barone. "Ama bunu yapmam gerektiğini düşündüm; hiç değilse anlatabileceğim harika bir anım olacaktı."

Barone ve Wada el sıkışıp Japonca bilen bir tercüman aracılığıyla hoşbeş ettiler. Barone ilk *Harvest Moon*'un Super Nintendo kasetini yanında getirdiğini söyledi ve Wada bir tebessümle onu imzaladı. Birlikte akşam yemeği yiyip bira içtiler ve birbirlerinin oyunlarını oynadılar. "*Harvest Moon*'u yapan adamla konuşmak bile tek başına gerçeküstü bir deneyimdi," diyor Barone. "İlk *Harvest Moon* çıktığında Wada otuz yaşındaydı, bense onun oyununu oynayan küçücük bir çocuktum. Şimdiyse kendisiyle buluşup o oyunu nasıl geliştirdiği hakkında onunla sohbet ediyordum. Dahası, *Stardew* Valley'yi biliyordu."

Wada ona *Stardew* Valley'yi oynarken epey eğlendiğini ve

yıllar önce başlattığı oyun türünü devam ettirdiğini görmenin kendisini çok heyecanlandırdığını söyledi. "Çiftliğini temizlemek onun için bir tür bağımlılık hâline gelmişti," diyor Barone. "Zamanının çoğunu bir tırpanla otları biçip baltayla ağaç keserek geçiriyordu."

Beş yıl önce Barone ailesiyle birlikte yaşıyor, iş görüşmelerinde çuvallıyor ve ne olacağına karar vermeye çalışıyordu. Şimdiyse *Harvest Moon*'un yaratıcısı onun çok satan oyununu oynayıp ağaç kesiyordu. "Gerçeküstü" kelimesi az bile kalabilir.

Aralık 2016'da, *Stardew Valley* çıktıktan neredeyse bir yıl sonra hâlini hatırını sormak için Barone'u aradım. Wada'yla buluşmasından, çılgın çalışma döngülerinden ve Chucklefish'le birlikte oyunun konsol sürümlerinde karşılaştıkları hatalardan söz ettik. Bana *Stardew Valley*'den yine bıktığını ve başka bir şey yapmaya hazır olduğunu söyledi.

Ona yeni oyununu planlamaya başlayıp başlamadığını sordum.

Evet, dedi Barone. Böcek toplamakla ilgili bir oyun yapabileceğini söyledi.

Ona bunun ne kadar süreceğini sordum.

"Bu sefer daha gerçekçi olmaya çalışıyorum," dedi Barone. "İki yıl süreceğini umuyorum."

4
DIABLO III

15 Mayıs 2012'de, dünyanın dört bir yanındaki yüz binlerce insan Battle.net'e girip *Diablo III*'ü, yani Blizzard'taki yapımcıların neredeyse on yıldır geliştirdiği oyunu başlatacak tuşa bastılar. Stüdyonun hayranları bu ânı sabırla beklemiş, gotik fantazyanın bu cehennemvari karışımında iblislere tıklaya tıklaya ilerleyebilmek için gün saymışlardı. Ama *Diablo III*, 15 Mayıs günü Pasifik saatiyle saat 24:00'te yayımlandığında oyuna girmek isteyen herkesi anlaşılmaz ve sinir bozucu bir mesaj karşıladı:

Sunucular şu anda meşgul. Lütfen daha sonra tekrar deneyin.
(Hata 37)

Diablo III on yıllık çalkantılı bir geliştirilme aşamasının ardından nihayet çıkışını yapmıştı ama kimse onu oynayamıyordu. Bazıları vazgeçip yatmaya gitti. Geri kalanlarsa denemeye devam etti. Bir saat sonra:

Sunucular şu anda meşgul. Lütfen daha sonra tekrar deneyin.
(Hata 37)

Oyuncular öfkelerini dile getirirken "Hata 37" bir internet esprisine dönüşüp forumlarda mantar gibi bitmeye başladı. *Diablo* hayranları Blizzard'ın *Diablo III*'ü sadece internete bağlıyken oynanabilir kılma kararına zaten daha en başından kuşkuyla yaklaşmıştı –kötümser kimseler bu kararı korsan oyunculardan korktukları için aldıklarını farz etmişti– ve yaşanan sunucu hataları bunun kötü bir fikir olduğu yönündeki inançlarını körüklüyordu. Şayet *Diablo III*'ü çevrimdışı olarak oynayabiliyor olsalardı o anda Hata 37'nin ne anlama geldiğini çözmeye çalışmak yerine New Tristram'da savaşıyor olabileceklerini hemen fark etmişlerdi.

Blizzard'ın Irvine, California'daki kampüsünde bir grup mühendis ve canlı operasyon prodüktörü "savaş odası" dedikleri yerde korku içerisinde oturuyordu. *Diablo III*'ün satış rakamları en büyük beklentilerini bile aşmıştı ama sunucuları oyuna bağlanmaya çalışan oyuncu selini karşılayamıyordu. Saat 01:00 sularında Blizzard kısa bir mesaj yayımladı: "*Yoğun trafik nedeniyle oyuna bağlanma hızının ve karakter yaratma ekranının normalden daha yavaş çalışabileceğini lütfen dikkate alın... Bu sorunu en kısa sürede çözmeyi umuyor ve anlayışınız için teşekkür ediyoruz.*"

Diablo III ekibinin geri kalanı birkaç kilometre ötede, Irvine Spectrum alışveriş merkezinde insanların oyunu oynayamadığından tamamen bihaberdi. Parti vermekle meşguldüler. Yüzlerce sıkı Diablo hayranı dikenli zırhlar giyip köpükten yapılma kocaman baltalar kuşanarak *Diablo III*'ün resmî çıkış partisine gelmişti. Blizzard'ın geliştiricileri imza verip kalabalığa promosyon ürünleri dağıtırken sunucuların aşırı yüklendiğine dair ilk fısıltıları işitmeye başladılar. Çok geçmeden bunun standart bir aksaklık olmadığı iyice açığa çıktı.

"Bu durum herkesi gerçekten de çok hazırlıksız yakalamıştı," diyor Blizzard çalışanlarından Josh Mosqueira. "Bunu söylemek biraz komik. Bütün dünyanın merakla beklediği bir oyununuz var; insanları nasıl hazırlıksız yakalayabilir ki? Ama o son toplantılarda herkesin, 'Buna gerçekten hazır mıyız? Tamam, hadi tahminleri iki katına çıkaralım. Üç katına çıkaralım,' dediklerini hatırlıyorum. Fakat onlar bile son derece iyimser kaldı."

O günün ilerleyen saatlerinde serinin hayranları *Diablo III*'ü bir kez daha çalıştırmayı denediler ve başka bir anlaşılması güç mesajla karşılaştılar: *Hizmete bağlanılamıyor veya bağlantı kesildi. (Hata 3003).* Hata 3003, kolay akılda kalan küçük kardeşi kadar popüler olmasa da insanlara aradaki 2966 hataya ne olduğunu merak ettirdi. Hata 37 ertesi gün tekrar ortaya çıktı ve yanında *Diablo III* oyuncularına günlerce musallat olacak başka sunucu hataları getirdi. Yorgun mühendisler bilgisayarların etrafında toplanıp altyapılarını nasıl güçlendirebileceklerini düşünerek kahveleri yudumlarken Blizzard'ın savaş odası 7/24 aktif kaldı.

Kırk sekiz saat içerisinde sunucuları stabil hâle getirmeyi başardılar. Orada burada hâlâ hatalar patlak veriyordu ama insanlar artık büyük oranda oyunu kesintiye uğramadan oynayabiliyordu. 17 Mayıs'ta, sular durulduğunda Blizzard bir özür metni yayımladı. "Coşkunuz bizi onurlandırdı," diye yazdılar. "Terörün Efendisi'ni dize getirmek uğruna atıldığınız macera, iblis güruhları tarafından değil de fani bir altyapı tarafından engellendiği için çok üzgünüz."

Sonunda dünya *Diablo III*'ü oynayabiliyordu. Tıpkı öncülleri gibi, üçüncü *Diablo* da karakterinizi tasarlamanıza ve iblislerle dolu topraklarda önünüze geleni biçip avuç avuç parlak ganimet toplamanıza imkân tanıyordu. Seçtiğiniz sınıfa göre (büyücü, iblis avcısı vs.) yeni kabiliyetler ediniyor, geniş bir yetenek ve büyü yelpazesi arasında geçiş yapabiliyordunuz. Sonra da her biri rasgele olarak tasarlanan ve böylece aynı yerden asla iki kez geçmemenize imkân tanıyan zindanlarda kararlı bir şekilde ilerliyordunuz. İlk bakışta tam da serinin hayranlarının beklediği türden bir oyuna benziyordu.

Lakin ilerleyen haftalarda oyuncular *Diablo III*'ün bazı esaslı kusurlarının olduğunu fark etmeye başladılar. Canavar güruhlarını kesip biçmek eğlenceliydi eğlenceli olmasına fakat oyunun zorluk seviyesi çok hızlı artıyordu. Efsanevi nesneler çok nadir düşüyordu. Oyunun son bölümü de çok zordu. En sinir bozucu olanıysa ganimet sisteminin oyun-içi bir müzayede evinin etrafında dönüyor olmasıydı. *Diablo III* oyuncuları burada gerçek parayla güçlü ekipmanlar alıp satabiliyordu. Bu tartışmalı sistem *Diablo III*'e berbat bir "pay-to-win"* havası katıyordu; karakteri-

---

* (İng.) "Kazanmak için öde." Bazı çevrimiçi oyunlarda görülen bir ödeme

nizi güçlendirmenin en iyi yolu oyunu oynamaktan ve eğlenceli kararlar almaktan değil, kredi kartı numaranızı Blizzard'ın sitesindeki bir forma girmekten geçiyordu çünkü.

1991 yılında kurulan Blizzard, aralarında *Warcraft* ve *StarCraft* gibi kültürel mihenk taşlarının da bulunduğu, harika oyunlar yapmasıyla ünlüdür. Bir oyunun üstünde Blizzard'ın köşeleri çentikli, mavi logosunu gördüğünüz zaman eşsiz bir şeyle karşı karşıya olduğunuzu bilirsiniz. Blizzard, 2000 yılında çıkardığı *Diablo II*'yle aksiyon-rol yapma oyunlarının çıtasını belirlemiş ve milyonlarca genç, biçimsiz iblislerle savaşıp nadir bulunan Stone of Jordan'ların peşine düşerken sayısız sabahlamalara ve LAN partilerine sebebiyet veren bir yapıma imza atmıştı. *Diablo II* pek çok kişi tarafından bugüne dek yapılmış en iyi oyun kabul edilir. Ama şimdi, Mayıs 2012'de, *Diablo III*'ün sallantılı çıkışı Blizzard'ın logosunu şirket çalışanlarının daha önce hiç tecrübe etmediği bir şeyle ilişkilendirmişti: Başarısızlık. Üstelik Hata 37 onları bekleyen sorunların sadece başlangıcıydı.

Josh Mosqueira kendini bildi bileli Montreal'in kışlarından nefret ederdi. Yoğun bir aksanı olan, yarı Meksikalı yarı Kanadalı Mosqueira bir ara Kanada Ordusu'nun Kara Nöbet bölüğünde piyade olarak görev yapmış. Kariyerinin ilk yıllarında, video oyun endüstrisine girmeye çalışırken White Wolf için rol yapma oyunları yazmış. Vancouver'daki Relic Entertainment'ta yedi yıl çalışıp birkaç oyun geliştirdikten sonra *Far Cry 3* ekibine katılmak için Ubisoft'un Kanada'nın öteki ucundaki devasa ofislerine, kış sıcaklıklarının insanların yaşadığı herhangi bir şehirden birkaç derece daha aşağılara düşmeye meyilli olduğu Montreal'e taşınmış.

Mosqueira bilhassa karlı bir Şubat 2011 gününde, Hata 37

sistemi. Böyle oyunlarda karakterinizi geliştirmek, daha iyi ekipmanlar alabilmek veya haritanın belirli bir bölümüne gidebilmek için gerçek para ödemeniz gerekir. Veyahut kazanmak için yüzlerce saat harcayıp binlerce düşman yok etmeniz gereken bir ekipmanı hiç uğraşmadan, gerçek para harcayarak alabilmenize imkân tanır. –çn ortaya çıkmadan neredeyse bir yıl önce Relic günlerinden eski dostu Jay Wilson'dan bir telefon aldı. Wilson artık California'nın Irvine şehrindeki Blizzard Entertainment için çalışıyordu ve direktörlüğünü yaptığı *Diablo III* için yeni bir baş tasarımcı arıyordu. Ubisoft'taki birisi bu pozisyon için başvuruda bulunmuştu ve Wilson oradaki kültürü öğrenmek istiyordu. Müstakbel tasarımcı onlara uyum sağlayabilecek miydi? İki arkadaş bir müddet sohbet ettiler, derken Wilson başka bir seçenek sundu: Neden bu işe Mosqueira başvurmuyordu?

Mosqueira ona bu konuyu düşünmesi gerektiğini söyledi. Penceresinden dışarı baktı, yağan karları izledi ve düşünecek çok fazla şey olmadığını fark etti. "İki buçuk ay sonra kendimi *Diablo III*'ün konsol sürümünün baş tasarımcısı olarak bu koridorlarda yürürken buldum," diyor Mosqueira. *Diablo III*'ü Xbox ve PlayStation'a uyarlayacak çok küçük bir ekibi –kendisi de dahil olmak üzere sadece üç kişiydiler– yönetmekle görevliydi. Bu durum yıllardır oyunlarını konsollara çıkarmamakta direnen, *World of Warcraft* ve *StarCraft II* gibi başarılı yapımları yalnızca PC ve Mac'e çıkaran Blizzard için beklenmedik bir hamleydi. Şirketin danışman ekibi *Diablo III*'le birlikte nihayet konsol dünyasının devasa potansiyelini keşfetmeye karar vermişti.

Mosqueira ve ekibi ofisin bir köşesine yerleşip prototipleri kurcalamaya, *Diablo III*'ü bir kumanda cihazıyla rahatça oynamanın yollarını aramaya başladı. Blizzard onlara her şeyi elden geçirme yetkisi vermişti. Onlar da bu özgürlükten istifade ediyor, bütün sınıfların yeteneklerini yeni kontrol şemasına uyacak şekilde değiştiriyorlardı. "Yeteneklerin çoğunun zamanlaması konsollarda kötüydü çünkü imlecinize, gözünüze odaklanmak yerine karakterinize odaklanıyordunuz," diyor Mosqueira. "Bu yüzden oyundaki her yeteneğin üstünde küçük küçük oynamalar yaptık."

2011'in sonlarına doğru, *Diablo III*'ün PC ekibi oyunu ilkbaharda çıkarabilmek için fazla mesai yapmaya başladığında, Mosqueira ve arkadaşları konsol projesini bir kenara koyup onlara yardım etmeye koyuldu. "Üçümüz de... Gerçi o zaman sekiz kişi olmuştuk... Sekizimiz de Blizzard'ta yeniydik, o yüzden kendimizi bunu yapmak zorundaymış gibi hissediyorduk," diyor Mosqueira. "Bunun bir parçası olmak istiyorduk. Gerçekten de çok heyecanlı olacaktı. Bu oyun Blizzard tarihinin önemli bir parçası olacaktı ve ona katkı sağlamaktan ötürü mutluyduk."

Bunu *Diablo III*'ün çıkışı, Hata 37 ve sunucuları stabilize etmeye çalışırlarken Blizzard'ta yaşanan çılgın Mayıs 2012 günleri takip etti. Mosqueira ve ekibi oyunun konsol sürümü üstünde çalışmaya geri dönerken *Diablo III*'ün diğer geliştiricileriyse oyunun daha ciddi sorunlarını çözmeye koyulmuştu. Örneğin, oyuncuların ganimet sisteminden memnun olmadığı gayet açıktı ama sorun tam olarak neydi? Oyunun son bölümünün *Diablo II*'deki kadar bağımlılık yapıcı olmasını, insanların senaryoyu bitirdikten sonra bile iblislerle savaşıp yeni ekipmanlar aramasını nasıl sağlayabilirlerdi?

En büyük problemin oyunun zorluğu olduğunu fark ettiler. Blizzard'ın geliştiricileri *Diablo III*'ün zorluk sistemini *Diablo II*'yi yansıtacak şekilde tasarlamıştı. Oyunu önce Normal'de bir kez bitiriyor, sonra zahmetli Kâbus (Nightmare) seviyesinde bir kere daha oynuyor ve son olarak Cehennem (Hell) zorluğunda tekrar deniyordunuz. *Diablo III* bu yapıyı tekrar kullanmış ve oyuna *Inferno* adında dördüncü bir zorluk seviyesi daha eklemişti. Seviye sınırına ulaşan oyuncular için tasarlanan Inferno aşırı derecede zordu ve oyundaki en iyi ekipmanlara sahip olmadan bitirmek imkânsızdı. Ama *Diablo III*'teki en iyi ekipmanlar da sadece Inferno zorluğunda oynarsanız düşüyordu ve bu durum yumurta-tavuk ikileminin son derece çirkin, şeytanî bir versiyonunu ortaya çıkarıyordu. Eğer ekipmanlarınız Inferno seviyesinde oynamanıza imkân tanıyacak kadar iyi değilse o zaman Inferno'daki ekipmanları nasıl toplayacaktınız?

Başka bir yolu daha vardı: Müzayede evi. Eğer Inferno zorluğunu oynarken başınızı duvarlara vurmak istemiyorsanız gerçek para harcayarak daha iyi ekipmanlar alabilirdiniz. Ama bu oyuncuların yapmak istediği şeyin tam tersiydi. Sonuç olarak bazı yetenekli oyuncular bu sistemi kötüye kullanmanın bir yolunu buldu. *Diablo III*'ün rasgele sayı üreticisi sağ olsun, çok güçlü bir düşmanı yenip iyi bir ekipman düşürme şansınız, hareketsiz bir vazoyu kırarak düşürme şansınızdan daha fazla değildi. Oyuncular bunu keşfettikten sonra vazo kırmaktan başka hiçbir şey yapmadıkları uzun oyun maratonlarına başladılar. Eğlenceli olduğu söylenemezdi, evet ama gerçek para ödemekten daha iyi olduğu kesindi.

Blizzard sonraki aylar boyunca insanların *Diablo III* oynamak yerine oyunla kumar oynamayı daha çok yeğlediğini fark etti. Düzeltmek için ciddi bir çaba gerektirecek türden bir sorundu bu. *Diablo III* ekibi hataları onarmak, karakterlerin yeteneklerine ince ayar çekmek ve oyuncuların çeşitli şikâyetlerini çözmek için mayısın on beşinden ağustosun sonuna kadar yaklaşık on sekiz ücretsiz yama ve düzeltme yayımladı. Bu yamaların en büyüğü 21 Ağustos 2012'de yayımlandı ve oyuna en yüksek seviye sınırına (60) ulaşan oyuncuların daha da güçlenebilmesini sağlayan, Paragon adlı yeni bir sistem ekledi. Bu yama aynı zamanda Inferno zorluğunu daha kolay kılıyor ve efsanevi ekipmanlara birkaç eşsiz özellik ekliyordu; böylece gösterişli ve yeni bir silah bulduğunuzda kendinizi yıkıcı bir savaş makinesi gibi hissediyordunuz.

Ama Blizzard bu yamaların sadece birer bandajdan ibaret olduğunu biliyordu. Oyuncuların vazoları kırmaktan daha fazlasını yapmasını sağlayan geçici çözümler... *Diablo III*'ün böğründe hâlâ kanayan bir yara vardı ve onu dikmek çok vakit alacaktı.

Blizzard'ın Irvine'daki uçsuz bucaksız kampüsünde kocaman bir *Warcraft* orku heykeli bulunur. Bu heykelin etrafında bir sürü levha vardır ve her birinin üstünde Blizzard çalışanları tarafından benimsenmesi beklenen mesajlar yer alır. İçlerinden bazıları gülünç motivasyon posterlerinden alınmış gibidir: "Global Düşün," "Kaliteden Ödün Verme." Ama bu mesajlardan bir tanesi

2012 yılı boyunca *Diablo III* ekibi arasında kuvvetle yankılandı: "Herkesin Fikri Önemlidir." Oyuncular öfkeliydi ve Blizzard geliştiricileri kendilerini onları dinlemeye borçlu hissediyordu. *Diablo III*'ün yapımcı ve tasarımcıları, oyunu nasıl daha iyi bir hâle getirebileceklerini anlamak ve geribildirim toplamak için Reddit'ten tutun da Blizzard forumlarına dek pek çok internet buluşmasına katıldı. Yaz ayları ve sonbahar mevsimi boyunca yayımladıkları blog yazılarında müzayede evini onarmak, ganimet sistemini geliştirmek ve *Diablo III*'ün son bölümünü daha eğlenceli kılmak için uzun vadeli planlarından söz ettiler.

Gösterdikleri bu bağlılık alışılmadıktı. Geliştiriciler çoğunlukla oyunlarını yayımlar, kritik hataları onarmaları için belki geride küçük bir ekip bırakırlar ve bir sonraki projelerine atılırlar. Ama Blizzard'ın birinci sınıf bir geliştirici olarak ünlenmesini sağlayan şey oyunlarına uzun süre bağlı kalmasıydı. Bütün oyunlarını piyasaya sürüldükten yıllar sonra bile ücretsiz yamalarla güncellerler ve verdikleri bu desteğin oyuncuların güvenini kazanmalarını, dolayısıyla da daha iyi satış rakamları elde etmelerini sağlayacağına inanırlar.*

Temmuz 2012'nin sonunda *Diablo III*'ün satışları on milyon adet gibi şaşırtıcı bir sayıya ulaşmıştı. Blizzard geliştiricileri eğlenceli bir oyun yaptıklarını düşünüyordu ama daha iyisini yapabileceklerini de biliyordu. "Oyun yontulmamış bir elmas gibiydi," diyor kıdemli teknik tasarımcılardan Wyatt Cheng. "Onu biraz daha cilalamamız gerektiğini biliyorduk." Blizzard'ın CEO'su Mike Morhaime'ın *Diablo III* ekibine belirsiz bir geleceğe kadar güncellemeler üstünde çalışmaya ve ücretsiz yamalar yayımlamaya devam etmelerini söylemesinin de faydası oldu. "Oyun endüstrisinde (a) 'Milyonlar sattık ama daha iyisini yapabilirdik,' diyen ve (b) 'Başlangıçta yaşanan birkaç problem bize bu oyunun üstünde daha uzun süre çalışıp onu iyileştirmek

---

* 2000'de piyasaya sürülen *Diablo II*, 2016'da hâlâ yeni yamalar alıyordu. 1998'de piyasaya sürülen *StarCraft* ise 2017'de yeni bir yama daha aldı. Başka hiçbir şirket eski oyunlarını bu kadar uzun süre koruyup güncellemedi.

için bir fırsat verdi,' diye düşünen çok az firma vardır," diyor Cheng.

Bu da bir bakış açısıydı. Diğer bakış açısıysa *Diablo III*'ü geliştiren insanların –bazıları neredeyse on yıldır bu oyunu hazırlıyordu– izin yapamayacağıydı. Uzun soluklu bir proje üstünde çalışan herkes onu bitirmenin ne kadar rahatlatıcı olduğunu bilir. Bir kez bitirdikten sonra asla dönüp ona tekrar bakmak istemezsiniz. "Bir internet yayını dinliyordum," diyor projenin ilk günlerinden beri *Diablo III*'ün üstünde çalışan Cheng. "Kitabını tanıtmak için turneye çıkan bir kadın vardı" –psikolog Angela Duckworth– "ve metanet hakkında yazıyordu. Bunun pek çok başarılı insanda bulunan bir nitelik olduğunu söyledi. İnatçılıkla, ısrar etmekle alakalı bir şey. Yapmaya değer olan her şey bazen her gün eğlenceli olmayabilir. Bazen öyledir. Ve öyle olduğunda harikadır. Ama metanet genellikle birinin uzun vadeli bir hedefi, bir vizyonu görmesi ve o sona ulaşmaya çalışarak günbegün karşılaştığı bütün engelleri aşması anlamına geliyor."

O "son" ya da en azından bir sonraki büyük kilometre taşı, *Diablo III*'ün ek paketiydi. Blizzard geleneksel olarak çıkardığı her oyunu için zengin genişletme paketleri yayımlardı ve *Diablo III*'ün yapımcıları bunun oyunu geliştirmek için en iyi şansları olduğunu biliyordu. 2012'nin sonuna doğru kocaman bir Google belgesi hazırlayıp çözmeleri gereken problemleri ve oyuna eklemek istedikleri yeni özellikleri –yeniden düzenlemek istedikleri eşyalar ya da son bölüm için yeni görevler gibi– sıraladılar.

Ama yeni bir lidere ihtiyaçları vardı. Uzun bir süredir *Diablo III*'ün direktörlüğünü yapan Jay Wilson, ekibe görevden ayrılmayı planladığını ve neredeyse on yıldır aynı oyun üstünde çalıştığı için kendini tükenmiş hissettiğini söylemişti.[*] Blizzard'ın sadece ek paketi geliştirecek birisine değil, aynı zamanda *Diablo III*'ün geleceğini de şekillendirecek bir direktöre ihtiyacı vardı. Ve tam da bu tanıma uyan yeni bir çalışanları vardı.

---

[*] Ne gariptir ki Blizzard bu kitap için Jay Wilson'la röportaj yapmama izin vermedi.

Josh Mosqueira, ilgili ilanı şirketin dahili internet sitesinde ilk gördüğünde başvurmayı hiç düşünmedi. *Diablo III*'ü konsollara uyarlamanın zorluklarıyla uğraşmaktan ve küçük ekibini yönetmekten keyif alıyordu. Her ne kadar ekibindekilerin sayısı üçten yirmi beşe çıkmış olsa da yaklaşık dört yüz kişiden oluşan bir ekibi koordine etmeye yardımcı olduğu Ubisoft günlerine nazaran epey köklü bir değişiklikti bu. Wilson ve Blizzard'ın diğer liderleri onu direktörlük pozisyonuna başvurması için cesaretlendirdiğinde bile Mosqueira çekimserdi. "Konsol projesiyle ilgilenmekten ve ekip lideri olmaktan mutluydum," diyor. "PowerPoint sunumlarıyla uğraşmak yerine ellerimi sahiden de oyunun kendisiyle kirletiyordum."

Ama Mosqueira aynı zamanda *Diablo III*'ün geliştirici ekibinin kültürünü de seviyordu ve çok geçmeden başvurmaya ikna oldu. Sadece Blizzard yöneticileriyle değil, bütün çalışma arkadaşlarıyla gerçekleştirdiği bir dizi mülakat düellosunun ardından sonucu öğrenmek için şirketin kurucu ortaklarından Frank Pearce'ın ofisine çağrıldı. İşi almıştı. *Diablo III* ekibinde çok uzun bir süredir yer almamasına rağmen insanlar bir tasarımcı ve lider olarak ona saygı duyuyordu ve Blizzard oyunun geleceğini onun şekillendirmesini istiyordu. "Kararı bana açıkladıklarında kendimi gerçekten de harika hissettim," diyor Mosqueira. "Bunu çabucak bir panik duygusu izledi. Çünkü *Diablo*'nun sadece Blizzard'ın değil, oyun endüstrisinin en büyük markalarından biri olduğunu fark ediyorsunuz ve bu çok büyük bir sorumluluktu."

Mosqueira'nın direktör olur olmaz yaptığı ilk şeylerden biri, eskiden meslektaşı olan fakat artık ona rapor veren *Diablo III* ekibiyle bir toplantı gerçekleştirmekti. Onlara nasıl hissettiklerini sordu. Bu oyunun hangi yanlarını beğeniyorlardı? *Diablo III*'ü gelecek yıllarda nerede görüyorlardı? Genişletme paketleri genellikle oyunlara yeni şeyler –yeni içerikler, yeni bölgeler, yeni ganimetler– ekler; fakat Blizzard bu sefer oyunu değiştiren bir şey yapmak istiyordu. "Genişletme paketini yalnızca *Diablo III*'ü düzeltmek ve yeni bir yola sokmak için değil, oyunun geleceğini şekillendirecek bir platform olarak kullanmak istedikleri çabucak ortaya çıktı," diyor Mosqueira. "Ekip bu baskıyı kendi kendine üstleniyordu. Ve gerçekten de büyük düşünüyorlardı."

Mosqueira'nın çabucak fark ettiği ve ekibine aktarmaya çalıştığı bir diğer şeyse *Diablo III*'ün ne olduğunu hâlâ tam olarak bilmemeleriydi. Oyuncuların *Diablo II*'yi özlemle yad ederken oyunun ilk hâlinden değil, onun yerine hayranların geribildirimlerinden yola çıkarak stüdyonun 2001'de yayımladığı *Lord of Destruction* adlı ek paketten bahsettiğine dikkat çekmekten hoşlanıyordu.

"Bir oyun yapabilir, onu test edebilir ve nasıl bir şey olduğunu bildiğinizi düşünebilirsiniz; ta ki oynayana kadar. Bu işi zorlaştıran şeylerden biri de budur," diyor Mosqueira. "İlk gün içerisinde oyunu oynayanların sayısı muhtemelen tüm geliştirme süreci içerisinde oynayanların toplamından daha fazladır. O yüzden hiç niyetlenmediğiniz şeyler görürsünüz. Oyuncuların verdiği tepkileri görürsünüz… Oyunu oynar, onunla meşgul olur, onunla etkileşime geçerler. Bu işi zorlaştıran şey, bu disiplini öğrenmek ve buna nasıl tepki verileceğini bilmektir."

Diablo III ekibi, *Reaper of Souls* adını verdikleri genişletme paketini sadece Hata 37'yi değil, oyunun tüm eski yanlışlarını düzeltmek için bir şans olarak görüyordu. Bu kendi *Lord of Destruction*'larını yapmak ve *Diablo II*'nin onca yıl önce belirlediği çıtaya ulaşmak için bir fırsattı. "Bunu hayranlarımızı geri kazanmak için bir şans olarak kabul ettik," diyor kıdemli prodüktörlerden Rob Foote. "Hadi yapalım şunu dedik."

Dışarıdan bakan birine on yıldır geliştirilmekte olan bir oyunun bu kadar çok hatayla çıkış yapması tuhaf gözükebilir. Mosqueira'nın teorisine göre, *Diablo III*'teki problemler direkt olarak *Diablo II*'ye duyulan yoğun sevgiden ötürü geliştirici ekibin üstünde oluşan baskıdan kaynaklanıyordu. 2015'teki bir konuşmasında dediği gibi: "*Diablo II*'nin hayaleti ekibin üstünde kol geziyordu. O muhteşem oyunun mirasına layık olma baskısı ekibe büyük bir yük oluyor ve alınan çoğu kararı etkiliyordu."

BioWare'in *Dragon Age: Inquisition* ekibi *Dragon Age 2*'nin aldığı olumsuz tepkilerle boğuşurken (Bkz. Bölüm 6), Blizzard'ın tam aksi yönde bir problemi vardı: *Diablo III, Diablo II*'nin muazzam başarısını aşmak zorundaydı. Geliştirici ekip, bazı alanlarda *malum oyunun* dikkat çekici özelliklerinden biri olarak görülen esnek yetenek sistemi gibi büyük yenilikler yapmaya hazırdı. Ama Mosqueira'ya göre diğer serilerin geleneklerine fazla bağlı kalıyorlardı.

Stüdyoya yeni katılan Mosqueira, *Diablo*'yu *Diablo* gibi hissettiren şeyin ne olduğuna dair herkesin fikrine meydan okumaya hazırdı; bunun anlamı Blizzard'ın bazı emektarlarıyla kavga etmek olsa bile... *Reaper of Souls* ile birlikte hâlâ geliştirilmeye devam eden konsol sürümüne oyuncuların yerde yuvarlanmasına ve düşmanların saldırılarından kaçmalarına olanak tanıyan bir "kaçınma" özelliği eklemek için çok mücadele etmişti. Bu ihtilaflı bir konuydu. "Kaçınma, ekiptekiler için son derece tartışmalı bir özellikti," diyor Mosqueira. "Çok ama çok tartışmalı. Konsol sürümünde buna neden gerek olduğunu anlatmak için öteki tasarımcılarla oldukça şiddetli tartışmalara girdim."

Mosqueira oyuncuların saatlerce yürümekten sıkılacağını, *World of Warcraft*'ın sevilen zıplama tuşu gibi farklı bir harekete ihtiyaçları olduğunu savunuyordu. Öteki tasarımcılarsa oyuna bir kaçınma özelliği eklemenin oyuncuların hareket hızını artıran ekipmanların etkisini azaltacağını –*Diablo II*'nin konseptlerinden biri– dolayısıyla da *Diablo III*'ün uzun vadede daha az tatmin edici olacağını söylüyordu. "İkisi de oldukça güçlü argümanlardı," diyor Mosqueira. "İkisi de doğruydu. Ama günün sonunda, 'Tamam, kısa vadeli içgüdüsel hisler için o uzun vadeli tatminkârlığın bir kısmını feda etmeye hazırım,' demek zorunda kalıyorsunuz... Güç ödülünden feragat ettiğimizi anlıyorum fakat bunun bir konsol oyunu gibi hissettirebilmesi için başparmaklarımın düzenli aralıklarla bir şey yapması gerekiyor ve bu iyi geliyor. Konsollara özgü bir şey bu." (Mosqueira sonunda bu savaşı kazandı ve kaçınma özelliği oyuna eklendi.)

Konsollar üstünde deneyler yapan ve *Diablo II*'nin formülüne bağlı kalmak için çok fazla baskı hissetmeyen Mosqueira ve ekibi, stüdyodaki diğer geliştiricilere radikal gelen kararlar alabiliyordu. "Sanırım bu son derece özgürleştirici bir şeydi," diyor Mosqueira. "Hissettikleri baskı ve beklentiler nedeniyle PC ekibinin ilk çalışmaları oldukça gelenekçiydi. Ama konsollar bir parça vahşi batı gibiydi. Geriye dönüp baktığımda, bazı açılardan… biraz saflık ettiğimizi de görebiliyorum. Oyunun geçmişini ve o noktaya gelinceye dek alınan kararların arkasındaki gerekçeleri bilmeden, karşısına çıkan her düğmeye basan küçük çocuklar misali mekaniklerle oynayıp duruyorduk."

Yıllardır geliştirilmekte olan bir oyun için yeni bir bakış açısı faydalı olabilirdi; bilhassa da ganimet sistemi gibi ana mekanikleri yeniden incelemeye başladıkları düşünüldüğünde. *Diablo III*'ün PC sürümünde düşmanlar öldükleri zaman arkalarında bir ganimet havuzu bırakıyor ve oyuncular bu yeni silahlarla havalı aksesuarları toplarken tanıdık bir biçimde dopamin salgılıyordu. Ama tüm o parlak yüzüklerle kolyeleri klavye ve fare olmadan düzenlemek sıkıcı bir iş hâline gelebiliyordu. *Diablo III*'ün konsol ekibi oyunu test ederken Mosqueira bu ganimet bolluğunun oyuncuların ilerleyişini aksattığını, envanterlerini düzenlemek için dakika başı durmak zorunda kaldıklarını fark etti.

İşte bu formülle o zaman oynadılar. "'Tamam, gri veya beyaz bir nesne düşmesi gerçen durumlarda yüzde yetmiş oranında sadece altın düşecek,' dedik," diye açıklıyor Mosqueira. Bu değişiklik *Diablo II* tutkunlarına oldukça radikal görünebilirdi fakat sonunda geliştirici ekibin Ganimet 2.0 olarak adlandırdıkları ve *Diablo III*'ün hem PC hem de konsol sürümlerini geliştiren bir sistemin temellerini oluşturdu. "Belki de daha az ganimet düşürebileceğimizi fark etmeye başladık," diyor Mosqueira. "Daha az düştüğü takdirde daha kaliteli olmak zorundaydılar."

Mosqueira ve ekibi, Ganimet 2.0'la oyundaki ekipmanlarla ilgili bütün eleştirilere çözüm getirebilmeyi umuyordu. Oyuncular en üst seviyedeki "efsanevi" eşyaları toplamanın çok uzun sürdüğünden şikâyetçiydi ve bu yüzden Ganimet 2.0 bütün büyük düşmanların efsanevi bir eşya düşürmesini garanti altına alıyordu. Oyuncuların şikâyet ettiği bir diğer noktaysa efsanevi eşyaların özelliklerinin rasgele belirlenmesiydi; turuncu bir silah gördüklerinde heyecanlanıyor ama sonra o nesnenin kendi karakterleri için işe yaramaz olduğunu fark ediyorlardı.* İşte bu yüzden Ganimet 2.0 oyuna bir tartı sistemi getiriyor, rasgele sayı üreticisini değiştirerek efsanevi bir nesne bulduğunuzda bunun işinize yarar bir şey olma şansını artırıyordu.

Blizzard geliştiricileri 2013 yılı boyunca toplantılar gerçekleştirip *Reaper of Souls*'ta ne yapmak istediklerini tartıştıkça "rasgelelik" iyice ön plana çıktı. Ne de olsa rasgele sayılar her zaman *Diablo*'nun can damarı olmuştu. 1996'da çıkan ve oyuncuları Tristram şehrinin altındaki rasgele oluşturulmuş zindanlarda savaşmaya yollayan ilk *Diablo*'dan beri serinin bütün oyunları hemen hemen her şeyde rasgele bir sayı üreticisine bel bağlamıştı. Zindanların yerleşimi rasgeleydi. Hazine sandıklarının yeri rasgeleydi. Çoğu büyülü nesne de rasgeleydi; oyun onları geniş bir önek ve sonek tablosundan bir araya getirerek oluşturuyor, her nesnenin özelliği ismine bağlı oluyordu. {"Şanslı" (Lucky) bir kemer, canavarlardan düşen altın miktarını artırıyordu. "Sülük" (Leech) bir kılıç, düşmanlarınıza saldırdığınız her seferinde size biraz can kazandırıyordu.}

Diablo'nun geniş kitleler tarafından beğenilmesini sağlayan şey de işte bu rasgelelikti. *Diablo* oynarken kendinizi bir *Dungeons & Dragons* oyunu oynuyormuş gibi hissediyordunuz: Her oynayışınızda farklı bir tecrübe yaşıyordunuz. Doğal olarak, yeni

---

* Rasgele oluşturulan nesneler *Diablo III*'ün özellik sistemiyle uyuşmuyordu. *Diablo II*'de hangi sınıfla oynarsanız oynayın her özellik her karakter için faydalıyken *Diablo III* daha odaklı bir yaklaşım izlemişti. *Diablo III*'te çok güçlü karakterlerin kullanabildiği bir balta sadece barbarların işine yarıyordu; dolayısıyla eğer karakteriniz bir iblis avcısıysa böyle bir silah bulmak hiçbir işinize yaramıyordu. Zekâyı –büyücüler için birincil özelliği– artıran bir sadak bulmaksa hiç kimsenin işine yaramıyordu. Çünkü büyücüler ok ve yay kullanamıyordu.

bir eşya bulup "tanımla" (identify) butonuna basmanın ve hemen hemen her şeyle karşılaşabileceğinizi bilmenin bağımlılık yapıcı bir yanı vardı. *Diablo* bütün paramızı kumar makinelerine ve piyango biletlerine yatırmak istememize neden olan aynı dürtüye hitap ediyordu. Işıltılı bir Las Vegas kumarhanesindeki barbut masalarının yanında hiç sırıtmazdı.

Tasarımcıların rasgele sayılara olan bu saplantılarının *Diablo III*'e zarar verdiğini anlamaları uzun zaman aldı. "Rastlantısallık tahtına tapmaya başlamıştım," diyor baş tasarımcılardan Kevin Martens. "Bir şeyi daha rasgele kılabildiğim zaman bunu hemen yapıyor, rastlantısallığın yeniden oynanılırlığı artırmak için kullanılan bir araç olduğunu tamamen unutuyordum… İnsanlar bana, '*Reaper of Souls* ile *Diablo III* arasındaki en büyük fark ne?' diye sorduğunda verebildiğim en kısa cevap şu oluyor: Rastlantısallığın kaba kenarlarını yonttuk. Rastlantısallığın oyunculara karşı değil, oyuncular için çalışmasını sağladık."

Diablo III'ün Las Vegas'tan ayrıştığı nokta burasıydı; Blizzard müessesenin daima kazanmasını istemiyordu. Josh Mosqueira ve ekibi, oyuncuları mutlu etmenin yolunun üstünlüğü daima *onlara* vermekten geçtiğini anlamıştı. "*Diablo III* ilk çıktığında efsanevi bir nesne bulup bulamamanız tamamen zarlara bağlıydı," diyor Mosqueira. "Bazen şansınız yaver gidiyordu, bazen de gitmiyordu… *Reaper*'da tamam dedik, hile yapmak istemiyoruz. Oyuncuların işleri onlar için kolaylaştırdığımızı falan düşünmelerini istemiyorduk fakat şartları iyileştirmemiz gerekiyordu ki efsanevi bir nesne bulmak 104 saat sürmesin."*

Oyunun zorluğuyla ilgili de bir şeyler yapmaları gerekiyordu. Blizzard'ın geliştiricileri *Diablo III*'ün ilk hâlini tasarlarken oyuncuların önceki *Diablo*lardan daha zor bir oyun isteyeceğini düşünmüşlerdi. "'*Diablo* size merhamet etmeyecek,' diye bir

---

* Mosqueira'nın en sevdiği anekdotlardan biri, *Diablo III*'ü ilk oynadığında eli baltalı barbarıyla efsanevi bir nesne bulmasının tam 104 saat sürmesiydi. (Saymış). Sonunda o parlak turuncu nesnenin yere düştüğünü görünce büyük bir neşeye kapılmış; ta ki bunun bir sadak olduğunu keşfedene dek. Ama barbarlar ok ve yay kullanamıyordu.

videomuz vardı," diyor Martens. "Ekibimizde oyunun ne kadar zor olduğundan ve çok tecrübeli geliştiriciler olmalarına rağmen yine de öldüklerinden bahseden insanlar bulunuyordu. Doğrusu şu ki –artık geriye dönüp bakabildiğim için– bazıları oyunun gerçekten zor, bazılarıysa biraz daha kolay olmasını istiyordu. Ve her şey ortadaydı."

Sorun sadece Inferno zorluğunun çok zor olması değildi. Oyuncular aynı hikâyeyi defalarca oynama iştahını da kaybediyordu çünkü canavarların gücü haricinde hiçbir şey değişmiyordu. 2001'de tatmin edici olan bu yapı, 2012'de birkaç farklı sebep yüzünden sıkıcı geliyordu. Video oyun tasarımı son on yıl içerisinde büyük sıçramalar gerçekleştirmişti. Bu zaman zarfında onlarca *Diablo* klonu çıkmıştı, hatta bazıları *Diablo II*'nin yapısını bile geliştirmişti (fakat hiçbiri onun kadar başarılı olamadı.) *Diablo III* çıktığında insanlar kendini daha az tekrar eden bir ritimle karşılaşmayı ummuştu.

Reaper of Souls tüm bu problemleri çözmek için bir fırsattı. Blizzard, oyunun çıkışından sonra yayımladığı yamalarla Inferno zorluğunu daha kolay kılarak buna kısa süreli bir çözüm getirmeye çalışmıştı fakat *Reaper* ile bunu bir adım ileri taşıyabilirlerdi. "Sanırım Kasım 2012'nin sonlarına doğru zorluk sistemini tamamen baştan tasarlamamız gerektiğini düşünmeye başladım," diyor Martens. Ancak bu zor bir olasılıktı. "Bütün oyun bu dört zorluk seviyesine göre geliştirilmişti. Her canavarın bu dört zorluk seviyesine göre ayarlanmış özellikleri vardı."

Kevin Martens olaya daha geniş bir perspektiften baktı. Ya zorluk seviyelerini birer kademe olarak görmek yerine *Diablo III*'ün yapısını tümüyle elden geçirip canavarların oyun boyunca oyuncunun gücüne göre kuvvetlenmelerini sağlarlarsa? Peki, ya yeni bir düzenleme sistemi ekler ve daha fazla zorluk isteyen herkesin Zor (Hard) veya Uzman (Expert) seviyeleri arasında geçiş yaparak düşmanların sağlığını ve verdikleri hasarı artırabilmelerine imkân tanırlarsa? İşleri biraz kolaylaştırmak istediğiniz takdirde de Normal'e dönmeniz yetecekti. Inferno zorluğunun tavuk-yumurta problemini çözmek için hem tavukları hem de yumurtaları öldüreceklerdi.

Dışarıdan bakan biri bunun bariz bir yöntem olduğunu düşünebilir –çoğu oyun bu tür zorluk seviyeleri kullanır– fakat bir *Diablo* oyunu için bu devrimsel bir karardı. "İlk başta aşılması imkânsız bir dağ gibi görünmüştü," diyor Martens. "Bu büyük şeyi değiştirmemiz gerektiğini biliyorduk, [ama] daha önce oyuna hiç bu açıdan bakmamış, otomatik zorluğu düşünmemiştik. Bu hiç aklımıza gelmemişti."

Bunu hiç düşünmemelerinin sebebi *Diablo II*'ydi. Zorluk yapısını değiştirmek akıllarının ucundan bile geçmemişti çünkü Diablo oyunları bu işi her zaman bu şekilde yapmıştı. *Diablo*'yu *Diablo* yapan şey oyunu önce Normal'de, sonra Kâbus'ta, sonra da Cehennem'de bitirmekti, değil mi? Blizzard, *Diablo III*'ün ilk geliştirilme aşamalarında sırf düşmanlardan sağlık küresi düşüyor diye bazı hayranlarından sert eleştiriler almış, serinin geleneklerini bozdukları söylenmişti; o nedenle *Diablo*'nun bütün yapısını değiştirecek böylesine radikal bir karar almayı düşünmek bile çok zordu. Ama ya yaparlarsa? Ya yerine daha iyi bir şey bulurlarsa?

Diablo III'ün çıkışından sonraki birkaç ay boyunca pek çok kişi, oyunun dört bölümü arasında ışınlanamamaktan şikâyet etmiş ve Blizzard buna bir çözüm bulmaya uğraşmıştı. "Mühendislerle beraber çalıştık. 'Ah, evet, bunu yapmanın bir yolunu bulabiliriz,' dediler," diyor Rob Foote. "Aslına bakarsanız sanırım, 'Daha iyisini yapamaz mıyız?' diye soran kişi de bir mühendisti."

Bir kez daha beyin fırtınaları gerçekleştirdiler. Oyunculara sadece bölümler arasında ışınlanma yeteneği vermek yerine onlara her şeyi değiştiren, yeni bir zorluk sunarlarsa ne olurdu? Peki, bu zorluk *Diablo III*'ün yeni son bölümünün odak noktası hâline gelirse ne olurdu?

Bu yeni özelliğe Macera Zorluğu (Adventure Mode) adını verdiler. *Reaper of Souls*'u bir kez bitirdikten sonra Macera Zorluğu'nu açabiliyor ve Caldeum'un çöllerinden tutun da

Arreat'ın karlı zirvelerine dek istediğiniz bölgeye gidebiliyordunuz. Oyunun beş bölümünden her biri size "büyük düşmanlardan birini öldür" veya "bir zindanı temizle" gibi bir dizi rasgele görev veriyordu ve bunları tamamladığınızda daha fazla ganimet elde ediyordunuz. Macera Zorluğu bunun yanı sıra oyuna özel etkinlikler ve "Nephalem Rifts" adında, *Diablo III*'ün bütün bölgelerini ve canavarlarını gotik bir karışık kaset gibi birleştiren çok katmanlı zindanlar ekliyordu. Tıpkı Blizzard'ın öngördüğü gibi, Macera Zorluğu insanları oyunu bitirdikten sonra bile saatlerce eğlendirecekti. Vazo kırmaktan daha eğlenceli olduğu kesindi.

Ağustos 2013'te, Almanya'daki Gamescom oyun fuarında, Blizzard muhabirlerle ve hayranlarıyla dolu sıkışık bir odada *Reaper of Souls*'u duyurdu. Bu yeni genişletme paketi şeytanî baş melek Malthael'i konu alacaktı. Oyuna Haçlı (Crusader) adında yeni bir sınıf eklceyecekti. Son olarak, başta Ganimet 2.0 olmak üzere *Diablo III*'e pek çok yenilik getiren ve eleştirileri dinlediklerini göstereceğini umdukları ücretsiz bir yama da gelecekti.

"Duyuruyu yapmadan önce odanın içindeki gerilim elle tutulacak cinstendi," diyor Josh Mosqueira. "Oradaki herkesin, 'Hmm, güzel bir şey açıklasalar iyi olur,' diye düşündüğünü duyabiliyordum. Hayal kırıklığına uğramayı beklediklerini hissedebiliyordunuz." Derken Blizzard duyuru videosunu başlattı: Malthael'i dünyaya tanıtan, *Reaper of Souls*'un dört dakikalık açılış sinematiği. Her iki elinde kötücül görünüşlü birer tırpan tutan baş melek, bir grup Horadrim büyücüsünü biçiyor ve eski biraderi Melek Tyrael'e saldırıyordu. "Nephalem seni durduracak," diyordu Tyrael. "Hiç kimse ölüme engel olamaz," diye yanıtlıyordu Malthael.

Gamescom seyircilerinden bir alkış tufanı koptu. "Tıpkı bir heyecan dalgası gibiydi," diyor Mosqueira. "Onu hissedebiliyordunuz. 'Tamam, sanırım insanlar bize bir şans daha verecek. Bu işi bok etmemeye bakalım,' dedim."

Blizzard ilk başta *Reaper of Souls*'u 2013'ün sonlarına doğru yayımlamayı planlamıştı fakat *Diablo III* ekibi daha fazla zamana ihtiyaçları olduğunu fark etti ve genişletme paketi 2014'ün ilk çeyreğine ertelendi. Bu kimse için sürpriz olmadı. Blizzard oyunlarıyla ilgili meseleleri ağırdan almasıyla ünlüydü –ne de olsa *Diablo III*'ün geliştirilmesi on yıl sürmüştü– ve çıkış tarihini ertelemedikleri tek bir oyun bulabilmek için epey uğraşmanız gerekirdi.

StarCraft II'nin direktörü Dustin Browder'ın söylediği bir söz, Blizzard'ta oyunların nasıl yapıldığını gösteren sözlü bir açıklama olarak sürekli öne çıkıyor. Haziran 2012'de, *StarCraft II*'nin ilk genişletme paketi *Heart of the Swarm*'u yayımlamayı umdukları tarihin üstünden bir yıldan fazla bir süre geçtikten sonra Browder bana oyunun durumu hakkına şu sözleri sarf etmişti. "Yüzde doksan dokuzunu tamamladık. Ama yüzde birlik o son kısım tam bir baş belası." *Heart of the Swarm*, Mart 2013'e kadar çıkamadı. Yüzde birlik o son kısmı tamamlamaları neredeyse bir yıl sürdü.

"Planlama yapmayı zorlu kılan şey yinelemelerdir," diyor Rob Foote. "Eğer ortaya harika bir şey çıkarmak istiyorsanız yinelemelere müsaade etmeniz gerekir." Yineleme safhası o son yüzde birlik kısımdadır. Blizzard prodüktörleri takvimin son bölümünde boşluklar bırakmaya çalışır ki geliştirici ekipler oyunu kusursuzlaştırıncaya dek her şeyi cilalayıp çeki düzen verebilsin. "Ve bu çok zordur," diyor Foote, "çünkü insanlar, 'Bu çok uzun bir süre? Onca zaman boyunca ne yapıyorlar?' diye soruyorlar. Yineleme yapıyorlar. Ne yapacaklarını bilmiyoruz fakat bir şey yapıyor olacaklar."

Reaper of Souls'u erteleyerek kazandıkları fazladan süreye rağmen Josh Mosqueira ve ekibi bazı özellikleri oyundan çıkarmak zorunda kaldı. Macera Zorluğu'yla beraber, oyun dünyasına elli iki tane çok güçlü düşman ekleyecek olan "Şeytan'ın Eli" (Devil's Hand) adlı bir sistem geliştirmişlerdi. Oyuncular bunları öldürerek elli iki tane toplanılabilir nesneyi ele geçirmeye çalışacaktı. Ama Şeytan'ın Eli sistemini zamanında şekillendirmeyi başaramadılar ve Mosqueira onu oyundan çıkarmaya karar verdi. "Fazladan zamanımız olduğunu fakat aynı anda iki işi birden hakkıyla yapamayacağımızı fark ettik," diyor. "Asıl önemli olan Macera Zorluğu'ydu çünkü insanların oyun oynayış şeklini değiştirecek olan buydu. O yüzden Şeytan'ın Eli'ni rafa kaldırmak zorunda kaldık."*

Aylar geçtikçe Blizzard'taki herkes kat ettikleri aşamadan epey memnun hâle geldi. Hata 37'den bu yana *Diablo III*'ün formülünü değiştirmiş, ganimet sistemini yenilemişlerdi ve *Reaper of Souls*'la milyonlarca oyuncuyu geri kazanabileceklerini umuyorlardı. Ama Mosqueira oyunda hâlâ henüz ele almadıkları kritik bir kusur, insanların oyunu nasıl oynamasını istedikleriyle çelişen bir şey olduğunu düşünüyordu: Müzayede Evi.

Blizzard, *Diablo III*'ün gerçek para kullanılan müzayede evini ilk açıkladığında kötümser kimseler bunu bir para tuzağı olarak görmüştü. Sonuçta oyuncular ne zaman burada nakit karşılığında bir şey satsa Blizzard bundan dolgun bir pay alıyordu. Geliştiriciler bu eleştirilere daha ulvî bir amaç güttüklerini söyleyerek karşı çıkmış, müzayede evini oyuncuların eşya takas tecrübesini artırmak için yaptıkları konusunda ısrar etmişlerdi. 2002 yılında *Diablo II: Lord of Destruction* gri borsa kurbanı olmuş ve insanlar güçlü nesneler alabilmek için şüpheli sitelerde gerçek para harcamışlardı. Kevin Martens'in dediğine göre Blizzard'ın asıl amacı o tür oyuncular için "birinci sınıf," güvenli ve emin bir hizmet sağlamaktı.

Lakin *Diablo III*'ün çıkışından kısa bir süre sonra Blizzard'ın müzayede evinin oyuna zarar verdiği açıkça belli oldu. Bazı oyuncular alışveriş yapmaktan hoşlanıyordu, evet –özellikle de eşya avcılığına çıkıp hatırı sayılır bir fiyata satanlar– ama müzayede evi çoğu kişi için *Diablo III*'ü daha kötü bir tecrübe hâline getiriyordu. Eşya avlama heyecanını öldürüyordu. Pazara uğra-

---

* Şeytan'ın Eli için geliştirilen fikirler daha sonra Kanai'nin Küpü (Kanai's Cube) ile –oyuncuların efsanevi nesnelerin gücünü toplayıp kullanabilmesini imkân sağlayan, çok amaçlı bir büyülü kutu– tekrar ortaya çıktı.

yıp daha güçlü bir zırh satın alabiliyorken oyunu baştan oynayıp havalı bir ekipman aramanın ne eğlencesi vardı ki?

Kendilerine Demirdoğumlular (Ironborn) diyen bir grup oyuncu –bu ismi *Taht Oyunları*'ndaki Greyjoy Hanesi'nden almışlardı– müzayede evini kullanmayı reddettiklerini açıkça belirtmişti. Hatta Blizzard'a oyuna bir Ironborn zorluğu eklemeyi düşünüp düşünmeyeceklerini soran dilekçeler bile gönderdiler. "'Hey millet, ben de sizinle aynı oyunu oynuyorum ama müzayede evini kullanmamayı seçerek tamamen yeni bir tecrübe yaşıyorum,' diyen bir oyuncu topluluğuydu bu," diyor Wyatt Cheng. "*Diablo*'ya bu açıdan baktığınızda, 'Biliyor musunuz, harika bir oyunumuz var fakat müzayede evi bazı oyuncular için işi bozuyor,' diyebiliyordunuz."

Eylül 2013'te, *Reaper of Souls*'un yapımı tam gaz devam ederken Josh Mosqueira bir toplantı odasında oturup not defterini karıştırıyordu. Blizzard'ın CEO'su Mike Morhaime'ın şirketin ileri gelenleri ve proje liderleriyle iş görüştüğü, her zamanki aylık strateji toplantılarından biriydi bu. Çoğunlukla Mosqueira'nın anlamadığı, finansal meselelerden konuşuyorlardı. Derken konu *Diablo III*'e döndü ve birdenbire müzayede evinden bahsetmeye başladılar.

"'Eee, ne düşünüyorsunuz?' diye sordu Mike," diyor Mosqueira. "Eğer başka bir yerde olsaydım muhtemelen, 'Bakın ne diyeceğim, bence bunu biraz daha düşünmeliyiz,' ya da 'Tam olarak emin değilim,' gibi bir şey söylerdim. Ama oradaki insanlara bakıp oyuncularımızın bize güvenmesinin ne kadar önemli olduğunu bildiğim için, 'Bakın ne diyeceğim, millet. Bence onu oyundan çıkarmalıyız,' dedim."

Lojistikle ilgili bazı kısa tartışmaların ardından –Bunu oyunculara nasıl açıklayacaklardı? Mevcut müzayedelerle ne yapacaklardı? Ne kadar beklemeleri gerekecekti?– karar kesinleşti. *Diablo III*'ün müzayede evi miadını doldurmuştu. "'Vay canına, bunu gerçekten de yapıyoruz,' diye düşünüyordum," diyor Mosqueira. "Bence Mike övgüyü hak ediyor. O büyük bir oyuncu.

Oyunları seviyor. Oyuncuları diğer her şeyden daha çok seviyor. Bu tür kararlar alıp, 'Biliyor musunuz, bu canımızı yakacak. Ama yapılacak en doğru şey bu,' diyebiliyor."

17 Eylül 2013'te, Blizzard müzayede evinin Mart 2014'te kapatılacağını ilan etti. Hayranlarının büyük bir bölümü bu haberi heyecanla karşıladı. Artık gidip daha iyi bir şey satın alabileceğinize dair içinizi kemiren bir his olmadan ganimet avına çıkabilecektiniz. *Kotaku* okurlarından biri şöyle bir yorumda bulundu: "Bravo, Blizzard, az da olsa güvenimi tekrar kazandınız. Artık *Diablo III*'ü tekrar oynayabilirim."

"*Diablo*'yu tecrübe etmenin en iyi yolu, canavarları katletmek suretiyle karakterinizi daha güçlü kılan eşyalar toplamaktan geçer," diyor Wyatt Cheng. "Ama karakterimi daha güçlü hâle getirme aktivitesi canavarları öldürmeyi içermediği takdirde... o zaman orada kalmanın bir anlamı yoktur."

Artık *Reaper of Souls* için kusursuz formülü bulduklarını düşünüyorlardı. Genişletme paketi yeni bir bölgenin (Westmarch) ve yeni bir bölüm sonu canavarının (Malthael) yanı sıra Ganimet 2.0 (bir yamayla tüm oyunculara ücretsiz sunulacaktı), Macera Zorluğu ve elden geçirilmiş bir zorluk sistemiyle birlikte gelecekti. *Reaper of Souls*'un yayımlanmasına bir hafta kala müzayede evini oyundan kaldıracaklardı. Genişletme paketini tamamlayıp satışa sunmaya hazırlandıklarında Mosqueira ve ekibi bunun büyük bir an olduğunu düşünüyordu. İnsanları geri kazanacaklardı.

Reaper of Souls, 25 Mart 2014'te yayımlandığında hiç kimse Hata 37'yle karşılaşmadı. Blizzard bu sefer altyapısını güçlendirmişti. Ek olarak, hata mesajı sistemini geliştirmeye karar vermişlerdi ki bir şey ters gitse dahi uyarı mesajları muğlak olmasın. "Sanırım aldığımız diğer derslerden biri de insanların oyuna girip Hata 37 gibi bir mesajla karşılaştıklarında, 'Hata 37 de nedir? Bunun ne olduğu hakkında hiçbir fikrim yok,' diye düşündüklerini bilmemiz," diyor Josh Mosqueira. Artık bütün hata mesajları daha açıklayıcı. 'Şu şu problemle karşı karşıyayız. Sorunun çözülmesi için şu kadar beklemeniz gerekiyor; gibi şeyler söylüyorlar."

İlk tepkiler gelmeye başladığında bütün Blizzard ekibi rahat bir nefes aldı. *Diablo* oyuncuları da öyle. "*Diablo III* nihayet seriyi muhteşem kılan anlık oynanışı yeniden keşfetti," diye yazdı bir *Ars Technica* muhabiri, "ve bu muhteşemliğin önüne geçen hemen hemen her şeyi ya onardı ya da oyundan çıkardı. *Reaper of Souls, Diablo III*'ün kefareti oldu."

Çıkışından iki yıl sonra insanlar nihayet *Diablo III*'e âşık olmaya başlamıştı. "Forumlara girdiğimizde veya doğrudan hayranlardan geribildirim aldığımızda artık şikâyet ettikleri şeyler daha spesifik ve dar kapsamlıydı," diyor Kevin Martens. "İşte ilk kez o zaman, 'Tamam, sonunda bir yerlere varıyoruz,' diye düşündüm." Martens ve diğer geliştiriciler Reddit'te ya da Battle. net'te dolaştıklarında oyuncuların sadece yeterince güçlü olmayan eşyalardan şikâyet ettiğini veya Blizzard'tan belirli şeyleri güçlendirmelerini istediğini gördükçe cesaretleniyordu. Artık hiç kimse bir oyunun ölüm fermanı olan o üç kelimeyi sarf etmiyordu: "Hiç eğlenceli değil."

Josh Mosqueira'yı en çok tatmin eden şeyse insanların *Diablo III*'ün konsol sürümünü –PS3 ve Xbox 360'a Eylül 2013'te, yeni konsollara (PS4 ve Xbox One) ise Ağustos 2014'te çıktı– çok beğenmeleriydi. Birçok oyuncu bunu söylerken kendini neredeyse günaha giriyormuş gibi hissetse de, onlarca yıl ekrana tıkladıktan sonra bir PlayStation 4 kumandasıyla *Diablo III* oynamak klavye ve fareyle oynamaktan çok daha eğlenceliydi.

Blizzard sonraki aylar ve yıllar boyunca *Diablo III* için daha fazla yama ve özellik yayımlamaya devam etti. Greyhollow Island adlı yeni bir zindan ve ilk *Diablo*'daki katedralin elden geçirilmiş hâli gibi bazı içerikler ücretsizdi. Ölüm büyücüsü (Necromancer) gibi yeni sınıflarsa parayla satıldı. Serinin hayranları başka bir genişletme paketi çıkmadığı için (bu satırları yazarken 2017'nin başındayız ve ufukta hâlâ öyle bir şey yok) yas tutsa da Blizzard'ın *Diablo III*'ü yıllarca desteklemeye devam edeceği açıktı. Başka geliştiriciler buna tenezzül etmeyebilirdi; özellikle de çıkış gününden sonra yaşanan felaketlerin ardından… "Şirketin başkanı Mike Morhaime, 'Oyuncuların sevgisini ve güvenini kazanmak istiyoruz,' dedi bize," diyor Wyatt Cheng. "Bu oyun için çok emek vermiştik. Ona inanıyorduk ve harika olduğunu biliyorduk. Eğer, 'Ne, Hata 37 mi? Ah, çekin fişini gitsin,' diyen bir şirkette çalışıyor olsaydık gerçekten de çok trajik olurdu."

Öte yandan, Josh Mosqueira'nın *Diablo III*'le işi bitmişti. 2016 yazında Blizzard'tan ayrıldı ve hem şirketin deneyimli çalışanlarından biri hem de *World of Warcraft*'ın baş tasarımcısı olan Rob Pardo'yla birlikte Bonfire adında yeni bir stüdyo kurdu. "Bu ekibi ve şirketi terk etmek ömrüm boyunca aldığım hayatî risk içermeyen, en zor kararlardan biriydi," diyor Mosqueira. "Ama bu fırsattan yararlanıp tamamen farklı bir şey yapmak istedim."

En azından Blizzard'tan ayrılırken arkasında harika bir şey bıraktı. *Diablo III*, Ağustos 2015 itibarıyla otuz milyon kopya satarak tarihin en çoksatan video oyunlarından birisi hâline geldi. Ayrıca sonraki yıllarda *The Division* ve *Destiny* (kendisiyle sekizinci bölümde tanışacağız) başta olmak üzere sayısız oyun geliştiricisine ilham verecek bir noktayı kanıtladı: Her oyun onarılabilir.

Oyun geliştiricileri genellikle oyunlarını oynamanın nasıl bir his yaşattığını tam anlamıyla öğrendikten sonra adımlarını projenin sonuna ulaşacak şekilde atarlar. *Diablo III* ve benzeri yapımlar söz konusu olduğundaysa oyunun çıkışı sadece geliştirme sürecinin başlangıcıdır. "Bence *Diablo* gibi güçlü bir vizyonu, güçlü bir kimliği olan bir oyun için bile," diyor Mosqueira, "en zor olanı projenin başlangıcıdır… Çünkü oyun çıkmadan önce herkesin kafasında hafif farklı bir versiyon vardır. En zor şeylerden biri onu çıkarmaktır. Ama bir kez çıktıktan sonra tartışmalar azalır çünkü artık oyunun nasıl bir şey olduğunu görebilirsiniz. Oyun geliştiriciliği gerçekten de zordur fakat projenizi yayımlanmadan önceki safhanın daha farklı bir zorluğu vardır. Daha varoluşçu bir zorluktur bu."

Diablo III dünyanın en başarılı, en yetenekli ve bir oyun yapabilmek için neredeyse sınırsız bir kaynağa sahip olan stüdyolarından birinin bile bir oyunu gerçek anlamda tamamlayabilmesi için aradan yıllar geçebileceğinin bir kanıtıdır. Bir serinin üçüncü oyununu bile yapıyor olsanız herkesi şaşkına çevirecek sayısız değişkenin ortaya çıkması hâlâ olasıdır. Çok büyük sorunlarla çıkış yapan bir oyun bile yeterince zaman, bağlılık ve parayla harika bir şeye dönüştürülebilir. 2012'de, Hata 37 bütün internete yayıldığında oyuncular *Diablo III*'ün mahvolduğunu düşünmüştü. Ama aslında olmamıştı.

5
Halo Wars

2004'ün yaz aylarında, Ensemble Studios'un yönetim ekibi alışılmadık derecede karamsar görünen bir inziva için Chicago'ya uçtu. Bazı insanların kimlik bunalımı dediği şeyi yaşıyorlardı. Yıllardır oyun prototipleri üstünde çalışıyor ama hiçbirinden memnun kalmıyorlardı ve birkaç günlüğüne uzaklaşıp bazı şeyleri etraflıca konuşmaları gerekiyordu. "Tutkuyla çalışabileceğimiz bir şey yapmamız gerektiğini söyledik," diyor o inzivaya katılan Ensemble prodüktörlerinden Chris Rippy.

Soru, bunun ne olabileceğiydi. Teksas'ın Dallas şehrinde bulunan Ensemble, neredeyse on yıldır aynı türde oyunlar geliştiriyordu. *Age of Empires* serisiyle –bir avuç köylüyle başlayıp yavaş yavaş bir medeniyet kurduğunuz, kafa çalıştırıcı bir oyun– ün yapmışlardı. Tıpkı Blizzard'ın *Warcraft* serisi ve Westwood'un *Command & Conquer* oyunları gibi, *Age of Empires* da herhangi bir sıranın ya da durdurma tuşunun bulunmadığı bir RTS (gerçek zamanlı strateji) oyunuydu. Çeşitli teknolojik çağlardan (Taş Çağı, Bronz Çağı) geçerken kaynak topluyor, binalar inşa ediyor ve rakiplerinizi yenmek için ordular kuruyordunuz.

İlk *Age of Empires*'ı bitirebilmek için stüdyonun baş tasarımcılarından Dave Pottinger'ın, "günümüzde asla tekrarlanamayacak, korkunç bir ölüm yürüyüşü" olarak tarif ettiği bir süreçten geçmiş ve neredeyse bir yıl boyunca haftada yüz saat çalışmışlardı. Sonunda, 1997 yılında çıktığında *Age of Empires* derhal büyük bir başarı yakalamış, yapımcısı Ensemble ve yayıncısı Microsoft adına milyonlarca kopya satmıştı. Bunu kârlı devam oyunları, genişleme paketleri ve yan oyunlar takip etmiş ve Microsoft sonunda Ensemble'ı satın almıştı. 2004'te stüdyo seri için yeni bir oyun hazırlıyor –*Age of Empires III*– ve 2005 yılında çıkarmayı planlıyordu.

Ensemble'ın alışılmadık yanı –ve çok az kişinin stüdyodan ayrılmasını sağlayan şey– kendilerini bir aile gibi görmeleriydi. Şirket 1995 yılındaki kuruluşundan bu yana gecelerini ve hafta sonlarını çoğunlukla birlikte geçiren bekâr ve genç erkeklerden oluşuyordu. "Her cumartesi gecesi büyük bir bölümümüz ekiptekilerden birinin evinde toplanırdı," diye yazmıştı baş tasarımcılardan Ian Ficher, bir derginin nostalji köşesinde.* "Cuma günleri, mesai saati bittikten sonra test alanında gece 03:00'e kadar *Quake* (sonra *Quake 2*, sonra da *Half-Life*) oynayan onlarca kişi olurdu… Yan yana oturduğunuz kişiyle aynı dairede yaşamıyorsanız bile o gecenin ilerleyen saatlerinde onun evinde karşılıklı bir şeyler içeceğiniz neredeyse kesindi."

2000'lerin başlarında, Ensemble'ın kurucuları büyüyüp gerçek aileler kurarken bile gördükleri her şeyi alışılmadık bir kimyayla birbirleriyle paylaşıyorlardı. Olası her yeni çalışan titiz bir iş görüşmesi sürecinden geçiyordu ve bir süreliğine buna yirmi küsur kişinin katıldığı toplantılar da dahildi. İçlerinden biri hayır derse o kişi işi alamıyordu. "Gerçekten de bir aile gibiydik," diyor stüdyonun grafik tasarımcılarından Rich Geldreich. "Aile artı erkekler cemiyeti gibi bir şeyin karışımıydı."

2004'ün yaz aylarında, *Age of Empires III* geliştirilme aşamasındayken Ensemble'ın pek çok tecrübeli üyesi *Age of* yapmaktan bıktıklarını söylemeye başladı. Bazılarıysa genel olarak RTS yapmaktan bıkmıştı. Birkaç kez farklı oyun türleri üstünde denemeler yapacak ikinci bir ekip kurmayı denemişler ancak bir türlü muvaffak olamamışlardı.

---

* Ian Ficher, "Nostalji Rüzgârı: Ensemble, İmparatorluklardan Krallara Geçmeyi Nasıl Akıl Etti?", *Gamesauce*, İlkbahar 2010, www.gamesauce. biz/2010/09/05/Ensemble-figures-out-how-to-go-from-empires-to-kings

Ensemble kendisini durmadan aynı döngü içerisinde buluyordu. İkinci ekip bir süre prototiplerle ve erken konseptlerle oynuyor, derken ana *Age of* ekibi kaçınılmaz olarak bir felaketle karşılaşıyordu; tıpkı bir yıl boyunca üzerinde çalıştıktan sonra eğlenceli olmadığı için *Age of Empires II*'yi en baştan tasarlamak zorunda kaldıkları zamanki gibi… İşte o zaman Ensemble yönetimi ikinci ekibe projelerine ara vermelerini ve gelip en son *Age of*'un geliştirilmesine yardım etmelerini söylüyordu. Bu olduğunda da ikinci proje kömürsüz kalan bir buhar motoru gibi yavaşça ivme kaybediyordu.

"*Age of II*'den itibaren öyle bir döngü içine düşmüştük ki başka şeyler yapmayı denesek bile geliştirdiğimiz bütün oyunlar aşırı iddialı ve tamamlanmamış olduğundan sonunda herkesi son *Age of*'u bitirmek için bir araya toplamak zorunda kalıyorduk," diyor Dave Pottinger. Ensemble'ın ikinci ekibi geçmiş yıllarda bir RPG, bir platform oyunu ve birkaç deneysel yapım üstünde çalışmış fakat hepsi yarım kalmıştı. Prototiplerin iptal edilmesi bir oyun stüdyosu için alışılmadık bir durum değildi ama bu döngü tüm dünyaya *Age of Empires* dışında bir şeyler daha yapabileceklerini göstermek isteyen Ensemble çalışanları için yıpratıcı olmaya başlamıştı. İşte yönetim ekibinin 2004 yazında Chicago'da oturup bir sonraki hamlelerine karar vermeye çalışmasının sebebi buydu.

Chris Rippy, Dave Pottinger ve Ensemble'ın diğer yöneticileri seçeneklerini masaya yatırdılar. Halihazırda geliştirdikleri iki proje vardı: Biri ana oyunları *Age of Empires III*'tü, diğeriyse neredeyse hiç kimseyi heyecanlandırmayan *Wrench* adlı bir araba savaşı oyunu. İki gün boyunca düşünüp taşındılar. *Wrench*'i yapmaya devam etmeyi gerçekten istiyorlar mıydı? Peki, o zaman neden devam ediyorlardı? Uyuşukluktan mı? Ortaya bir sürü yeni fikir çıkıp duruyordu. Ya bir *Diablo* klonu yaparlarsa? Ya da devasa bir çok oyunculu oyun (MMO)? Peki, konsollar için gerçek zamanlı bir strateji oyunu geliştirirlerse nasıl olurdu?

Onlarca yıldır ortak kanı gerçek zamanlı strateji oyunlarının yalnızca PC'ye uygun olduğu yönündeydi. Hızlı ve karmaşık yapıları nedeniyle bu tür oyunlar en iyi klavye ve fare ikilisiyle oynanabiliyordu; bu sayede oyuncular bir elleriyle haritayı yaklaştırıp uzaklaştırırken diğer elleriyle de komutlar verebiliyordu. Konsollardaysa klavye ve fare yoktu; onun yerine joyistikleri ve sınırlı sayıdaki tuşlarıyla aynı anda birçok işi hızlı bir şekilde yapmakta yetersiz kaldığı kanıtlanmış oyun kumandaları vardı. RTS oyunları ortaya çıktığından beri kimsenin çözemediği bir sorundu bu. Bağnaz PC oyuncuları, RTS'lerin konsollara uygun olmadığını ispatlamak için *StarCraft 64*'ü (2000) –Blizzard'ın ünlü oyununun PC'deki havasını yakalamayı başaramayan, vasatın altında bir uyarlama– işaret ediyordu.

Hem tecrübeli bir geliştirici hem de Ensemble'ın yönetim kurulu üyelerinden biri olan Angelo Laudon hep aksine inanmıştı. Çoğu mühendis gibi Laudon da imkânsız gibi görünen sorunları çözmeyi heyecan verici buluyor ve konsollar için bir RTS yapmayı şahane bir meydan okuma olarak görüyordu. "Angelo çok istekliydi," diyor Chris Rippy. "Bunu nasıl yapabileceğimize dair bazı üstünkörü fikirlerimiz vardı." Chicago'daki toplantılar sırasında hem Laudon hem de Rippy bir konsol RTS'si için bastırdılar ve bunun Ensemble için harika bir fırsat olduğunu savundular. Gerekli yeteneğe ve tecrübeye sahiptiler. Oyuncular onları saygın bir RTS geliştiricisi olarak görüyordu. Üst şirketleri Microsoft da birkaç ay içerisinde çok beklenen Xbox 360'ı, yani konsollardaki ilk muhteşem RTS'ye ev sahipliği yapabilecek güçlü bir makineyi satışa sunacaktı.

Aynı zamanda, bu plan Dave Pottinger ile RTS yapmaktan bıkan diğer ekip üyelerine başka projeler üstünde çalışma imkânı da tanıyacaktı. Ensemble'ın CEO'su Tony Goodman yıllardır Blizzard'ın *World of Warcraft*'ına benzeyen bir MMO yapmak istiyordu. (*WoW* sadece birkaç ay sonra, Kasım 2004'te çıkacaktı ve Ensemble'daki hemen hemen herkes oyunun betasını oynuyordu). Çok oyunculu, büyük bir oyun geliştirme fikri stüdyoda kutuplaşmalara neden olsa da hem Goodman hem de Ian Fisher gibi deneyimli geliştiriciler bunu hep yapmak istemişti.

Ensemble'ın yönetim kurulu Chicago gezisinden sonra üç yeni projeye yeşil ışık yaktı. Birincisi *Phoenix* kod adını verdikleri konsol RTS'ydi. İkincisi *Titan* kod adlı bir MMO. *Nova* kod adlı olan üçüncüsüyse *Age of Empires III* üstünde çalışmayı bitirdikten sonra Pottinger ve ekibi tarafından hazırlanması planlanan, bilimkurgu türündeki aksiyon-RPG bir *Diablo* klonu olacaktı. Blizzard aynı anda *StarCraft*, *World of Warcraft* ve *Diablo* yapabiliyorsa Ensemble neden benzer bir yol tutturamasındı ki?

Yönetim ekibi Dallas'a döner dönmez *Wrench*'i iptal ettiklerini ve bu yeni, daha heyecan verici projelere başladıklarını ilan ettiler. *Phoenix*'in baş tasarımcısı Angelo Laudon olacaktı. Prodüktör koltuğundaysa Chris Rippy oturacaktı. Oynanışın nasıl bir his vereceğini anlamak için de ekibe en deneyimli geliştiricilerinden birini, Graeme Devine adlı bir tasarımcıyı kattılar.

Uzun saçları ve tiz bir kahkahası olan İskoç göçmeni Devine, oyun endüstrisindeki en seçkin özgeçmişlerden birine sahip. 1980'li yıllarda, henüz çok gençken Atari, Lucasfilm Games ve Activision'da programcılık yaptı. Otuzuna girmeden önce Trilobyte adıyla kendi stüdyosunu kurdu ve zorlu bulmacaları sinematik anlatımla birleştiren *The 7th Guest* adlı kült klasiği geliştirdi. Trilobyte'taki ortağıyla bozuşup stüdyonun çöküşünü izledikten sonra eski dostu, efsanevi programcı John Carmack'le beraber çalışmak için id Software'e katıldı. Orada dört yıl geçirip *Quake III* ve *Doom 3* gibi oyunların yapımına yardım ettikten sonra da 2003 yılında Ensemble'a girip *Age of Empires III*'ün yön bulma algoritmalarını –birimlerin nasıl hareket ettiğini belirleyen matematiksel formülleri– kodlama işinin başına getirildi.

Geriye dönüp bakıldığında Ensemble yönetiminin aldığı bu karar oldukça tuhaf görünüyor. Devine'ın oyun tasarımcılığına ve hikâye anlatıcılığına çok iyi çalışan, efsanevi bir kafa yapısı var. Öyleyse neden onu *Age of Empires*'taki birimlere etrafta yürümeyi öğretmekle görevlendirmişlerdi ki? Devine o günleri şöyle hatırlıyor: "Dave Pottinger beni arayıp, 'Hey, Ensemble'da yeteneklerinden düzgünce faydalanamıyoruz. Şu yeni konsol için bir RTS yapmaya çalışmak istiyoruz. Ekiplerden birinin başına geçip bir konsol RTS'si yapmaya ne dersin?' dedi."

Tabii, dedi Devine ona. Ne zaman başlıyorsunuz?

Phoenix ekibi artık Graeme Devine, Angelo Laudon ve Chris Rippy'nin yanı sıra birkaç çizer ile programcıdan oluşuyordu. *Age of Empires* haricindeki bir şey üstünde çalışacak olmaktan ötürü heyecan duyan, küçük ve samimi bir gruptu bu. Devine onlara "uyumsuzlar takımımız" demekten hoşlanıyordu. Temel bir konsept oluşturmaları çok uzun sürmedi. *Phoenix* bir nevi *StarCraft* gibi, insanların uzaylılarla savaştığı bir bilimkurgu oyunu olacaktı. İnsanlarla oynamak ile Devine'in Sway olarak adlandırdığı uzaylı ırkıyla oynamak arasında büyük bir farklılık olacaktı. Hedefleri *Dünyalar Savaşı* romanının verdiği hissi yaratmak, insanların hurda ordularını uzaylıların devasa savaş makineleriyle kapıştırmaktı.

Fikir bulmak işin kolay tarafıydı. Zor olanıysa birimlerin nasıl kontrol edileceğini çözmekti ve Devine bunun farkındaydı. Çoğu video oyununun geliştirilme aşamasına ilk girdiklerinde takip edebileceği, geleneksel bir kontrol şeması bulunur. Birinci şahıs bir nişancı oyunu oynadığınızda kumanda cihazınızın sağ tetiğinin ateş etmeye, sol tetiğinse nişan almaya yaradığını bilirsiniz. Sol joyistik her zaman karakterin hareketlerini kontrol eder, sağ joyistikse kamerayı döndürür. *Call of Duty* veya *Assassin's Creed* gibi büyük serilerde çalışan yapımcılar bu ana formüllerin üstünde küçük değişiklikler yaparlar ama yeni bir oyun geliştirmeye başladıkları her seferinde kontrolleri baştan tasarlamaları gerekmez.

Phoenix bu lüksten yoksundu. Gerçek zamanlı strateji oyunlarının konsollarda başarılı olamamasının ana nedeni düzgün bir kontrol şemasının bulunmamasıydı. Devine ve ekibi daha işin en başında çoğu oyunun çoktan çözdüğü temel soruları sormak zorunda kaldı. Ekranda nasıl hareket edecektiniz? *Age of Empires*'taki gibi bir imleci kontrol edip birimleri seçerek onlara emirler mi verecektiniz? Yoksa birimleri direkt olarak mı yönetecektiniz? Tek seferde birden fazla birim seçebilecek miydiniz? Peki, binaları nasıl inşa edecektiniz?

Bu sorulara bütün olasılıkları test etmeden cevap vermek imkânsızdı, o yüzden aylarca deney yaptılar. "Onlarca prototip geliştirip duruyorduk," diyor *Phoenix* için grafik tasarımcısı olarak işe alınan Colt McAnlis. "Kamerayı nasıl hareket ettireceksiniz; kamerayı hareket ettirirken birimleri nasıl seçeceksiniz; bu işlemin insanların midesini bulandırmasına nasıl engel olacaksınız? Ezber bozan bir sürü ar-ge çalışması yaptık."

Yüzlerce farklı kontrol şeması denediler. RTS etmenleri içeren *Pikmin* ve *Alien vs Predator: Extinction* gibi konsol oyunları oynadılar ve neyin işe yaradığını çözmeye çalıştılar. "O oyunlardaki bütün fikirleri bir araya toplamaya ve önemsemediklerimizi atlamaya başladık," diyor Chris Rippy. "Hepsi de zekice ve havalı bir şeyler yapmıştı ve bütün bunları tek bir sepette topladık."

Küçük *Phoenix* ekibi her hafta –çoğunlukla her gün– zorunlu oynanış testi seansları gerçekleştiriyor, bu süre zarfında geliştirdikleri prototipleri deniyorlardı. Pek çok çalışmayı çöpe atmalarına neden olan titiz, dikkatli bir süreçti bu. "Ensemble'daki geribildirim sistemi acımasız ve dürüsttü fakat ortaya iyi bir oyun çıkmasını sağlıyordu," diyor Devine. Bu prototipler sayesinde A tuşuna basılı tutarak aynı anda birkaç birimi kontrol altına almanızı sağlayan "alan seçimi" gibi birkaç tatmin edici kontrol şeması buldular.

Artık tek yapmaları gereken şirketin onayını almaktı. Microsoft her ne kadar *Phoenix* tarzı prototipler hazırlamalarına ya da yıllardır iptal edip durdukları "ikinci ekip" oyunları geliştirmelerine müsaade etse de ana şirketin izni olmadan bu projelerin hiçbiri gerçeğe dönüşemezdi. Redmond'taki patronlar *Phoenix*'e yeşil ışık yakmadığı müddetçe proje arafta kalırdı ve ne üretime geçebilir ne de yeni eleman alabilirlerdi.

Xbox yetkilileri stüdyoyu ziyarete geldiğinde *Phoenix* ekibi onlara prototiplerini gösterdi. Microsoft gördüklerinden memnun kaldı ve onlara devam etmelerini söyledi. 2005'in sonuna doğru, stüdyonun geri kalanı *Age of Empires III*'ü yayımlamaya hazırlanırken *Phoenix* ekibiyse sonunda Microsoft'un *Age of* dışında önemsediği bir oyun yaptıkları gerçeğiyle neşelenerek harıl harıl çalışmaya devam etti.

Oyunlarını bitirmek için gece gündüz çalışan *Age of Empires III* ekibiyse o kadar heyecanlı değildi. "Bu Ensemble için ilginç bir süreçti çünkü Microsoft ilk kez bir 'ikinci oyun' için heyecanlanmıştı," diyor *Age of Empires III*'ün baş tasarımcısı Pottinger. "Ama ne yazık ki o da bir RTS'ydi. Uzun zamandır RTS dışında bir oyun yapmaya çalışıyorduk. Sadece bir RTS şirketi olarak sınıflandırılmak istemiyorduk. Ama Microsoft'un istediği tam olarak buydu elbette. Çünkü bu işte iyiydik, stüdyoyu bu yüzden satın almışlardı ve yapmamızı istedikleri şey buydu."

Microsoft bugüne kadar stüdyonun prototiplerinden hiçbirine onay vermemişti fakat temsilciler *Phoenix*'ten *gerçekten* hoşlanmıştı. Konsol savaşlarında tamamen Sony'nin PlayStation 3'ünü yenmeye odaklanan Xbox yetkilileri, en önemli stüdyolarından birinin Xbox 360 için bir oyun yapması fikrini sevmişti. Sevmedikleri şeyse yeni bir fikrî mülk düşüncesiydi. Bu türden, yeni bir ismi pazarlamanın zor olacağını düşünüyorlardı. Zaten RTS oyunlarını satmak bile başlı başına meşakkatliydi ve Microsoft'un gözdesi olan FPS'lere oranla piyasada daha kötü bir performans sergiliyorlardı. Microsoft yetkilileri, kendini kanıtlamış bir markayla bağlantısı olmadığı takdirde *Phoenix*'in yatırımlarını kâra dönüştürecek kadar satmayacağından korkuyordu.

Yeni bir oyuna onay alabilmek için Ensemble'ın Phil Spencer ve Peter Moore gibi bazı Xbox yetkilileriyle bir dizi toplantı gerçekleştirmesi gerekiyordu. *Phoenix* ekibi de aynen öyle yaptı. İlk toplantılar sorunsuz geçti. Ama ikinci görüşmede Microsoft onlara yeni bir şart koştu: Bunu bir *Halo* oyununa dönüştürün.

"*Halo* o zamanlar son derece popülerdi," diyor Peter Moore. Serinin ilk iki oyunu milyonlar satmıştı ve 2007'de çıkması planlanan *Halo 3* en çok beklenen oyunlar arasındaydı. "*Halo* evreninin inşasına bakarak bu fikrî mülkün gerçek zamanlı bir strateji oyunu için çok uygun olduğunu düşündük. İyi adamlar kötü adamlara karşı. Bir RTS için ihtiyaç duyacağınız her şey. Ayrıca yeni bir fikrî mülktense başka bir *Halo* oyunu yapmak daha düşük bir risk oluşturuyordu."

Yayıncıların muhafazakâr bir tutum sergileyip risk almaktan kaçınması, mümkün olduğunca kendini kanıtlamış markalara ve devam oyunlarına yönelmeleri video oyun endüstrisinde sık rastlanan bir durumdur. En hırslı oyun stüdyoları bile bazen oyunlarını bilindik bir seriye uyacak şekilde, baştan tasarlamak zorunda kalır. Yine de yaklaşık bir yıldır bu proje üzerinde çalışan Devine ve ekibine oyunlarını değiştirip daha pazarlanabilir bir fikrî mülke geçmelerini söylemek, yeni doğum yapmış bir anneye gidip bebeğini daha güzel görünen bir çocukla değiştirmesini söylemekten farksızdı.

Uzun süren, hararetli tartışmaların ardından Microsoft yetkilileri eğer bir konsol RTS'si yapmak istiyorlarsa bunun *Halo* hakkında olması gerektiğini açıkladılar. Konu kapanmıştı. "Sonunda işler ya bunu bir *Halo* oyunu yaparsınız ya da hepinizi işten çıkarırız gibi bir duruma geldi," diyor Devine.

Graeme Devine yıkılmıştı. *Phoenix*'in dünyasını ve karakterlerini yaratmak için aylar harcamıştı ve tüm bunların oyun için yaptıkları diğer her şey kadar önemli olduğunu düşünüyordu. Bu sadece bir "konsol RTS'si" değildi; bu onun eşsiz yaratımıydı. "Boğazınıza kadar kendi fikrî mülkünüzü yaratmaya battığınızda ona âşık oluyorsunuz," diyor Devine. "Cidden, onu seviyorsunuz. Çünkü tamamen size ait ve bu fantastik bir şey."

Ayrıca *Phoenix*'in tarihçesini *Halo* karakterlerine uyarlamanın pek çok soruna yol açacağını da fark etmişti. Şimdiye dek yaptıkları çoğu şeyi çöpe atmaları gerekecekti. "Sizden oyununuzu bir *Halo*'ya dönüştürmenizi istediklerinde bunun uzaylılara 'Covenant', insanlarsa 'UNSC' demekten ibaret olmadığını, aksine büyük bir değişiklik anlamına geldiğini anlatmaya çalışıyorsunuz," diyor Devine. "Bunu yeterince açık bir şekilde anladıklarını sanmıyorum. Bence Microsoft buna sadece bir renk değişimi, grafiksel bir değişiklik olarak bakıyordu."

"Ben yüzde yüz şaşırdığımı hatırlamıyorum," diyor Chris Rippy. "Eminim bu Graeme için çok daha acı verici olmuştur çünkü o bu oyunu tasarlamak için kan, ter ve gözyaşı dökmüştü. Ayrıca kendisi çok tutkulu biridir, o yüzden onun için çok daha sancılı olduğuna eminim."

Kalbi kırılan Devine, Ensemble'dan istifa etmeyi düşünmeye başladı. Bilgisayarının başına oturup Google'ı açtı. Neydi şu *Halo*'nun numarası sahi? Büyük bir oyundu, evet. Ama insanlar onu neden seviyordu? Sadece uzaylıların kafasını uçurmaktan mı hoşlanıyorlardı? Yoksa Devine'in bilmediği, gizli bir derinliği mi vardı? *Halo* tarihçesini okuyup süper güçlü Master Chief'ten tutun da Covenant olarak bilinen karmaşık uzaylı imparatorluğuna kadar oyun hakkında bilgi edindikçe ikincisinin doğru olabileceğini fark etmeye başladı.

"Cuma akşamı *Halo*'yu sadece çok hızlı hareket eden, bir avuç mor uzaylıyı vurduğunuz bir oyun zannediyordum," diyor Devine. "Pazartesi sabahıysa, 'Vay anasını, yıllar boyunca bu oyuna bir sürü şey eklemişler. Belki de bu işin içinde sandığımdan çok daha fazlası vardır,' diye düşünüyordum."

Böylece Devine ve ekibi bir karara vardı: *Phoenix* bundan böyle *Halo Wars* olacaktı. Hoşça kal, Sway, merhaba, Master Chief. Bungie –*Halo*'nun arkasındaki stüdyo– Teksaslı bir grup yabancının kendi ikonik başkarakterleriyle oynamasını istemiyordu. Bungie ve Ensemble kardeş stüdyolardı ama Bungie daha büyük ve popüler olan, ebeveynlerinin tüm dikkatini üstünde toplayan kardeşti. *Age of Empires* büyük bir oyundu fakat *Halo*'yla kıyaslandığında yarattığı kültürel etki Instagram'daki bir kahvaltı fotoğrafı kadardı. 2005'te Bungie'nin FPS oyunları gezegendeki en büyük olaylardan biriydi.

Birkaç gün sonra *Phoenix* ekibinin yetkilileri Bungie'yi ziyaret etmek için Seattle'a uçtu. Önce stüdyonun ileri gelenleriyle buluştular. Halo'nun emektar yazarı Joe Staten'la oturup serinin hikâyesinden ve tarihçesinden bahsettiler. Ardından oyunun baş tasarımcısı Jaime Griesemer'la kontrol şemaları hakkında teknoloji geyiği yaptılar. Sonra da toplantı odasında Bungie ekibinin geri kalanına hitap ettiler. Chris Rippy ve Graeme Devine, *Halo*'nun yapımcılarının önünde durup yeni projelerinden heyecanla bahsederken yalnızca boş bakışlarla karşılaştılar.

"Onlara bir *Halo* RTS'si yapacağımızı söyledik. Hiçbirinin o toplantının ne hakkında olacağına dair bir fikri bulunmadığını, kimsenin onlara haber vermediğini görebiliyordum," diyor Rippy. "Eğer Bungie ekibini tanıyorsanız kendi oyunları konusunda oldukça korumacı kimseler olduklarını bilirsiniz. Sanırım onları şok ettik. Düşmanca davrandıklarını söyleyemem ama soğuk davranıyorlardı. Ve bu onların suçu değildi. Eğer birisi gelip bize, 'Hey, *Age of Empires* evreninde geçen bir aksiyon oyunu yapıyoruz,' deseydi ve neler olduğu hakkında en ufak bir fikrimiz bile olmasaydı muhtemelen biz de aynı tepkiyi verirdik."

Devine ile Rippy tansiyonu düşürmek için en başarılı oldukları şeyi yaptılar: Oyun oynamak. Bungie ekibine *Halo Wars*'tan bahsettikten sadece birkaç dakika sonra, konsolda oynaması keyif veren bir RTS yaptıklarını kanıtlamak için onlara *Phoenix*'in ilk sürümlerinden birini oynattılar. "Bungie'dekiler yaşadıkları şoku daha doğru dürüst atlatamadan kendilerini oyunu oynarken buldular," diyor Rippy. "Bunun çok faydası dokundu." Devine'in *Halo* tarihçesini öğrenmek için büyük bir heves göstermesinin de faydası oldu. Joe Staten'ın söylediği her şeyi ne kadar olağandışı veya detaylı olduklarına bakmaksızın yalayıp yutuyordu. Devine ziyaretleri sona ermeden bir San'Shyuum ile bir Sangheili arasındaki farklılıkları detaylı olarak açıklayabilecek seviyeye gelmek istiyordu. (San'Shyuum, Covenant'ın kâhinsel liderleri, Sangheili ise kertenkelemsi bir savaşçı ırktır.)

Halo Wars ekibi Dallas'a döner dönmez o âna dek yaptıkları hemen hemen her şeyi çöpe attılar. Kontrol şemasına ve kullanıcı arayüzüne dokunmadılar ama *Phoenix* projesi için geliştirdikleri tüm diğer fikirler bir *Halo* oyununa uygun değildi. Sıfırdan başladıklarının bilincinde olarak ekipçe yeni tasarım fikirleri, hikâye parçacıkları ve konsept çizimleri kaleme almaya koyuldular.

Bungie, *Halo*'yla ilgili her şeyin sahipliğini üstlenmeye devam ettiği için Ensemble'ın en basit hikâye fikri için bile onların onayını alması gerekiyordu ve bu bürokratik bir sürece dönüşebiliyordu. Ensemble oyunun hikâyesinin *Spirit of Fire* adlı bir uzay gemisinde seyahat eden bir grup United Nations Space Command (UNSC) askeri etrafında şekillenmesine, savaşların büyük bir bölümününse kendi yarattıkları Arcadia gezegeninde gerçekleşmesine karar vermişti. Tüm bunların Bungie tarafından onaylanması gerekiyordu.

Sempatik davranmanın faydalı olabileceğini düşünen Graeme Devine, Arcadia için hayali bir gezi broşürü tasarladı ve bunu serinin tarihçesinden sorumlu olan Joe Staten'a gösterdi. "Ona, 'Oyuna yeni bir gezegen ekliyorum. Lütfen, bunu ekleyebilir miyim? İşte gezi broşürü,' dedim." Staten onun esprili sunumlarını eğlenceli buldu ve Devine her birkaç haftada bir Seattle'a uçup *Halo Wars*'un hikâyesini Bungie'yle birlikte geliştirmeye başladı. "Sanırım ilk başta oldukça endişeliydiler," diyor Devine, "fakat bir süre sonra bana gerçekten güvenmeye başladılar."

Yine de *Halo Wars* ekibi kendilerini sürekli birkaç adım geride hissediyordu. *Halo* evreni sadece üç bin kilometre ötede yaşayan birkaç kişinin kafasında varolduğundan burada geçen bir hikâye yazmak zordu. Ayrıca Bungie'nin uğraşması gereken kendi projeleri vardı: Son derece ketum davrandıkları *Halo 3*.

"*Halo 3*'te neler göstereceklerini ve ne anlatacaklarını bilmemek bizim için zorluk çıkarmaya başlamıştı," diyor Chris Rippy. "Kendi hikâyeleriyle ve kendi işleriyle ilgileniyorlardı. Oldukça korumacı davranıyorlardı, bu da bizim tarafımızdan doldurulması gereken bazı boşluklar yaratıyordu."

İşin aslı şu ki, her iki şirkette birden çalışanların dediğine göre, Bungie'nin tepesindeki isimlerin büyük bir bölümü *Halo Wars* fikrinden hoşlanmıyordu. Ensemble'ın sorularına mümkün olduğunca samimi bir şekilde müsamaha gösteriyorlardı. Garip fikirleri olan Graeme Devine'den hoşlanmışlardı ve Joe Staten her zaman kibardı. Ama Bungie çalışanları başka bir stüdyonun *Halo*'ya dokunmasını rahatsız edici buluyordu. Ensemble onlara bazı konular hakkında sorular sorduğunda ya da oyunun tarihçesinin belirli bir kısmını kullanmak için izin istediklerinde Bungie bazen onlara duvar örüyordu. Ensemble'ın patronu Tony Goodman, 2012 yılında *GamesIndustry.biz* sitesine verdiği bir röportajda iki stüdyonun arasındaki gergin ilişkiye değindi. "Bungie bu fikirden pek hoşlanmamıştı," dedi. "'Oyunumuzu başkasına peşkeş çekiyorlar,' gibi şeyler söylüyorlardı."

İki stüdyonun arasındaki gerginlik Ensemble'ın diğer sorunlarını körüklemekten başka bir işe yaramıyordu. *Halo Wars*'un geliştirilmesi sıkıntılı gidiyordu ve *Phoenix* projesini *Halo*'ya çevirmek tahminen onlara birkaç aya mâl olmuştu. Geliştirdikleri kontrol şemasından memnundular –Ensemble'daki programcılar sonunda "konsol RTS'si" kodunu kırdıklarından emindi– fakat *Halo Wars* dünyasını kavramsallaştırıp inşa etmek tahmin ettiklerinden daha uzun sürüyordu.

Microsoft, 2006'nın ortalarında *Halo Wars*'a resmen yeşil ışık yaktı, bu da Ensemble yönetiminin proje için yeni eleman alabileceği ve oyunu yapabilmek için gereken çizimleri ve kodları üretmeye başlayabileceği anlamına geliyordu. Artık birkaç ay önce karşılarına çıkan problemle yüzleşmek zorundaydılar: Graeme Devine, Chris Rippy, Angelo Laudon ve onların küçük ekibi dışındaki hiç kimse *Halo Wars* üstünde çalışmak istemiyordu. On yıldır *Age of Empires* ve yan oyunları dışında başka hiçbir şey yapmayan stüdyo emektarları RTS'lerden bıkmıştı. Seçme şansı sunulduğunda çalışanların büyük bir bölümü *World of Warcraft* takıntılarını kendi büyük başarılarına dönüştürme umuduyla yeni MMO projesine akın etmişti. Geri kalanlarsa Dave Pottinger'ın "*Diablo* bilimkurgusu" *Nova*'yı tercih etmişti.

Kimse bir sonraki adımın ne olması gerektiğine karar veremiyordu, o yüzden hepsi farklı şeylere girişmişti. Stüdyo çalışanları Ensemble adının ironik bir şakaya dönüştüğü konusunda espri yapıyordu; o günlerde kendilerini hiç de bir aile gibi hissetmiyorlardı.* Teorik olarak kaynaklarının büyük bir bölümünün *Halo Wars*'a aktarılması gerekirdi çünkü ana şirketleri Microsoft diğer prototiplere onay vermemişti fakat stüdyo bölünmüş, hizipleşmeler yaşanmıştı. *Age of Empires III* ekibi *Halo Wars*'ta çalışmak istemiyordu, *Halo Wars* ekibindekilerden bazılarıysa elemana ihtiyaçları olmasına rağmen *Age of* geliştiricilerini kendi çöplüklerinde görmek istemiyordu.

"Bizim için sorun değildi," diyor *Halo Wars* mühendislerinden biri olan Colt McAnlis. "Ensemble'da çok fazla iç siyaset vardı. 'Peki o zaman, gidip bizi rahat bırakın,' diyorduk." Çoğunlukla genç ve daha tecrübesiz Ensemble çalışanlarından oluşan *Halo Wars* ekibi, deneyimli geliştiricileri küstah ve beraber çalışması zor insanlar olarak görüyordu. "Bir karar veriyor ve yumruğu masaya vuruveriyorlardı," diyor McAnlis. "Tartışma yoktu. Değerlendirme de yoktu. 'Hayır, bu işi böyle yapacağız. Beğenmiyorsanız gidebilirsiniz,' demiş kadar oluyorlardı."

Ensemble'ın diğer yarısıysa *Halo Wars*'u sadece Microsoft'u memnun etmek için yaptıkları bir şey olarak görüyor, kendilerini iklim değişikliği hakkında bir film çekme tutkusunu gerçekleştirebilmek için bir süper kahraman filminde oynamak zorunda kalan bir Hollywood aktörü gibi hissediyorlardı. Kısacası, Ensemble'daki deneyimli geliştiricilerin büyük bölümü başka bir oyun yapmak istiyordu.

Bir noktada stüdyonun başındaki isimler, başlangıçta planlananın aksine MMO'nun yepyeni bir bilimkurgu evreninde geçmemesine karar verdiler. Herkesin katıldığı bir toplantıda Ensemble'ın yöneticileri bunun bir *Halo* MMO'su olacağını açıkladı. "Ian Fischer sahneye çıkıp, 'Bir fikrî mülk seçtik. Bu bir *Halo* oyunu olacak,' dedi," diyor Graeme Devine. İnsanların kaşlarını kaldırmalarına sebep olan –ve Ensemble için kötü gelişmelerin habercisi niteliğindeki– şey, bu karar için Microsoft'tan resmî bir

---

* Ensemble (İng.) Birlik, beraberlik; topluluk. –çn

onay almamış olmalarıydı. "Microsoft'un kendini ispat etmemiş bir fikrî mülke çok büyük paralar dökmeyeceğini biliyorduk," diyor Dave Pottinger. "Bu yüzden projeyi gerçekleştirebilmek için onu bir *Halo* MMO'suna dönüştürmeye karar verdik. Yani evet, onlardan izin istemedik ama bunu biliyorlardı. Bunun riskli bir seçim olduğunun farkındaydık."

Dışarıdan bakıldığında tüm bunlar delilik gibi gözükebilir. Ensemble'da yüz kişiden az insan çalışıyordu ama yine de aynı anda üç farklı oyun yapmaya çalışıyorlardı. Bunlardan biri de onlarca programcı gerektirecek bir MMO'ydu. (Bir Blizzard sözcüsünün dediğine göre, *World of Warcraft* 2004'te yayımlandığında oyunu geliştiren ekip elli ila altmış kişiden oluşuyordu.) Stüdyo, Microsoft'tan onay almadan büyüyemezdi; Microsoft ise *Halo* MMO'su da dahil olmak üzere Ensemble'ın diğer prototiplerinden hiçbirine onay vermekle ilgileniyormuş gibi görünmüyordu. Ama Ensemble yine de üç oyunun üstünde çalışmaya devam etti. "Bir noktadan sonra kendimizi aynı anda konsollar için bir bilimkurgu RTS'si, bir bilimkurgu MMO'su ve bir bilimkurgu *Diablo*'su geliştirirken bulduk ve üçü de birbirinden farklı oyunlardı," diyor Dave Pottinger. "Negatif bir açıdan bakıldığında, bu durum aramızdaki anlaşmazlıkların ne boyutta olduğunun bir kanıtıydı."

Sonuç olarak *Halo Wars* ekibi sayıca eksik kaldı. "Uzunca bir süre boyunca," diyor Rich Geldreich, "bir sonraki büyük oyunumuz *Halo Wars* olmasına rağmen neden projede sadece yirmi beş kişi çalıştığımızı ve diğer prototiplere niçin devam edildiğini merak edip durdum." Oyunun daha çok programcıya ihtiyacı vardı, özellikle de bir RTS geliştirmenin incelikli yanlarını bilen kişilere. Gerçek zamanlı bir strateji oyununda bilgisayarların saniyede binlerce küçük karar alması, binaları ne zaman inşa edeceğini sessizce hesaplaması ve birimleri harita üzerinde hareket ettirmesi gerekiyordu. Tecrübesiz bir programcı için yerine getirilmesi zor bir görevdi bu.

"Yüzlerce birim içeren bir oyun dünyanız olduğunu, her birinin gerçek zamanlı olarak yönünü bulması ve kararlar alması gerektiğini düşünün. Ya da en azından bunun gerçek zamanlı görünmesi icap ettiğini," diyor Geldreich. "Burada işin içine yapay zekâ giriyor. Birimlerinize bir emir verdiğinizde bunlar 'şuraya git,' 'buraya saldır,' ya da 'dur' gibi yüksek düzeyli komutlar oluyor. A noktasından B noktasına nasıl gidebileceklerini çözmeleri gerekiyor ve bazen bu oldukça karmaşık olabiliyor. Birimlerinizden biri A noktasından B noktasına doğru giderken bir binanın havaya uçtuğunu ya da kesilen ağaçlar yüzünden yeni bir yol açıldığını düşünün. Bu oldukça dinamik bir problem." Bu denkleme bir de çok oyunculu seçeneğini eklediğiniz zaman – gecikmeli bir bağlantı iki bilgisayar arasında senkronizasyon sorunlarına neden olabilir ve bütün simülasyonu bozar– bozuk bir oyun için gereken bütün potansiyele sahip olursunuz.

Age of oyunları için geliştirdikleri teknoloji yerine Xbox 360'ın eşsiz hesaplama gücünden faydalanacak, yepyeni bir motor kullanmalarının da dezavantajları olmuştu. "Yön bulma, RTS oyunları için hep zor bir problem olagelmiştir fakat muhtemelen yaklaşık yirmi yıldır bu özelliğe yatırım yapıyorduk," diyor Dave Pottinger. "*Halo Wars* ekibiyse hepsini bir kenara atıp en baştan başlamak zorunda kalmıştı."

Bütün bu aksaklıklara rağmen Microsoft bu oyun için çok hevesliydi. 27 Eylül 2006'da *Halo Wars*'u tüm dünyaya tanıttı ve insan Spartanlar ile uzaylı düşmanları arasındaki bir çatışmayı gösteren, etkileyici bir CGI fragman yayımladı. Ensemble bir noktada oyunu 2007'nin sonunda bitirmeye karar vermişti ve muhtemelen Microsoft'un umduğu şey de buydu; ama stüdyoya atılan dikkatli bir bakış bunun gerçekleşmeyeceğini açık bir şekilde gösterebilirdi.

Graeme Devine ve "uyumsuzlar takımı" hâllerinden memnun olsa da *Halo Wars* ekibi eleman sıkıntısı çekiyordu ve bazı önemli alanlarda bir hayli geri kalmışlardı. Bir gün sanat ekibinin *Halo*'nun estetiğini bir türlü yansıtamamasına öfkelenen Rich Geldreich, dört yüz renkli ekran görüntüsü bastırıp bütün duvarlara astı. "Onları stüdyonun her yerine yapıştırdım. Tuvaletlere, mutfağa… Koridorlara, toplantı salonlarına. Oyunumuzun bir *Halo* gibi gözükmemesi tepemi attırmıştı çünkü."

Diğer ekiplerin işleri de yolunda gitmiyordu. Dave Pottinger ve elemanlarının neredeyse bir yıldır üstünde çalıştığı *Diablo* prototipi *Nova* iptal edildi. Microsoft onun yerine başka bir stüdyonun *Too Human* adlı, ümit vadeden bir aksiyon-RPG'sine onay verdi.* Pottinger ile küçük ekibi birkaç ay boyunca başka bir prototip –*Agent* adında bir "Zelda-casusluk" oyunu– üstünde çalıştı fakat oyunu bitirmek için gereken kişi sayısına ulaşamadı ve çok geçmeden o da *Halo Wars*'a geçti. Pottinger'ın ekibi dağıldı. Çizerlerin çoğu MMO projesine geçerken programcılarsa kodlama konusunda feci derecede yardıma ihtiyacı olan *Halo Wars*'a katıldı.

2007'nin başlarında Graeme Devine ve ekibi E3 demosu üstünde çalışmaya başladı. Serinin hayranlarının *Halo*'dan asla gerçek zamanlı bir strateji oyunu çıkmayacağına dair şüphelerini yıkmak istiyorlardı. Fuar yaklaştığında UNSC askerleri ile kötü uzaylı ırkı Covenant arasındaki bir dizi savaşı gösteren, Devine tarafından seslendirilmiş on dakikalık, ustaca bir video hazırladılar. Demoda oyunu oynayan kişi iki Warthog –*Halo*'nun ikonik zırhlı kamyonetleri– üretiyor ve onları üssünün yanındaki bir yarığın üstünden atlatıyordu. "Warthoglar diğer araçların ulaşamadığı bölgelerde stratejik kontrolü ele geçirebilirler," diye açıklıyordu Devine videoda.

Oyuncular çok heyecanlandı ve bu da Ensemble'daki geliştiricilere şevk verdi. "Gerçekten de seksi bir demoydu ve o yıl E3'ten

---

* Bu yanlış bir karardı. 2008'de Silicon Knights tarafından yayımlanan *Too Human* hem oyunculardan hem de eleştirmenlerden oldukça kötü yorumlar aldı. 2012'de, uzun bir yasal sürecin ardından jüri Silicon Knights'ın *Too Human* gibi oyunlar üstünde çalışırken Unreal Engine'in yapımcısı Epic Games'le yaptıkları lisans anlaşmasını ihlal ettiğine karar verdi. Silicon Knights yüklü bir tazminat bedeli ödedi ve *Too Human*'ın henüz satılmamış kopyalarını toplatıp oyunu Xbox 360'ın dijital mağazasından çekmek zorunda kaldı.

dönerken oyunumuz için çok heyecanlıydık," diyor Dave Pottinger. "Tepkiler güzeldi. Graeme kusursuz bir şovmendi ve fikrî mülkü sevmekle ne kadar doğru kelime varsa sarf etmişti. Ve onu gerçekten seviyordu. İnsanların hem iyi RTS yapabilen hem de *Halo*'ya değer veren birinin bu ikisinden kusursuz bir birliktelik doğuracağını düşündürerek heyecanlanmalarını sağlamıştık."

Ama proje üstünde çalışmaya devam ettikçe *Halo Wars*'un başının belada olduğu iyice ortaya çıktı. E3 2007'yi izleyen aylar içerisinde iki büyük problemle karşılaştılar. Birincisi, *Halo Wars* ekibinin yeterli eleman sayısına bir türlü ulaşamamasıydı. Ensemble'ın deneyimli geliştiricilerinin çoğu hâlâ *Halo* MMO'su üzerinde çalışıyordu ve henüz onay almamasına rağmen bu proje stüdyonun kaynaklarının büyük bir bölümünü tüketiyordu. İkinci problem, oyunun tasarımının sürekli değişmesiydi. 2007'nin sonunda, hem Ensemble'ın çeşitli prototiplerinin iptal edilmesinin hem de stüdyonun iç siyasetinin bir sonucu olarak *Halo Wars* ekibinin başında Graeme Devine ve Dave Pottinger'ın yanı sıra birden fazla deneyimli baş tasarımcı vardı. Projeyi 2005 yılından, yani isminin *Phoenix* olduğu günlerden beri yöneten Devine'ın aklında oyunla ilgili belirli fikirler varken ekibe sadece birkaç ay önce katılan Pottinger'ın kafasındaysa bambaşka fikirler bulunuyordu.

Ama bir orkestrayı sadece tek bir kişi yönetebilir. Böylece *Halo Wars* ekibi vaktinin çoğunu kavga ederek geçirmeye başladı. "Birbirimize bağırıp çağırdığımız yoktu ama yüksek sesle tartışıyorduk," diyor Devine. "Komikti, durmadan oyunla ilgili meseleler hakkında münakaşa ediyorduk. Ekonomi daha mı ucuz olmalıydı, yoksa daha mı pahalı? Üsler birbirinden ayrı mı olmalıydı, birbirleriyle bağlantılı mı? Hepsi kaliteli tartışmalardı. 'Tanrım, tişörtün berbat,' gibi şeyler değillerdi. Hepsi de oyunu daha iyi kılan, harika kavgalardı. Ama aynı zamanda da çok stresliydiler."

En büyük kavgalardan biri Devine'ın "sekiz kuralı" olarak adlandırdığı ve *Halo Wars* ekibinin *Phoenix* günlerinden beri takip ettiği temel bir ilke etrafında dönüyordu. Bu kural, bir kumanda cihazıyla oynarken oyunun hantal ya da karmaşık gelmesini engellemek için oyuncuların tek seferde sadece sekiz birim seçmesine izin veriyordu. Bazı tasarımcılar bunu sorgulamaya, *Halo Wars*'u çok basitleştirdiğini ileri sürmeye başlamıştı. Devine ise buna karşı çıkıyordu. "Her gün oynanış testi yaptığınız zaman kontrollere giderek alışırsınız," diyor. "O zaman da ilk başta onları öğrenmek zorunda kaldığınızı unutursunuz. Sonra da birdenbire, 'Eh, aynı anda on tane seçmek son derece kolay olur. Hatta on altı,' gibi şeyler düşünmeye başlarsınız."

Oyun geliştiriciliğinde sıklıkla karşılaşılan bir ikilemdir bu; aynı oyunun üstünde yıllarca çalıştıktan sonra er ya da geç sıkılırsınız. Sırf değişiklik olsun diye değişiklik yapmak istersiniz ve her gün aynı kontrol şemasını kullanmaktan bıktığınız için işleri biraz renklendiresiniz gelir. *Halo Wars* ekibi için bu durum sürekli gerginlik yaratmaya başlamıştı. Devine ve ekibi kasten bu oyunu PC'deki akranlarından daha basit tutmuştu çünkü insanlar konsolda bir RTS oynamaya alışık değildi. Şimdiyse ekibe yeni katılanlar işleri biraz daha karmaşıklaştırmak istiyordu. "Düşünce katmanlarından kaçınmaya çalışıyorduk," diyor Chris Rippy. "Bir oyunu çok uzun bir süre boyunca geliştirdiğiniz zaman karşılaştığınız en büyük problemlerden biri de oynanışı test ettikçe işin içine aslında hiç gerek olmayan katmanlar eklemeye başlamanızdır."

Her ne kadar Devine'ın E3 2007'de sunduğu demoyla insanları etkilemiş olsalar da *Halo Wars* ekibinin hâli içler acısıydı. Demoyu tamamen elle hazırlamış, oyunun son hâlinde işe yaramayacak bir kod kullanmışlardı. Evet, grafikler gerçek zamanlı olarak işliyordu fakat yapay zekâ tam olarak gelişmemişti ve oyunu oynamak demoda göründüğü kadar eğlenceli değildi.

Dave Pottinger'a göre *Halo Wars*'un yepyeni bir yol izlemesi gerekiyordu. "Oyun eğlenceli değildi. Düzgün çalışmıyordu. E3 demosu çok etkileyiciydi, evet ama oyunun gerçek oynanışını yansıtmıyordu. Sadece E3 için yapılmıştı." *Halo Wars* ekibi sonraki aylar boyunca oyunun temel özellikleri hakkında tartışıp durdu. Birimler çok mu küçük gözüküyordu? Üs kurmak neden bu kadar karmaşıktı? Oyuncuların *StarCraft* ve öteki RTS'lerdeki gibi farklı birimlerden oluşan grupları belirli tuşlara atamalarına izin vermeliler miydi?

Bunca tartışmanın ardından birilerinin geri adım atması gerekiyordu. Ve o kişi Graeme Devine oldu. "Baş tasarımcıların kavga etmesi iyi bir şey değildir," diyor Devine. "O yüzden bir toplantı esnasında, 'Dave, baş tasarımcı rolünü sen üstlen. Hikâyeyi yazmaktan büyük keyif alıyorum. Ben sadece senaryoyla ilgileneceğim,' dedim." Devine oyunun yüzü olarak kalmaya, Microsoft'un pazarlama toplantılarında ve basın etkinliklerinde *Halo Wars*'u sergilemeye devam etti. Yıllardır başka bir RTS yapmamak için direnen Dave Pottinger ise kendisini oyunun baş tasarımcısı olarak buldu.

Pottinger derhal *Halo Wars*'un ana mekaniklerinde büyük değişiklikler yapmaya başladı. "Temel olarak bütün tasarımı çöpe attık ve her şeyi başa sardık," diyor Pottinger. Neredeyse bütün birimleri değiştirdi. Buna E3'te gösterdikleri, sıçrayan Warthoglar da dahildi çünkü tam olarak çalışmıyordu. (Warthoglar *Halo Wars*'taki yerini korudu ama artık uçurumların üstünden atlayamıyorlar.) Yayılarak büyüyen üs sistemini terk edip her biri sınırlı sayıda boşluğa sahip olan "prefabrik" üslere geçti. Kaynak sistemini elden geçirerek oyuncuların ekonomilerini idare etmek için harcaması gereken zamanı azalttı. Sonra da ekiptekilerin uzun süre karşı koyduğu "hepsini seç" düğmesini ekledi. Artık *Halo Wars*'un çıkmasına sadece birkaç ay kaldığından Devine'ın tasarladığı çoğu şeyi oyundan çıkardı. "Ben işin tasarım kısmını ele aldım, Graeme ise tamamen hikâyeyle ilgilendi ve gerçekten de harika bir iş ortaya çıkardı," diyor Pottinger.

Bu esnada Ensemble'daki diğer ekipler de karmaşa içerisindeydi. Stüdyonun büyük bir bölümü yıllardır rüya projelerinin üstünde, yani *Halo* MMO'sunda çalışıyordu. MMO bir sır değildi; Microsoft stüdyonun kendi *World of Warcraft* oyununu yapmak istediğini biliyordu ama buna hâlâ onay vermemişti. Xbox ekibindekilerden bazıları, Ensemble'ın *Halo Wars*'a odaklanmak yerine bu kadar çok çalışanını MMO'ya ayırdığını öğrenince buna çok şaşırdı. "Microsoft'tan birilerinin gelip, 'Bu ne lan, ne yapıyorsunuz siz?' diye sorması artık sıradan bir şey hâline gelmişti," diyor Colt McAnlis. "Bir keresinde, önemli toplantılardan birinde, 'Buna kaynak ayırdığınızı bilmiyorduk. Kaynaklarınızı öteki iş için kullandığınızı sanıyorduk,' dediklerini hatırlıyorum." (Diğerleri bu beyana itiraz edip Microsoft'un MMO projesinde kaç kişinin çalıştığını bildiğini savunuyor.)

Sonunda fişi çektiler. Microsoft bir MMO'ya onlarca milyon dolar harcamakla ilgilenmediğini Ensemble yönetimine açıkça bildirdi ve proje gayriresmî bir şekilde iptal edildi. "Bir şeyi elde edebilmek için başka bir şeyden ödün veriyorduk," diyor Dave Pottinger. "*Halo Wars*'u yapmamızın bir nedeni bize MMO'yu geliştirme fırsatı sunmasıydı… Bence MMO çok başarılı olacaktı ama ne yazık ki Microsoft bunu yapmamızı istemediğine karar verdi." MMO ekibindekilerden bazıları bir müddet yeni prototipler üzerinde çalışmaya başlarken –bunlardan biri de olası bir *Age of Empires* 4'tü– diğerleriyse *Halo Wars*'a dahil oldu.

Bütün bu dramatik olaylar silsilesi kaçınılmaz olarak Microsoft'ta bazı kaşların kalkmasına neden oldu. 1997'de çıkan ilk *Age of Empires*'tan beri Ensemble ile yayıncısı arasında gerginlikler yaşanırdı. Ancak stüdyo yeni oyunlar yaptığı –ve kâr getirdiği– müddetçe bu gerginlikler er ya da geç sönüp giderdi. Ama Ensemble iki yıl önce, 2005'te çıkan *Age of Empires III*'ten beri yeni bir oyun yayımlamamıştı. MMO'yla ilgili tüm bu tartışmalar, kısa süre önce çıkan Xbox 360 uğruna PC oyunlarını geri plana atan Microsoft yetkililerini öfkelendirmişti. (*Halo* MMO'su, *Halo Wars*'un aksine PC için geliştiriliyordu.) Ensemble bünyesindeki yüzden fazla kişiye maaş bağlamak gözlerine kötü bir yatırım gibi görünmeye başlamışı.

"Yaygın kanının aksine Microsoft'ta adam çalıştırmak bedava değildir," diyor eskiden Xbox departmanında başkan yardımcılığı yapan Shane Kim. "Aslına bakarsanız ne kadar çok kişi çalıştırırsanız o kadar az kâr edersiniz. Çünkü çok masraflıdırlar. O nedenle buraya harcadığımız parayı başka bir yerde kullanabileceğimize karar verdik."

Çoğu oyun geliştiricisinin aksine Colt McAnlis sabahın 6'sında işe gitmekten hoşlanırdı. Çalışma arkadaşları genellikle dört - beş saat sonra gelirdi ve McAnlis etrafında hiç kimse yokken, tek başına kod yazdığı zamanlarda daha üretken olduğunu hissediyordu. McAnlis, *Halo Wars*'un en karmaşık mühendislik işlerinden bazılarından sorumluydu: çizim araçları, ışık gölgelendirmeleri, çok çekirdekli iş parçacığı işlemleri. Yalnızlığın faydası oluyordu.

Eylül 2008'de, bir pazartesi sabahı, McAnlis iş yerine her zamanki vaktinde vardı. Bir şeylerin yolunda gitmediğini fark etmesi uzun sürmedi. Boş çalışma masaları yerine düşünceli bir şekilde etrafta dolanan iş arkadaşlarıyla karşılaşmıştı. "'Bir saniye, neler oluyor lan burada?' diye düşündüm. 'Ne arıyorsunuz burada?'" İlk birkaç saat boyunca kimse bu soruya düzgün bir cevap veremedi; ta ki çalışma arkadaşlarından biri Microsoft'tan bir grup kodamanın stüdyoyu ziyarete geleceğini söyleyene kadar.

Ensemble'ın tüm çalışanları herkesin katılımının zorunlu olduğu bir görüşme için toplantı odasına çağrıldı. İçeri doluştuklarında onlarca Microsoft çalışanıyla karşılaştılar: İnsan kaynakları departmanı elemanları, başkan yardımcıları, yöneticiler. Herkes yerine oturduktan sonra Ensemble'ın CEO'su Tony Goodman karşılarına geçip bombayı patlattı.

"Tony sahneye çıkıp, 'Bazı haberlerimiz var. Ensemble, *Halo Wars*'un çıkışından sonra kapatılacak,' dedi," diyor Graeme Devine.

On dört yılın ve onlarca oyunun ardından Ensemble'ın süresi dolmuştu. İyi haber, dedi Goodman, Microsoft *Halo Wars*'u bitirmemizi istiyor. Ensemble'daki herkes dört ay daha çalışmaya devam edebilecekti ve bu da onlara yeni bir iş bulmak için zaman tanıyacaktı. "Microsoft hepimizi *Halo Wars*'un sonuna dek stüdyoda tutmak istiyordu," diyor Devine, "ve Tony bunu tam olarak nasıl yapacaklarını açıklamayı onlara bıraktı çünkü hiç beklemediğimiz bir anda, oyunu yayımlar yayımlamaz işsiz kalacağımızı öğrenmiştik."

Başkan yardımcısı Shane Kim de dahil olmak üzere orada bulunan bütün Microsoft yetkilileri iki saat boyunca toplantı salonunun ön tarafında durup kalbi kırık Ensemble çalışanlarının sorularını yanıtladılar. "'Neden biz?' gibi şeyler soruyorlardı," diyor Kim. "'Elinizde Rare var, Lionhead var [Microsoft'un bünyesindeki diğer oyun stüdyolarından bazıları]... Bizim dışımızda kesintiye gidebileceğiniz başka yerler olmalı.' Ne yazık ki işimizin karanlık yanlarından biri de bu." Shane Kim diplomatik davranmaya çalıştı ve Microsoft'un *Halo Wars* çıkıncaya dek stüdyoda kalanlara yüklü bir kıdem tazminatı vereceğini ekledi.

Çalışanlardan bazıları ağlamaya başladı. Diğerleri öfkelendi. "Kafayı yedim," diyor Colt McAnlis. "Karım ilk kez hamile kalmıştı ve bebeğimiz ocak ayının sonunda, tam da şirketin kapanacağı tarihte doğacaktı. İşsiz kaldığım gün bir bebeğimiz olacaktı." İki kişi –Paul ve David Bettner kardeşler– derhal istifa edip kendi stüdyolarını (Newtoy) kurdular ve daha sonra popüler bir *Scrabble* klonu hâline gelen *Words with Friends* adlı oyunu yaptılar. Bu hamlelerinin başarılı sonuçlandığı söylenebilir; çünkü Zynga 2010'da Newtoy'u 53,3 milyon dolar karşılığında satın aldı.

Kapanış haberini aldıktan kısa bir süre sonra grafik tasarımcısı Rich Geldreich de stüdyodan ayrıldı. "Beynim ortadan iki ayrılmıştı," diyor. "Aklımı kaçıracaktım. Ensemble'ın tasfiye edildiği gerçeğini kabul edemiyordum. Harika bir şirketti. Orada beş yıl geçirmiştim ve geliştirdiğimiz bütün o teknolojiler, kodlamalar... her şey bir anda gitmişti. Etrafımdaki herkes sıyırıyordu. Hepimiz delirmek üzereydik. Bu çok saçmaydı." (Geldreich kısa bir süre sonra Valve'a katıldı.)

Ensemble'da kalanlar kendilerini rahatsız edici başka bir durumla karşı karşıya buldular. Görünüşe göre birkaç ay içerisinde işsiz kalacak olanlar stüdyonun bütün çalışanları değil, sadece *bazılarıydı*. Tony Goodman, şirketin kapatılmasına karşılık olarak Microsoft'la bir anlaşma yaptığını duyurdu. Bu anlaşmaya göre kendisine Robot Entertainment adında yeni bir bağımsız stüdyo kuracaktı ve işleri yoluna koyuncaya dek çevrimiçi bir *Age of Empires* yapabilecekti.

Sorun şu ki Goodman'ın yalnızca Ensemble'da çalışanların yarısını işe alacak kadar parası vardı. Ve kimlerin seçileceğini sadece birkaç kişi biliyordu. "İnsanlar birdenbire bu yeni işe girebilmek için birbirleriyle yarışmaya başladılar," diyor Colt McAnlis. "Neler olacağını hiçbirimizin bilmediği o zaman zarfı boyunca her şey çok çılgıncaydı. Su sebilinin önünde hep aynı muhabbet dönüyordu. 'Hey, seninle konuştular mı? Hayır, ya seninle? Şey, eğer sana iş teklif ederlerse bunu kabul edecek misin?'"

Robot Entertainment'a davet edilenler bunu kısa süre içerisinde öğrenmişti ama yeni stüdyoda kendine bir yer bulamayanlar için sonraki günler işkence gibi geçti. Bir noktada, yöneticilerden biri sis bulutunu dağıtmak için Robot'a katılacak tüm Ensemble çalışanlarının bir listesini duvara astı. Onlarca kişi işe kimlerin kabul edildiğini görmek için oraya toplandı. "Filmlerde öğretmenin gelip, 'İşte amigo takımına seçilenlerin listesi' dediği ve herkesin tahtaya koştuğu sahnelerden biri gibiydi," diyor McAnlis.

Bu yeni siyaset katmanı Ensemble'daki çoğu kişi için durumu daha da kötüleştiriyordu. "Bizim bakış açımıza göre stüdyo çalışanlarının yarısının işini kurtarmıştık," diyor Dave Pottinger. "Robot'ta kendilerine bir pozisyon teklif edilmeyenlere göreyse şirketin yarısına ihanet etmiştik… Sanırım elimizden gelenin en iyisini yapmaya çalışıyorduk. Hata etmiştik." Yaşanan kaosa rağmen Rich Geldreich ve Bettner kardeşler dışında stüdyodan ayrılan olmadı. (Kıdem tazminatının faydası oldu.) Sonraki birkaç ay boyunca görüş farklılıklarını –ve stüdyonun kapatılacağı gerçeğini– bir kenara bırakıp *Halo Wars*'u tamamlamaya çalıştılar.

"Motivasyonumuz elimizden gelen en yüksek inceleme puanını alabilmekti," diyor Dave Pottinger. Ensemble çalışanları aylarca fazla mesai yaptı ve *Halo Wars*'u ocak ayının sonunda, stüdyodan ayrılmaları gereken tarihte bitirebilmek için masalarında uyudu. "En çok gurur duyduğum şey, şirketin kapatılacağını açıkladığımızın ertesi günü sadece üç kişinin istifa etmesiydi," diyor Pottinger. "Diğer herkes oyunu bitirmek için bizimle kaldı."

"İdam edilmeyi bekleyen mahkûmlar gibiydik," diyor Graeme Devine. "Çok çılgıncaydı." Microsoft, 2009'un başlarında Devine'ı dünyanın dört bir yanındaki basım gösterimlerine yolladı. Oyun endüstrisine yön veren, İngiliz tasarımcı Peter Molyneux ile –kendisi *Fable 2* adlı RPG'yi yayımlamak üzereydi– seyahat eden Devine, *Halo Wars*'la ilgili röportajlar verdi ve demolar sergiledi. Basın mensupları ona Ensemble'ın kapatılışıyla ilgili sorular sorduğundaysa onları geçiştirdi. "Microsoft'un önüme bir kâğıt koyup, 'İşte söyleyebileceklerin bunlar,' dediğini hatırlıyorum," diyor Devine.

O son tuhaf aylar boyunca Ensemble personeli iç siyasetlerini bir kenara bırakıp hepsinin gurur duyacağı bir oyun yapma umuduyla bir araya geldi. Stüdyonun kapatılacağını bilmelerine rağmen çalışmaya her gün devam ettiler. Fazla mesai yaptılar. Ve *Halo Wars*'u mümkün olan en iyi hâle getirmek için ellerinden geleni artlarına koymadılar. "Sanki hiçbir şey olmamış, hiçbir şey olmayacakmış gibi geçirdiğimiz harika günler de vardı, depresif günler de," diyor Chris Rippy. "Ama gururlu bir ekiptik ve herkes harika bir iş çıkarmak istiyordu. Hepimiz bunun stüdyonun mirası olacağını biliyorduk ve bizi layığıyla temsil edecek bir şey yapmak istiyorduk."

Halo Wars, 26 Şubat 2009'da satışa sunuldu. Oldukça iyi karşılandı ve *Eurogamer* ve *IGN* gibi sitelerden yüksek inceleme puanları aldı. *Halo Wars* ekibindekiler geriye dönüp baktıklarında yaşadıkları onca şeyden sonra kısmen de olsa düzgün bir oyun çıkarmış olmaktan ötürü gurur duyuyor. Hatta Microsoft, *Halo*

Wars 2 adında bir devam oyunu çıkarmak için başka bir yapımcıyla –Creative Assembly– bile anlaştı. O da Şubat 2017'de çıktı.

Ensemble'ın küllerinden birkaç farklı stüdyo doğdu. Biri *Age of Empires Online*'ı yapan, sonra da popüler kule savunma oyunu serisi *Orcs Must Die!*'yı çıkaran Robot Entertainment'tı. Eski Ensemble çalışanlarından oluşan başka bir grup Bonfire adlı bir şirket kurdu ve o da Zynga tarafından satın alındı, sonra da 2013'te kapatıldı.[*] Aynı geliştiriciler daha sonra Boss Fight Entertainment'ı kurdu. Ensemble'ın kapatılışının ardından, neredeyse on yıl sonra eski çalışanlarının büyük bir bölümü hâlâ birlikte çalışıyorlar. Ne de olsa onlar bir aile. "Birbirimizden nefret ediyoruz ama aynı zamanda da birbirimizi seviyoruz," diyor Pottinger. "Ensemble faaliyet süresi boyunca diğer stüdyolara oranla çok az kişi kaybetmişti… Eğer insanları mutlu ederseniz şirketinizde personel değişim oranı –bizimki yüzde dörtten daha az falandı– yüksek olmaz."

Halo Wars ekibi E3 2008'de, Ensemble'ın kapılarını temelli kapatmasına sadece birkaç ay kala, şimdi geriye dönüp bakıldığında belki de gizli bir imdat çığlığı olarak algılanabilecek, sinematik bir video yayımladı. "Beş yıl. Beş koca yıl," diyordu videonun anlatıcısı, ekranda istilacı Covenant birlikleriyle savaşan bir grup asker görülürken. "Başlangıçta her şey iyi gidiyordu."

Bir grup Covenant birliği gökyüzünden inip askerleri tek tek öldürürken çatışma çabucak kanlı bir katliama dönüşüyordu. Anlatıcı şöyle devam ediyordu: "Sonrasında arka arkaya gelen yenilgi ve kayıplar, hızlı ve kesin bir zafer olması gereken şeyi beş yıllık bir cehenneme çevirdi."

---

[*] Blizzard'tan ayrılan Josh Mosqueria'nın 2016'da kurduğu Bonfire adlı diğer oyun stüdyosuyla karıştırılmasın.

6
DRAGON AGE: INQUISITION

Consumerist adlı internet sitesi eskiden her yıl "Amerika'nın En Kötü Şirketi" diye bir anket başlatır, eleme usulü bir turnuvayla okurlarından ülkenin en berbat firmasını seçmelerini isterdi. 2008'de ülkenin ekonomisi çöktüğünden o yıl birincilik onurunu AIG sigorta şirketi almıştı. 2011'de tankerleri 210 milyon galon ham petrolü Körfez Kıyısı'na döken BP birinci olmuştu. Ama 2012 ve 2013'te, 250.000'den fazla kişi oy vermek için siteye akın ederken farklı bir firma türü Comcast ve Bank of America gibi şirketleri geçerek birinciliğe ulaştı. Okurlara göre Amerika'nın en kötü şirketi, video oyun yayıncısı Electronic Arts (EA) idi.

Bu yüz kızartıcı birinciliğin pek çok farklı sebebi vardı. EA oyunlarındaki isteğe bağlı "mikro-ödemelerin"* giderek artması ve sadece internete bağlıyken oynanabilen *SimCity* felaketi** bunlardan sadece birkaçıydı. Ama oyuncuların içine dert olan asıl mesele EA'in BioWare'e yaptığına inandıkları şeydi.

Oyun yapmanın eğlenceli bir hobi olabileceğini düşünen

---

* EA gibi yayıncılar sayesinde 2000'li yılların ortasında iyice popülerleşen mikro-ödemeler, oyuncuların gerçek para kullanarak satın alabileceği silahlar veya kostümler gibi oyuniçi nesnelerdir. Oyun tutkunlarını bunlardan daha çok kızdıran bir şeye az rastlanır.

** *SimCity*, Mart 2013'te piyasaya sürüldükten sonra ağ sorunları yüzünden günlerce oynanamadı. Sunucular sakinleşip oyun çalışmaya başladığında bile insanlar hatalarla karşılaştı. Örneğin, arabalar her zaman iki nokta arasındaki en kısa yolu seçiyordu. O yollarda trafik tıkalı olsa bile... Polisler kavşaklardan geçemiyordu. Ticaret düzgün işlemiyordu. *Kotaku*'da bu konu için özel bir etiket bile açmıştık: "SimCity Felaket Nöbeti."

üç tıp doktoru tarafından 1995'te kurulan BioWare, asıl ününü *Dungeons & Dragons* kurallarını temel alan, 1998 yapımı rol yapma oyunu *Baldur's Gate* ile kazandı. (O kadar etkileyici bir oyundur ki bu kitapta yer alan iki oyunun, yani *Pillars of Eternity* ve *The Witcher 3*'ün yapımında da büyük rol oynamıştır). BioWare sonraki yıllarda *Neverwinter Nights, Star Wars: Knights of the Old Republic* ve sadece uzaylıları vurmayı değil, aynı zamanda onlarla aşna fişne etmeyi seven insanlara da hitap eden *Mass Effect* adlı uzay operası gibi bir dizi üst düzey RPG'yle ününe ün kattı.

Electronic Arts, 2007'de BioWare'i satın aldı ve o noktadan sonra oyuncular stüdyonun yalpalamaya başladığını düşündü. BioWare'in en önemli iki yeni fikrî mülkü –*Mass Effect* ve Tolkienvari fantastik serisi *Dragon Age*– hâlâ çok sevilmelerine rağmen düşüşe geçmişti. 2011'de çıkan *Dragon Age 2*, yarım bırakılmışlık hissi vermekle eleştiriliyordu. 2012'de çıkan ve uzay yolculuğu üçlemesine son noktayı koyan *Mass Effect 3* ise oyuncuların seçimlerinden hiçbir şekilde etkilenmiyormuş gibi görünen, tartışmalı sonuyla stüdyonun sadık hayranlarını çok öfkelendirmişti.*

Bu yanlış kararların sorumlusu kesinlikle EA, diye düşündüler. Ne de olsa sorunlar EA stüdyoyu satın aldıktan sonra başlamıştı, değil mi? Tek yapmanız gereken EA'in satın alıp kapattığı ikonik stüdyoların listesine bakmaktı. Aralarında Bullfrog (*Dungeon Keeper*), Westwood (*Command & Conquer*) ve Origin (*Ultima*) gibi isimlerin bulunduğu, upuzun bir listeydi bu ve sıradaki isim BioWare olabilirdi pekâlâ. Stüdyonun hayranları EA'e bir mesaj vermek için *Consumerist*'e gitmişti; bunun anlamı bir video oyun yayıncısını kan emici bir emlakçıdan daha kötü göstermek olsa bile…

---

* BioWare daha sonra ücretsiz bir indirilebilir içerik yayımlayarak *Mass Effect 3*'ün sonunu uzatıp daha fazla seçim ekledi. Bu kararı EA'in marka yöneticisi Frank Gibeau onayladı. Aaryn Flynn o gün olanları şöyle hatırlıyor: "Frank bir keresinde Casey Hudson (Mass Effect 3'ün başındaki isim) ve bana, 'Bunu yapmak istediğinizden emin misiniz? O trolleri besleyecek misiniz yani?' diye sordu. Biz de, 'Hayır, bunu yapmayı, tüm bunları düzeltmeyi gerçekten istiyoruz,' diye yanıtladık. 'Madem istiyorsunuz o zaman tamam,' dedi o da."

Tüm bu teatral tartışmaların ortasında BioWare stüdyosunun başındaki Aaryn Flynn bambaşka bir sorunla uğraşıyordu: *Dragon Age* serisinin üçüncü oyunu *Inquisition*. Bu oyun BioWare'in o güne dek yaptığı en iddialı şeydi. Ayrıca, kanıtlaması gereken bir sürü şey vardı: BioWare'in eski formuna dönebileceğini, EA'in stüdyoyu kösteklemediğini, oyuncuların devasa arazilerde serbestçe dolaşabileceği "açık dünya" bir RPG yapabileceklerini... Ama Flynn kullandıkları yeni teknoloji yüzünden *Dragon Age: Inquisition*'ın şimdiden takvimin gerisine düştüğünü biliyordu. Yeni oyun motorları Frostbite stüdyodakilerin tahmin ettiğinden çok daha fazla emek istiyordu.

"Yeni bir motorla neler yapabileceğinizi keşfetmek hem heyecan verici hem de gurur kırıcıdır," diye yazmıştı Flynn, Eylül 2012'de BioWare'in blog sayfasında, *Dragon Age: Inquisition*'ı duyurduktan hemen sonra. Eğer öncesinde birkaç kadeh votka içseydi –ya da Electronic Arts'ın Halkla İlişkiler departmanının ne düşüneceği hakkında endişelenmek zorunda olmasaydı– BioWare ekibinin gerçekte ne düşündüğünü de ekleyebilirdi: *Yeni motorun bir felakete yol açması da mümkündür.*

BioWare'in genel merkezi, muazzam alışveriş merkezi ve sık sık ağza alınmayacak derecelere kadar düşen hava sıcaklıklarıyla tanınan Edmonton şehrinde, küçük bir ofis kompleksinde yer alır. Stüdyonun *Dragon Age* fikrini bulmasına şaşmamak gerek. Eğer ateş kusan, efsanevi yaratıklarla dolu fantastik bir dünya hayal etmeyi arzuluyorsanız bu iş için Edmonton'dan daha münasip bir şehir zor bulunur.

BioWare'in "oyun dünyasının *Yüzüklerin Efendisi'si*" olmasını ümit ettiği *Dragon Age*, ilk kez 2002 yılında geliştirilmeye başlandı. Yedi yıllık, cehennemvari bir çalışmanın ardından stüdyo serinin ilk oyunu olan *Dragon Age: Origins*'i Kasım 2009'da yayımladı. Bütün oyunculara hitap eden bir yapımdı. RPG türünün sıkı hayranları stratejik savaşlara ve seçimlerimize göre şekillenen hikâyeye gömülürken, daha romantik oyuncularsa sivri dilli şövalye Alistair ya da ihtiraslı büyücü Morrigan gibi ekip üyelerini baştan çıkarabilme seçeneğini sevdi. *Dragon Age: Origins* çok büyük bir başarı yakalayıp milyonlar sattı; en önemlisi de yüz binlerce satırlık hayran kurgularına ilham kaynağı oldu.

Dragon Age'i geliştiren ekibin başındaki isim Mark Darrah'tı. Kendisi 90'lı yılların sonundan beri şirkette yer alan ve oldukça sevilen bir geliştiriciydi. 2013 yılında, onunla ilk tanıştığım zamanlarda ince bir espri anlayışı ve çalı gibi, parlak kırmızı sakalları olan biriydi; ama üç yıl sonra sakallarının arasına istilacı gri lekeler karıştı. "Mark oyun geliştirme işinde çok iyidir," diyor BioWare prodüktörlerinden Cameron Lee. "Kendi aramızda *Dragon Age* ekibine korsan gemisi derdik. Gitmesi gereken yere giderdi gitmesine ama yol boyunca her yere uğrardı. Oraya buraya yelken açar, biraz rom içer, sonra başka tarafa gider ve farklı bir şey yapardı. Mark ekibini bu şekilde çalıştırmayı severdi." (Oyunun üstünde çalışan başka birinin bu lakap için farklı bir açıklaması var: "*Dragon Age* ekibine korsan gemisi dememizin sebebi, çoğunlukla kaosun hâkim olması ve en yüksek sesle bağıranın yönümüzü belirlemesiydi. Sanırım bu ismi zekice benimseyip daha iyi bir şeye dönüştürmüşlerdi.")

Dragon Age: Origins'i 2009'da yayımladıklarında Darrah ve korsan tayfasının bir sonraki oyun için şimdiden büyük fikirleri vardı. *Origins*'te hayatını iblislerle savaşmaya adamış, fanatik bir Grey Warden'ı yönetirken bir sonraki *Dragon Age* oyunu daha büyük ölçekli, politik bir çatışmayı konu alacaktı. Darrah Engizisyon'la* –*Dragon Age* irfanında dünya çapındaki anlaşmazlıkları çözen, özerk bir organizasyon– ilgili bir oyun yapmak istiyor, oyuncuları da bu organizasyonun lideri konumuna getirmeyi hayal ediyordu.

Sonra planlar değişti. BioWare'in diğer oyunlarından birinin, *Star Wars: The Old Republic* adlı MMO'nun ilerleyişi durmuştu. BioWare'in Austin, Teksas'taki kardeşi tarafından geliştirilen *The Old Republic*, çıkış tarihini durmadan kaçırmış ve önce 2009'dan

---

* (İng.) Engizisyon –*çn*

2010'a, sonra da 2011'e ertelenmişti. Öfkelenen EA yetkilileri, üç aylık satış hedeflerini tutturabilmek için BioWare'in yeni bir oyun çıkarmasını istiyordu ve bu boşluğu *Dragon Age* ekibinin kapatabileceğine karar vermişlerdi. Mark Darrah ve Aaryn Flynn uzun tartışmaların ardından Mart 2011'de, yani *Dragon Age: Origins*'in çıkışından yalnızca on altı ay sonra *Dragon Age 2*'yi yayımlamayı kabul ettiler.

"*The Old Republic* ertelenmiş ve bir boşluk doğmuştu," diyor Darrah. "*Dragon Age 2* temel olarak o boşluğu doldurmak için vardı. Çıkış noktası buydu. Başından itibaren bu boşluğu kapatmak için yapılmıştı." Darrah oyuna *Dragon Age: Exodus** adını vermek istemişti ("Keşke buna bağlı kalsaydık") fakat EA'in pazarlama yöneticileri bunun ne ima edebileceğini düşünmeksizin *Dragon Age 2* isminin kullanılmasında ısrar etti.

İlk *Dragon Age*'in yapımı yedi yıl sürmüştü. Şimdiyse BioWare'in bir devam oyunu yapabilmek için yalnızca bir buçuk yılı vardı. Büyük çaplı bütün oyunlar için böyle bir şeyi başarmak çok zordu; bir rol yapma oyunu içinse neredeyse imkânsızdı. Çok fazla değişken vardı. *Dragon Age: Origins* devasa boyutlarda dört farklı bölge içeriyordu ve her biri kendi halklarına, canavarlarına ve görevlerine sahipti. Oyuncuların *Origins*'in başında verdiği kararlar –yönettikleri karakterin "köken" (origin) hikâyesinin nasıl geliştiği– oyunun geri kalanında önemli bir etki yaratıyordu ve bu da BioWare'in senaristleriyle tasarımcılarını her olasılık için farklı sahneler oluşturmak zorunda bırakıyordu. Eğer labirentsi Orzammar şehrinden sürgün edilen, soylu bir cüceyi yönetiyorsanız oraya geri döndüğünüzde cüceler size buna uygun davranıyordu. Bir insanı yönettiğiniz takdirdeyse sizi o kadar umursamıyorlardı.

Bunların hiçbiri bir yılda başarılabilecek şeyler değildi. Herkesi durmadan çalışıp fazla mesai yapmaya zorlasalar bile hayranlarının beklediği kadar iddialı bir devam oyunu yapacak kadar zamanları yoktu. Mark Darrah ve ekibi bu sorunu çöze-

---

* (İng.) Göç –*çn*

bilmek için engizisyon fikrini rafa kaldırıp riskli bir karar aldılar. *Dragon Age 2* sizi fantastik bir dünyanın farklı farklı bölgelerinde dolaştırmak yerine on yıl boyunca tek bir şehirde, Kirkwall'da geçecekti. Bu sayede aynı mekânları defalarca kullanabilecek, geliştirme sürecini aylarca kısaltabileceklerdi. Ek olarak *Dragon Age: Origins*'te yer alan, ekip üyelerinizin envanterlerini düzenlemek gibi özelliklerden bazılarını da ikinci oyundan çıkardılar. "Bu iyi bir sonuç vermedi ama eğer o kararları almasaydık işimiz çok daha zor olurdu," diyor *Dragon Age*'in kreatif direktörü Mike Laidlaw.* "O yüzden oldukça dar bir zaman aralığında alabileceğimiz en iyi kararları aldık."

Dragon Age 2, Mart 2011'de piyasaya sürüldüğünde oyunculardan kötü tepkiler aldı. Öfkelerini yüksek sesle dile getiriyor, sıkıcı yan görevleri ve tekrar tekrar kullanılan mekânları yüzünden oyunu yerden yere vuruyorlardı.** Bir blog yazarı, "Genel kalitedeki düşüş kozmik boyutlarda. Hiç kimseye hiçbir şartta bu oyunu satın almalarını tavsiye etmem," yazdı. Oyun *Dragon Age: Origins* kadar satmadı –gerçi "EA'in bazı karanlık muhasebe köşelerinde büyük bir başarı olarak görüldü," diyor Darrah– ve BioWare tamamen yeni bir oyun yapmak için *Dragon Age 2*'nin *Exalted March* adlı ek paketini 2011 yazında iptal etti. *Dragon Age 2*'nin isimlerine sürdüğü kara lekeden uzaklaşmaları gerekiyordu.

Aslında yapmaları gereken şey seriyi sıfırlamaktı. "Sanırım *Dragon Age 2*'yi yapan ekibinin kanıtlaması gereken bir şey vardı. AAA kalitesinde bir oyun yapabileceklerini ispatlamak istiyorlardı," diyor Darrah. "Stüdyoda olmasa bile oyun endüstrisinde BioWare'in iki farklı gruptan oluştuğuna dair bazı rivayetler dolaşıyordu: *Mass Effect* serisini yapan ekip ve diğer oyunları ya-

---

* Çoğu oyun stüdyosunda "kreatif direktör" unvanı o projenin lideri anlamına gelir fakat EA bunu farklı bir şekilde kullanıyor.

** İlerleyen yıllarda bazı oyuncuların *Dragon Age 2*'ye kanı ısındı ve BioWare çalışanlarının büyük bir bölümü onunla hâlâ gurur duyduklarını söylüyorlar. "Dragon Age 2 birlikte çalıştığımız herkesi birbirine yakınlaştıran bir projeydi," diyor sinematik tasarımcı John Epler.

pan ekip. Ve sanırım bunu haksız çıkarmak için büyük bir arzu duyuyorlardı. *Dragon Age* ekibi kavgacı bir gruptu."

Rol yapma oyunlarında varlığını zamanla kanıksadığımız bazı şeyler vardır. Hiç kimse *Final Fantasy* serisinin son oyununu satın alıp onu PlayStation'ına taktıktan sonra Facebook'a girip oyunun kayıt sisteminin ne kadar güzel olduğundan bahsetmez. Yeni bir *Fallout* oyununun savaşmak ile keşfetmek safhaları arasında düzgünce geçiş yapabilmesini öve öve bitiremeyen bir inceleme göremezsiniz. *Skyrim*'in milyonlarca satmasının sebebi envanterinizi düzgünce tutabilmesi değildir. Bu sistemler gerekli fakat sıradandır ve geliştirilmeleri hiç eğlenceli değildir. İşte bu yüzden çoğu video oyunu bir motor kullanır.

"Motor" kelimesi insanın aklına bir arabanın iç aksamlarını getiriyor olabilir fakat oyun geliştiriciliğindeki motorlar daha ziyade birer araba fabrikası gibidir. Bir araba ürettiğiniz her seferinde aynı parçalara ihtiyaç duyarsınız: tekerlekler, akslar, yumuşak deri koltuklar. Benzer şekilde, neredeyse her video oyunu da aynı temel özelliklere ihtiyaç duyar: bir fizik motoru, grafik işleyici, ana menü. Geliştirdiğiniz her yeni oyun için bu özellikleri baştan kodlamak, ürettiğiniz her araba için yeni tekerlekler tasarlamak gibi olur. Oyun motorları tıpkı fabrikalar gibi kullanıcılarının bazı özellikleri yeniden kullanıp gereksiz işlerden kaçınmasına imkân sağlar.

Aaryn Flynn ve Mark Darrah, *Dragon Age 2*'yi tamamlamadan önce bile bu fantastik oyun serisi için yeni bir motor arayışına girmişlerdi. Stüdyonun kendi ürettiği oyun motoru Eclipse, yapmayı umdukları yüksek kaliteli oyunlar için eski ve yetersiz kalıyordu. Mercek parlaması gibi temel sinematik efektler Eclipse için imkânsızdı. "Grafiksel olarak kısıtlı özellikleri vardı," diyor Darrah. "O açıdan bakıldığında artık iyice eskimişti."

Dahası, *Mass Effect* serisi Unreal Engine kullanıyordu ve bu da iki BioWare ekibinin ortaklaşa çalışmasını güçleştiriyordu. 3D bir model işlemek gibi basit görevler bile Eclipse ile Unreal arasında büyük farklılıklar gösteriyordu. "Teknoloji stratejimiz tam bir çorbaydı," diyor Flynn. "Ne zaman yeni bir oyuna başlasak insanlar, 'Ah, keşke yeni bir motora geçseydik,' diyordu."

Flynn ve Darrah, EA'deki patronlarından Patrick Söderlund'la bir toplantı gerçekleştirip yeni bir çözümle geri döndüler: EA'in sahip olduğu, İsveç menşeli DICE stüdyosunun *Battlefield* oyunları için kullandığı Frostbite motoru. Daha önce hiç kimse Frostbite'ı bir RPG yapmak için kullanmamış olsa da motorun Flynn ve Darrah'ya çekici gelen birkaç yanı vardı. Her şeyden önce güçlüydü. DICE'ın oyun motorunun grafik özelliklerini artırmak ve ağaçların rüzgârda salınması gibi görsel efektleri güçlendirmek için tam zamanlı olarak çalışan bir mühendis ekibi vardı. Video oyun endüstrisinde yer aldıklarından, patlama efektlerinin güzel görünmesi için de çok vakit harcıyorlardı.

Frostbite'ın bir diğer büyük avantajı EA'e ait olmasıydı. BioWare *bütün* oyunlarını Frostbite'la geliştirmeye başladığı takdirde teknolojilerini diğer kardeş stüdyolarıyla da paylaşabilir ve EA'in sahip olduğu Visceral (*Dead Space*) ya da Criterion (*Need for Speed*) gibi geliştiriciler daha güzel yüz oluşturma teknikleri veya daha havalı patlama efektleri bulduğu takdirde bu tür araçları onlardan ödünç alabilirdi.

2010 sonbaharında, *Dragon Age* ekibinin büyük bir bölümü *DA2*'yi tamamlarken, Mark Darrah da *Blackfoot* dedikleri bir prototip üstünde çalışmaları için küçük bir grup topladı. Bu prototipin iki büyük hedefi vardı: Frostbite'la çalışmanın nasıl bir şey olduğunu anlamaya başlamak ve *Dragon Age* evreninde geçen ücretsiz bir çevrimiçi oyun tasarlamak. İkincisi hiçbir zaman gerçekleşmedi ve birkaç ay sonra *Blackfoot* yavaşça ortadan kaybolup yerini daha zorlu işlere bıraktı. "Ekip çok küçük olduğundan yeterli ilerleme kaydedemiyorlardı," diyor Darrah. "Ekibiniz küçükse Frostbite'la aşama kaydetmek çok zor. Çalışmaya devam edebilmek için belirli sayıda insana ihtiyacınız var."

2011'in sonunda, hem *Dragon Age 2*'nin ek görev paketinin hem de *Blackfoot*'un iptal edilmesiyle Darrah'nın elinde

BioWare'in bir sonraki büyük oyununda çalışmaya yetecek kadar bir ekip oluştu. Engizisyonla ilgili eski fikirlerini tekrar masaya yatırdılar ve *Dragon Age 3*'ün Frostbite'la nasıl görünebileceği hakkında konuşmaya başladılar. 2012'ye girdiklerinde artık bir planları vardı. *Dragon Age 3: Inquisition* ("3" rakamı daha sonra düşecekti), Bethesda'nın büyük sükse yapan oyunu *Skyrim*'den ciddi ölçüde ilham alan, açık dünya bir RPG olacaktı. *Dragon Age* dünyasının yepyeni köşelerinde geçecek ve *Dragon Age 2*'nin eksik kaldığı her şeye sahip olacaktı. "Gizli görevim, oyuna muazzam miktarda içerik ekleyip oyuncuları şok ve huşuya uğratmaktı," diyor sanat yönetmeni Matt Goldman. "İnsanlar *Dragon Age 2*'de yeterince içerik bulunmadığından şikâyetçiydi. Peki o zaman, bu sefer aynı şeyi söyleyemeyeceksiniz. İnsanların *Inquisition*'ın sonunda, 'Ah, tanrım, lütfen bu son bölüm olsun artık,' demesini istedim."

BioWare, *Dragon Age: Inquisition*'ın yeni nesil konsolların – PlayStation 4 ve Xbox One– çıkış oyunlarından biri olmasını istiyordu. Ama iPad ve iPhone oyunlarının yükselişini gören EA'in kâr tahmin uzmanları, PS4 ve Xbox One'ın çok iyi satmayacağından endişeleniyordu. O nedenle EA bir güvenlik önlemi olarak oyunun zaten on milyonlarca evde bulunan eski konsollara, PlayStation 3 ve Xbox 360'a da çıkması için ısrar etti. (Dokuzuncu bölümde ele alacağımız Polonya yapımı, malum bir RPG dışında PS4 ve Xbox One'a çıkan ilk oyunların çoğu aynı stratejiyi izledi.) PC'lerin de işin içine katılmasıyla birlikte *Inquisition* aynı anda beş platforma birden çıkacaktı. BioWare için bir ilkti bu...

Çıta gittikçe yükseliyordu. Bu, BioWare'in ilk 3D açık dünya oyunu ve daha önce RPG'ler için hiç kullanılmamış olan Frostbite'la hazırlayacakları ilk yapım olacaktı. Aşağı yukarı iki yıl içerisinde hazır olması, beş platforma birden çıkması ve ah, evet, stüdyoya yerle yeksan olan saygınlığını geri kazandırması gerekiyordu. "Temel olarak yeni konsollar için bir oyun çıkarmamız, yeni bir motor kullanmamız, yeni bir oynanış tasarlamamız, o güne dek yaptığımız en büyük oyunu geliştirmemiz ve ortaya hiç olmadığı kadar kaliteli bir iş çıkarmamız gerekiyordu," diyor Matt Goldman. "Var olmayan araçlarla."

Eğer bir oyun motoru bir araba fabrikası gibiyse, Frostbite da *Inquisition*'ın geliştirilmeye başlandığı 2012 senesinde düzgün bir üretim hattı olmayan bir araba fabrikası gibiydi. *Dragon Age: Inquisition*'dan önce sadece *Battlefield* ve *Medal of Honor* gibi birinci şahıs nişancı oyunları yapmak için kullanılmıştı. Frostbite'ın mühendisleri ana karakterin oyuncular tarafından görülmesini sağlayacak türden araçları hiç geliştirmemişti. Niye öyle bir şey yapsınlardı ki? FPS'leri karakterin gözünden görürsünüz. Bütün vücudunuz yalnızca havada asılı duran ellerden, bir silahtan ve eğer şanslıysanız bir çift bacaktan oluşur. *Battlefield*'ın RPG oyunlarındaki karakter özelliklerine, büyülere ya da kayıt sistemlerine –ilerleyişinizi takip edip oyununuzu otomatik olarak kaydeden noktalara– ihtiyacı olmamıştı. Sonuç olarak Frostbite bunların hiçbirini yaratamıyordu.

"FPS üretmek için tasarlanmış bir motordu," diyor Darrah. "Her şeyi bunun üstüne inşa etmek zorundaydık." *Dragon Age* ekibi ilk başta bunun ne kadar iş yükü gerektirebileceğini hafife aldı. "Karakterlerin hareket etmesi, yürümesi, kılıç kuşanması, kılıçlarını savurduklarında hasar verebilmesi ve silahlarını kullanabilmeleri için basabileceğiniz bir tuş olması gerekiyordu," diyor Mike Laidlaw. "Frostbite bunları kısmen yapabiliyordu ama hepsini değil."

Darrah ve ekibi Frostbite için kobay vazifesi gördüklerini, uzun vadede fayda elde etmek için kısa vadede acı çektiklerini biliyordu; fakat *Dragon Age: Inquisition*'ı geliştirmeye başladıkları o ilk günlerde en basit görevler bile işkenceden farksızdı. Frostbite henüz bir RPG yapmak için gereken araçlara sahip değildi. O araçlar olmadan bölüm tasarımı gibi en temel şeyleri yapmanın bile ne kadar süreceğini bilmiyorlardı. *Dragon Age: Inquisition*'ın oyunculara dört kişilik bir grubu yönetme imkânı sunması gerekiyordu ama bu sistemi henüz oyuna yerleştirememişlerdi. Bölüm tasarımcılarının haritaları dört karakterle birden test etmeden engelleri yerleştirmesi nasıl mümkün olabilirdi?

Araçları çalışmaya başladığında bile Frostbite oldukça huysuz ve kullanılması zor bir motordu. Ekipteki sinematik tasarımcılardan biri olan John Epler, bir ara sahne hazırlayabilmek için katlandığı nafile çabalarını şöyle hatırlıyor: "Oyunun içinde diyaloğu başlatmam, aynı anda araçlarımı açmam ve bir diyaloğa tıklar tıklamaz çok ama çok hızlı bir şekilde duraklatma tuşuna basmam gerekiyordu. Aksi takdirde oyun hemen bir sonraki satıra geçiyordu. Sonra animasyonları eklemem ve oyun çökmeden önce onu iki üç kez hatalara karşı taramam gerekiyordu. Ardından bütün işleme baştan başlıyordum. Kesinlikle o güne dek kullandığım en kötü araçtı."

DICE'taki Frostbite ekibi, Epler ve diğer tasarımcıların sorularına yanıt verip hataları düzelterek onlara destek oldu fakat kaynakları sınırlıydı. İsveç'in Edmonton'dan sekiz saat önde olması da cabasıydı. BioWare'deki tasarımcılardan birinin o öğlen DICE'a sormak istediği bir soru olursa cevabını ancak bir gün sonra alabiliyordu.

Frostbite'ta yeni bir içerik tasarlamak çok zor olduğundan motorun kalitesini artırmaya çalışmak da neredeyse imkânsızdı. Bir noktada stüdyonun senaristlerinden Patrick Weekes birkaç karakter arasında gerçekleşen bir sahneyi tamamlayıp oyuna ekledi. Sonra da standart kalite kontrol işleminden geçmesi için onu BioWare'in başındaki isimlerden birine gönderdi. Ama oyunu açtıklarında sadece başkarakterin konuşabildiğini gördüler. "Motor, oynanamayan karakterlerin cümlelerini algılamıyordu," diyor Weekes. "Bir şey söylüyordunuz, oyun ise 'blip blip blip blip blip' ediyordu, ardından bir şey daha söylüyordunuz. Sonunda, 'Pekâlâ, bu sözlerin hiçbiri sarf edilmeden bu bölümün kalitesini nasıl ölçebileceğimi bilmiyorum,' diyordunuz."

Motor güncellemeleri bu süreci hepten zorlaştırıyordu. Frostbite ekibi motoru yeni onarımlar ve özelliklerle birlikte her güncellediğinde BioWare'in programcıları önceki versiyonlarda yaptıkları değişiklikleri buna eklemek zorunda kalıyordu. Yeni kodu inceliyor, daha önce yaptıkları her şeyi –envanter ekranı, kayıt dosyaları, karakterler– kopyala-yapıştır yoluyla ekliyor ve hiçbir şeyi bozmadıklarından emin olmak için hepsini test ediyorlardı. Bu süreci otomatikleştirmenin bir yolunu bulamamışlardı, o yüzden elle yapmak zorunda kalıyorlardı. "Yıpratıcıydı," diyor Cameron Lee. "Oyunun son sürümünün bir ay boyunca çalışmadığı ya da feci derecede dengesiz olduğu zamanlar oldu. Motor güncellendiğinde araçlardan sorumlu ekip entegrasyona başlıyordu. Bu esnada geliştirici ekip oyunun üstünde çalışıp aşama kaydetmeye devam ediyordu. O nedenle de işler giderek kötüleşiyordu."

Bu esnada sanat departmanı harika vakit geçiriyordu. Frostbite bir RPG motoru olarak ne kadar zayıfsa, kocaman ve görkemli bölümler tasarlamak için de o kadar kusursuz bir araçtı ve stüdyonun çizerleri bu fırsattan *Dragon Age: Inquisition*'ı sık ormanlar ve çamurlu bataklıklarla doldurmak için faydalanıyordu. BioWare'in çevre tasarımcıları, Matt Goldman'ın "şok ve huşu" yaklaşımı altında aylar boyunca üretebilecekleri kadar çok şey üretmiş, tasarımcıların neye ihtiyaç duyabileceklerini bilmedikleri noktalarda da akıllıca tahminlerde bulunmuşlardı. "Çevre tasarımı, oyunun diğer bölümlerinden çok daha hızlı bir şekilde tamamlandı," diyor baş çevre tasarımcısı Ben McGrath. "Uzun bir süre boyunca harika bir ekran görüntüsü üreticisi yaptığımıza dair şakalaşıp durduk çünkü o bölümlerin hepsinde dolaşabiliyordunuz ama yapılacak hiçbir şey yoktu. Harika fotoğraflar çekebilirdiniz."

Lakin harika fotoğrafların video oyunlarıyla pek bir alakası yoktu. Senaryo ve oynanış ekiplerini yöneten Mike Laidlaw, yazarlar ve tasarımcılarla birlikte *Dragon Age: Inquisition*'ın temel ritimlerini belirlemeye çalışıyordu. Senaryonun ilk taslağını yazmak çok zor değildi. Oyuncuların benzer düşünce yapılarına sahip engizisyon askerlerini organize edip yöneteceğini, oyunun baş kötüsünün Corypheus adlı şeytanî bir büyücü olacağını ve her zamanki gibi ekibimize katıp baştan çıkarabileceğimiz yoldaşlarımız olacağını biliyorlardı. Ama *Dragon Age: Inquisition*'ın "açık dünya" olarak düşünülmesi Laidlaw ve ekibinin yoluna taş koyuyordu. Sanat ekibi bir sürü geniş arazi tasarlamıştı ama oyuncular oralarda ne yapacaktı? *Inquisition*'ın devasa dünyasını keşfetmenin onlarca saat sonra bile eğlenceli olmasını nasıl sağlayacaklardı?

İdeal bir dünyada, *Dragon Age: Inquisition* gibi büyük projelerde kendilerini sadece bu tür problemleri çözmeye adamış sistem mühendisleri olur. Oyuncuların *Inquisition*'ın muazzam büyüklükteki dünyasını keşfederken karşılaşacağı görevleri, aktiviteleri ve tüm o diğer olayları tasarlarlar. Geliştiricilerin "ana oynanış döngüsü" –otuz dakikalık bir oyun seansında neler olacak?– dediği şeyi hayal etmeye çalışır ve onu elde edinceye dek prototipler üretip yinelemeler yaparlar.

Gerçek dünyadaysa Laidlaw ve ekibinin böyle şeylere ayıracak vakti yoktu. Frostbite buna izin vermiyordu. *Inquisition*'ın üstünde harıl harıl çalışırken yeni fikirlerini test edemediklerini fark ettiler çünkü oyun motoru en temel özelliklerden bile yoksundu. Her bölümde yapılacak yeterince şey var mıydı? Kamera çalışmadığı için bundan emin olamıyorlardı. Görevler yeterince ilginç miydi? Savaş sistemi varolmadığı için buna da cevap veremiyorlardı.

Laidlaw ve ekibi, oyuncuların bir engizisyoncu rolünde dünyayı dolaşıp sorunları çözdüğüne, bu sayede bir güç seviyesi ya da nüfuz elde ettiğine, sonra da bunu küresel çaptaki olayları etkilemek için kullandığına dair muğlak bir fikir bulmuştu. Yine de uzun bir süre boyunca bunun oyunda nasıl görüneceği belirsizliğini korudu. "Nüfuz" fikrini tıpkı altın gibi bir para birimi olarak kullanmayı düşündüler ama bu sistem tam olarak akıllarına yatmadı. "Oyun kesinlikle daha küçük ölçekli iyileştirmelerden ve testlerden faydalanabilirdi. 'Hadi bunu yapmanın üç farklı yolunu deneyelim,' diyebilirdik," diyor Laidlaw. "Ama onun yerine, 'Hadi birkaç bölüm tasarlayıp tüm bunları aşama kaydettikçe çözebileceğimizi umalım,' diyorduk."

Mark Darrah 2012'nin sonlarına doğru, yani *Inquisition*'ın çileli geliştirme sürecine başlamalarından bir yıl sonra Mike Laidlaw'a birlikte öğle yemeğine çıkmayı teklif etti. "Mark'ın arabasına doğru yürüyorduk," diyor Laidlaw, "ve sanırım aklında bir senaryo fikri vardı. 'Pekâlâ, bunu nasıl ele almam gerektiğini bilmiyorum, o yüzden söylüyorum gitti. Eğer oyuncuların, bilemiyorum, bir Qunari Engizisyoncu olabileceğini söylesem... bu seni ne kadar hayal kırıklığa uğratırdı?'"

Laidlaw çok şaşırdı. Daha önce oyuncuların *Inquisition*'da sadece insan ırkını seçebileceğini kararlaştırmışlardı. Darrah'nın söz ettiği boynuzlu Qunariler gibi diğer ırkları da oynanabilir yapmak animasyon, seslendirme ve senaryo için ayırdıkları bütçeyi dört katına çıkarmak anlamına gelirdi.

"'Sanırım bunu yapabiliriz' dedim ona," diyor Laidlaw. Sonra da diyaloglar için daha fazla bütçe ayarlayıp ayarlayamayacağını sormuş.

Darrah ise diğer ırkları oynanabilir yapabildiği takdirde sadece daha fazla diyaloğa değil, oyunu geliştirmek için ekstradan bir yıla daha sahip olacağını söylemiş.

Laidlaw çok heyecanlanmış. "Tamam lan, oldu bil," dediğini hatırlıyor.

Daha sonra anlaşıldığı üzere, Mark Darrah oyunu 2013'te bitirmenin imkânsız olduğuna çoktan karar vermişti zaten. *Inquisition* çok büyüktü ve Frostbite'la yaşadıkları sorunlar yüzünden pek çok işi tahmin ettiklerinden daha geç bitiriyorlardı. *Inquisition*'ı hayal ettikleri kadar *iyi* bir açık dünya RPG yapabilmek için oyunu en az bir yıl ertelemeleri gerekiyordu. Darrah şimdiden EA için bir sunum hazırlamaya başlamıştı bile: Oyunu ertelememize izin verin, böylece hayal bile edemediğiniz kadar büyük ve güzel olsun.

Darrah ve kurmayları, BioWare'le aynı binayı paylaşan bir otelin gezinti alanına yukarıdan bakan, ikinci kattaki bir konferans salonunda oturup yeni pazarlama noktalarının bir taslağını çıkardılar: binek hayvanları, şık bir yeni taktiksel kamera ve en büyük kozları olan oynanabilir ırklar. "Katmanlı teklif" dedikleri bir şey hazırladılar: İşte kendilerine fazladan bir ay daha verilirse yapabilecekleri şeyler; altı ay verilirse yapabilecekleri şunlardı; bir yıl verildiği takdirde de bunlar. Ve en kötü senaryo, eğer EA oyunu ertelemelerine müsaade etmezse *Dragon Age: Inquisition*'dan çıkarıp atmaları gereken şeyler...

Mart 2013'te, Mark Darrah ve BioWare'in patronu Aaryn Flynn sabahın erken saatlerinde bir uçağa binip EA'in Redwood Shores, California'daki ofislerine gittiler. EA'in onlara biraz gecikme payı tanıyacağından emindiler ama bu yine de sinir bozucuydu; özellikle de yayıncı firmanın son zamanlarda yaşadığı karmaşa göz önüne alındığında... EA kısa süre önce şirketin CEO'su John Riccitiello ile yollarını ayırmış ve yeni bir üst düzey yönetici ararken koltuğun boş kalmaması için yerine yönetim kurulu üyelerinden Larry Probst'u getirmişti. Probst'un BioWare'in talebine nasıl karşılık vereceğini bilmelerine imkân yoktu. *Dragon Age: Inquisition*'ı ertelemek EA'in o mali yıldaki finansal öngörüsüne etki edecekti ve bu her zaman kötü haber demekti.*

Darrah ve Flynn'in o sabah yaptıkları ilk iş EA'in merkezine gitmek oldu. İçeri girdikleri sırada karşılarına yeni patronları Larry Probst çıktı. "Binaya Larry'yle birlikte girdik, gün sona ererken de onunla beraber çıktık ve sanırım bu durum onun üstünde iyi bir izlenim bırakmamızı sağladı," diyor Darrah. Toplantıları yaklaşık iki saat sürdü. "Olası senaryolar ve bunun şirketin finansal durumuna etkileri hakkında konuşuyorsunuz. Biraz da bağrış çağrış yaşanıyor."

İster seslerinin ikna ediciliği deyin, ister yönetimsel anlam-

---

* Mart ayında neden bu kadar çok büyük oyun çıktığını hiç merak ettiniz mi? Bunun basit bir cevabı var: Mali yıl. Halka açık bütün şirketlerin hissedarlarına finansal başarı raporlarını sunduğu ve alınan kararlara büyük ölçüde etki eden zaman dilimi... Çoğu oyun yayıncısı mali yıllarını 31 Mart'ta sona erdirir, bu sayede eğer bir oyunu ertelemeyi düşünüyor fakat onu hâlâ geçerli mali yıla sıkıştırabiliyorlarsa mart ayı bunun için harika bir zaman aralığı oluşturur.

da yaşanan karmaşa. İster *Dragon Age 2'nin Probst ve ekibini etkilemesi* olsun, ister EA'in "Amerika'nın En Kötü Şirketi" olarak anılmaktan hoşlanmaması. İnternette düzenlenen bir anket yüzünden şirketin hisselerinin dibe vurduğu falan yoktu fakat *Consumerist*'in ödülünü iki yıl üst üste kazanmak yöneticileri gözle görülür şekilde etkilemiş, imajlarını nasıl düzeltebileceklerine dair bazı gergin toplantılar yapmalarına neden olmuştu. Sebebi her ne olursa EA oyunu ertelemeyi kabul etti. *Dragon Age: Inquisition*'ı bir yıl ötelemek üçüncü çeyrekteki kâr marjlarını kötü etkileyebilirdi ama eğer ortaya daha iyi bir oyun çıkacaksa bu herkesin kazancına olurdu.

Dragon Age: Inquisition'ı ilk kez Seattle şehir merkezinde yer alan Grand Hyatt otelindeki lüks bir süitte gördüm. 2013'ün ağustos ayıydı; BioWare ertesi gün oyunu Penny Arcade Expo'da (PAX) göstermeyi planlıyordu ve basın mensuplarını oyuna erkenden göz atmaya davet etmişlerdi. Ücretsiz dağıttıkları su şişelerinin birinden bir yudum alırken Mark Darrah ile Mike Laidlaw'ın otuz dakikalık, güzel bir demo boyunca savaş tarafından harap edilmiş iki bölgeyi, Crestwood ve Western AppRoach'u gezmelerini seyrettim. Demoda oyuncular tarafından kontrol edilen engizisyoncu, işgal altındaki bir kalenin yardımına koşuyor, düşman askerlerinin kaçmasına engel olmak için tekneleri yakıyor ve kaleyi Engizisyon adına ele geçiriyordu.

Muhteşem gözüküyordu. Orada izlediklerimizin hiçbiri *Dragon Age: Inquisition*'da yer almadı.

E3 gibi fuarlarda sıklıkla gördüğümüz pek çok tanıtım videosu gibi, bu video da neredeyse tamamen sahteydi. *Dragon Age* ekibi 2013 sonbaharında Frostbite'ın çoğu parçasını yerine oturtmuştu –lastikler, akslar, vites– ama ne tür bir araba yaptıklarını hâlâ bilmiyorlardı. Laidlaw ve ekibi PAX demosunu tamamen elle, oyunda *neler olabileceğine* dair fikirlerini baz alarak hazırlamışlardı. Bölümlerin ve çizimlerin çoğu gerçekti fakat aynı şey oynanış için geçerli değildi. "Sağlam prototiplerin sağladığı faydadan yoksunduk," diyor Laidlaw. "*Dragon Age 2* yüzünden yapmamız gereken şeylerin bir kısmı da oyunu erkenden tanıtmak ve mümkün olduğunca şeffaf olmaktı. 'Bakın, işte oyun bu, canlı olarak oynuyoruz, hem de PAX'ta,' demeliydik. Çünkü serinin hayranları için orada olduğumuzu açıkça göstermek istiyorduk."

Laidlaw ve diğer ekip liderleri, *Inquisition* için en uygun oynanış mekaniklerini bulmaya çalışırken *Dragon Age 2* onlara musallat oluyordu. PAX'taki gösteriden sonra bile tek bir vizyona bağlı kalmakta zorluk çekiyorlardı. "Ekipte bir güvensizlik havası vardı ve sanırım bunun sebebi zorlu bir dönemden geçmiş olmamızdı," diyor Laidlaw. "*Dragon Age 2*'de kullandığımız özelliklerin hangileri dönemin gerektirdikleriydi, hangileri sadece kötü birer karardı? Üçüncü oyunu yapma fırsatı bulduğumuza göre eski özelliklerden hangilerini yeniden kullanmalıydık? Bütün bunlar bir sürü belirsizliğe yol açıyordu." Savaş mekanikleri –*Dragon Age 2*'nin hızlı savaşlarını mı kullanmalıydılar, yoksa *Origins*'teki taktiksel savaşlara geri mi dönmeliydiler– ve vahşi arazileri ne tür canlılarla doldurmaları gerektiğiyle ilgili pek çok tartışma yaşandı.

PAX 2013'ü takip eden aylarda, o demo sırasında gösterdikleri pek çok özelliği –gemileri yakmak, kaleleri ele geçirmek vb.– rafa kaldırdılar.[*] "Arama" aracı gibi küçük özellikler bile onlarca değişim geçirdi. *Dragon Age: Inquisition* geliştiricilerin prototiplerle oynayıp işe yaramayanları çöpe attığı, münasip bir üretim öncesi safhadan geçmediği için Laidlaw aynı anda birden fazla işle uğraşmak zorunda kalıyordu. İçgüdüsel kararlar alması gerekiyordu. "Şuna eminim ki kime sorduğunuza bağlı olarak, 'Vay canına, bence zor bir durumda iyi bir iş çıkardık,' diyen ekip

---

[*] Video oyun geliştiricileri yıllardır demolara ne koymaları gerektiği sorusuyla boğuşup durur. E3 gibi fuarlarda oyunun son hâlinde kendisine yer bulamayan özellikleri göstermek, hayranlarınıza yalan söylemek anlamına mı gelir? Bu tartışmalı bir konudur. "İnsanlar öfkelenip, 'Eee, demoda bunu göstermiştiniz ama oyunun son hâlinde böyle bir şey yok,' dediklerinde, 'Eh, olması gerekiyordu ya da olacağını sanmıştık,' diye düşünüyoruz," diyor Mark Darrah.

üyelerim de olacaktır, 'Mark denen o herif puştun teki,' diyenler de," diyor Laidlaw.

BioWare'in önceki oyunları da büyüktü fakat hiçbiri *Inquisition* kadar devasa değildi. 2013'ün sonunda ekipteki geliştiricilerin sayısı iki yüzü aşmıştı. Ek olarak dışarıdan destek sağlayan, onlarca Çinli ve Rus sanatçı da vardı. Her departmanın bir grup lideri olsa da hiç kimse bağımsız çalışmıyordu. Senaristlerden biri kendi aralarında dövüşen iki ejderhayla ilgili bir sahne kaleme almak isterse önce yerleşim için tasarım ekibine, ardından modelleme için sanat ekibine, son olarak da kameraların doğru yöne baktığından emin olmak için sinematik ekibine gitmek zorundaydı. Animasyonu da unutmamak lazım; aksi takdirde ejderhalar orada öylece durup sadece birbirlerine bakarlar. Tabii bir de ses, görsel efekt ve kalite kontrol departmanları var. Ekiptekilerden bazıları bütün gün sadece tüm bunları koordine etmeye çalışıyordu. "Herkesin aynı istikamette çalışmasını sağlamak gerçekten de çok zordu," diyor başkarakter tasarımcısı Shane Hawco.

"Bence bu ölçekte bir oyun geliştirmeyi daha da karmaşıklaştıran şey bağlılıklar," diyor Aaryn Flynn. "Bir şeylerin işe yarayıp başarılı olabilmesi için gerçekleşmesi gereken diğer şeyler." Oyun geliştiriciliğinde bu tür döngülere genel olarak "tıkanma" denir; bir geliştiricinin başka birinin yaptığı tamamlayıcı bir çizimi veya kod parçasını beklerken elindeki işi tamamlayamamasını ifade eder. "Öyle durumlarda, 'Pekâlâ, bu işi bugün bitirecektim ama bir sorun çıktığı için yapamıyorum, o yüzden şu işe devam edeceğim,' gibi şeyler söylüyorsunuz," diyor Flynn. "İyi bir geliştirici her gün sürekli bu tür cambazlıklarla uğraşır."

Tıkanma meselesi devamlı surette bir sorun teşkil ediyordu fakat hem BioWare hem de DICE'taki mühendisler Frostbite'a günbegün daha çok özellik ekledikçe *Dragon Age: Inquisition* üstünde çalışmak giderek kolaylaştı. Araçlar düzgün bir şekilde işlemeye başladı. Bölümler şekil aldı. *Dragon Age* ekibinin daha önce Frostbite tarafından yavaşlatılan üyeleri –örneğin sistem tasarımcıları– nihayet fikirlerini açık dünyaya uygulayıp onları test edebiliyordu. Ancak zamanları tükeniyordu ve yeni bir erteleme söz konusu bile olamazdı.

Her yılbaşında BioWare'deki bütün ekipler geliştirmekte oldukları oyunların son sürümlerini tatilde oynamaları için stüdyonun geri kalanıyla paylaşırdı. Hangi oyunun çıkış tarihi en yakınsa önceliği o alırdı ve 2013'ün yılbaşı tatilinde o oyun *Dragon Age: Inquisition*'dı. Darrah ile ekibi, kasım ve aralık ayları boyunca oyunun oynanabilir bir versiyonunu oluşturabilmek için uzun saatler harcadı. Kusursuz ya da cilalanmış olmasına gerek yoktu (ne de olsa EA'in dışındaki hiç kimse onu görmeyecekti) fakat Darrah bunu bir değerlendirme yapmak için fırsat olarak görüyordu. Bu yılki sürüm "oynanabilir bir anlatı" olacaktı; insanlar bütün hikâyeyi baştan sona oynayabilecekti fakat büyük kısımları eksikti ve bazen oyun size yeni bir görev vermek yerine *olması gerekenleri* anlatan büyük metin kutuları gösteriyordu.

BioWare'in geri kalanı demoyu oynayıp *Dragon Age* ekibine geribildirimde bulunduğunda Darrah başlarının belada olduğunu fark etti. Hikâyeyle ilgili çok büyük şikâyetler vardı. "Geribildirimlerden bazıları hikâyenin çok fazla anlam ifade etmediği ve oyuncunun motivasyonunun pek mantıklı olmadığı yönündeydi," diyor Cameron Lee. *Inquisition*'ın başında büyük bir patlama yaşanıyor ve gerçek dünyayı Fade denen, rüyamsı âlemden ayıran perdede bir delik açılıyordu. (*Dragon Age* irfanında bu kötü haber demek.) *Inquisition*'ın hikâyesinin ilk versiyonu, giriş bölümünde oyunculara bu yırtığı kapatma ve "Engizisyoncu" pelerinini resmen kuşanma imkânı tanıyordu. Fakat bu durum bazı sorunlara yol açıyordu. "Hikâyeye bir katkısı yoktu," diyor Lee. "Çünkü yırtığı kapattıktan sonra devam etmenin ne anlamı vardı ki?"

Senaristler bu sorunu çözmeye çalışmanın herkesin fazladan çalışması anlamına geleceğini biliyordu ama başka ne yapabilirlerdi ki? Böylece "Balyoz Operasyonu" adını verdikleri bir göreve atılıp *Dragon Age: Inquisition*'ın ilk bölümünü elden geçirdiler ve oyuncuların ilk yırtığı kapatıp Engizisyoncu olmadan önce oyundaki savaşçı gruplardan –büyücüler veya tapınak şövalyeleri– adam toplayabildiği sahneler eklediler. "[Balyoz] hikâyeyi tamamen yok etmiyordu; sadece kemiklerin düzgün iyileşebilmesi için bazılarını kırmanız gerektiği anlamına geliyordu," diyor Lee. "Oyun geliştiriciliğinde bu sıklıkla olur."

Tatil sürümünün aldığı en büyük eleştirilerden biri de savaşların eğlenceli olmamasıydı. BioWare'in baş savaş tasarımcısı Daniel Kading, bu problemi çözebilme umuduyla Ocak 2014'te deneyler yapmaya başladı. Kading en çok *Dawn of War* serisiyle tanınan, Vancouver menşeli Relic stüdyolarında on iki yıl çalıştıktan sonra BioWare'e yeni katılmış ve yanında video oyunlarındaki savaşları test etmekte kullanılan yeni ve titiz bir yöntem getirmişti.

Kading, BioWare'in yöneticilerine bir teklifte bulundu: Bana zorunlu oynanış testi seansları için bir ay boyunca, haftada bir saat bütün *Inquisition* ekibini toplama yetkisi verin. Yöneticiler tamam dedi. Böylece Kading kendi küçük laboratuvarını kurdu ve diğer tasarımcılarla birlikte çalışarak ekibin geri kalanının test edebileceği bir dizi çatışma sahnesi geliştirdi. *Dragon Age*'in savaşları pek çok faktörden meydana geldiği için –oyuncunun yetenekleri, karakter özellikleri, canavarların gücü, karakterlerin konumu ve daha bir sürü şey– Kading bu deneyi neyin yanlış olduğunu saptamak için bir fırsat olarak görüyordu. Test ekibi her seanstan sonra tecrübeleri hakkında bir anket dolduruyordu. Yılbaşı tatili için oluşturdukları sürümün aksine bu seferki daha küçük odaklı bir demoydu.

Kading'in deneyinin ilk haftasında, anketler geri gelmeye başladığında savaşların ortalama notu 10 üzerinden berbat bir 1.2'ydi. Bir bakıma bu durum *Inquisition*'ın oynanış ekibi için rahatlatıcıydı. "O hafta moralimiz şaşırtıcı bir şekilde düzeldi," diyor Kading. "Bunun sebebi sorunları saptayabilmiş olmamız değildi. Sorunlardan kaçmamamızdı."

Ertesi hafta Kading ve ekibi aldıkları geribildirimler ışığında savaşta kullanılan yeteneklerde birçok küçük oynama yaptı, bekleme sürelerini artırdı ve animasyon hızlarını değiştirdi. "Düzensiz aralıklarla bireysel yanıtlar gelmeye başladı," diyor Kading. "'Winter's Grasp'ın* düşmanları iki saniye yerine dört saniye dondurması çok daha iyi olmuş.' 'Artık behemothu adam akıllı durdurabildiğim için bu savaş eskisinden çok daha eğlenceli.'" Dört hafta sonra, Kading'in deneyi tamamlandığında savaş sekanslarının ortalama notu 8.8'di.

2014 geçip giderken *Dragon Age: Inquisition* ekibi hatırı sayılır bir aşama kaydetti ancak büyük bir çoğunluğu oyunu o eski ve hantal konsollara çıkarmak zorunda olmamayı diliyordu. PS4 ve Xbox One öncüllerinden çok daha güçlüydü, özellikle de sistem hafızası (RAM) bakımından.** RAM kapasitesi bir oyuna ekranda olup biten her şeyi takip etme imkânı verir. 2004 ve 2005'ten kalma grafik teknolojilerini kullanan PS3 ve Xbox 360 ise *Inquisition*'da bunu yapamıyordu.

Bir konsolun RAM'ini kova gibi düşünebilirsiniz. Karakterleri, nesneleri ve komutları göstermek kovaya farklı miktarlarda su eklemek gibidir. Kovayı taşırırsanız oyun aşırı yavaşlayabilir, hatta hata verebilir. PS4 ve Xbox One'ın kovaları, PS3 ve Xbox 360'ınkilerden neredeyse 16 kat daha büyüktü ama başlangıçta Darrah ve Laidlaw, son nesil versiyonlarda çalışmayacak özellikleri yeni nesillere eklememe kararı almışlardı. PS3 ve 360'ta *Inquisition* oynamanın tamamen farklı bir oyun oynuyormuşsunuz hissini vermesini istemiyorlardı. Bu durum kovaya koyabilecekleri su miktarını kısıtlıyordu ve bu da ekibin yaratıcı çözümler bulması gerektiği anlamına geliyordu.

"İşimizin büyük bir bölümü iyi niyetli dolandırıcılık," dedi Patrick Weekes. "İşte Burası Cehennem" adlı sonlardaki bir görevi kastediyordu. "Kaleye saldırdığınızda duvarlarda bir sürü Engizisyon askeri ve Grey Warden'ın olduğu bir sinematik izli-

---

* Oyundaki buz büyülerinden biri –çn
** Kafa karıştırıcı bir şekilde hard disklerdeki boş alana da "hafıza" deriz çünkü bilgisayarlar her şeyi olması gerekenden daha karmaşık hâle getirirler.

yorsunuz." Ama kalede savaşırken dikkatlice bakarsanız aslında aynı anda üç dört kişiyle savaştığınızı ve yanınızda neredeyse hiç Engizisyon askeri bulunmadığını fark edersiniz. Çünkü bunun [PS3 ve Xbox 360'da] işe yaraması için ekranda çok fazla karakter türü olamazdı."

"Sanırım oyunun eski nesil sürümünü iptal ettirmek için daha çok bastırmalıydım," diyor Aaryn Flynn. *Inquisition*'ı eski konsollara çıkararak işi garantiye almalarına gerek olmadığı anlaşılmıştı. EA ve diğer büyük yayıncılar PS4 ve Xbox One'ın başarısız olacağı konusunda epey yanılmıştı. Her iki konsol da 2013 ve 2014'te peynir ekmek gibi satmıştı ve Mark Darrah'nın dediğine göre *Inquisition*'ın eski versiyonunun satışı toplam sayının sadece yüzde 10'unu oluşturmuştu.

Dragon Age ekibi aşama kaydedip Frostbite'ı daha rahat kullanmaya başlasa da oyunun bazı kısımları hâlâ takvimin oldukça gerisindeydi. Geliştirme araçları çok geç işlemeye başladığı ve *Inquisition* çok büyük, karmaşık bir yapıya sahip olduğu için bazı temel özellikleri son dakikaya kadar oyuna ekleyemediler. "Silah arkadaşlarımızın hepsini grubumuza katabilmeyi başardığımızda oyunun çıkmasına sadece sekiz ay kalmıştı," diyor Patrick Weekes. Oyunun en sevilen grup üyelerinden Iron Bull'u test etmeye çalışıyordu fakat karakteri yanımıza *hiçbir şekilde* katamadığımızı keşfetmişti. "'Bir dakika, oyunun çıkmasına sekiz ay var ve hiçbiriniz Iron Bull'u grubunuza katmayı denemedi mi yani?' dediğimi hatırlıyorum. Söylemesi gereken bir şey, yapması gereken bir şaka olup olmadığı ya da dediklerinin kulağa doğru gelip gelmediği hakkında hiçbir fikrim yoktu. Ve bu kimsenin tembelliği yüzünden falan olmamıştı. İşin gerçeği buydu; bir motor geliştirmeye çalışıyordunuz. Bütün programcılar ve metin yazarları o sırada bir dünya inşa etmekle meşguldü."

Her alanda çok geri kaldıklarından geliştirme safhasının son birkaç ayında *Inquisition*'ın sadece birkaç hatasını tespit edebildiler. O noktaya gelmeden evvel oyunun akışını ve hızını test etmeye kalkmak, üç tekerlekli bir arabaya sürüş testi yapmaktan farksız olurdu. "Önce hikâyeyi yazıyorsunuz, sonra onu tekrar gözden geçiriyor ve 'Tamam, birkaç şeyi değiştireceğiz,' diyorsunuz," diye açıklıyor Mark Darrah. "Ardından onu oyunun içine yerleştirip bir beyaz kutu* oluşturuyorsunuz. Bölümde sağa sola koşturuyor ve herhangi bir sorun olmadığını görüyorsunuz. Sonra seslendirmeleri ekliyorsunuz ve birdenbire şöyle demeye başlıyorsunuz: 'Aslına bakarsanız bu işe yaramıyor, kesinlikle berbat.'" Zaman tükeniyordu ve BioWare'in *Inquisition*'ı bir yıl daha erteleme şansı yoktu. Bu oyunu 2014 sonbaharında çıkarmak zorundaydılar.

Darrah ve ekibinin elinde sadece iki seçenek vardı. Birinci seçenek kabataslaklarla ve test edilmemiş fikirlerle dolu, yarım bir oyuna razı olmaktı. *DA2* sonrası bir dünyada bu hiç hoş bir fikir değildi; hayranlarını bir kez daha hayal kırıklığına uğratamazlardı. *Inquisition*'ı her açıdan tekrar ele alıp cilalayacak kadar zamana ihtiyaçları vardı. "Bence *Dragon Age: Inquisition*, direkt olarak *Dragon Age 2*'ye verdiğimiz bir cevaptı," diyor Cameron Lee. "*Inquisition* olması gerektiğinden daha büyüktü. İçinde hemen hemen her şey vardı, ki bu da ne kadar ileri gittiğimizin bir kanıtı... Sanırım *Dragon Age 2*'den aldığımız negatif geribildirimler yüzünden bütün ekip oyunun içine mümkün olduğunca çok şey eklemek ve bütün küçük problemleri ya da problem olarak görülen şeyleri çözmek istiyordu."

Diğer seçenekse fazla mesai yapmaktı. *Dragon Age* ekibi, *Inquisition*'ı geliştirirken çeşitli aşamalarda birkaç kez fazla mesai yapmıştı fakat bu seferki hepsinden daha kötü olacaktı. Bitmek bilmeyen geceler ve hafta sonları boyunca ofiste kalacaklardı. Shane Hawco'nun dediği gibi, aileleriyle geçirebilecekleri pek çok zamana mâl olacaktı bu. "Hiç fazla mesai yapmamayı çok isterim," diyor Aaryn Flynn. "Bence fazla mesai yapmanın

---

* Beyaz kutular hızlı testler ve prototipler için kullanılan, oyundaki hiçbir sanatsal öğenin eklenmediği taslak bölümlerdir. Bazı stüdyolar buna gri kutu der, bazılarıysa kara kutu. Bu kadar basit bir konseptin bile standart bir adının olmaması video oyun endüstrisinin gençlik yılları hakkında çok şey söyler.

gerçekten de işe yarayıp yaramadığı hâlâ kanıtlanmış değil. Literatürdeki birçok çalışmanın aksini iddia ettiği kesin. [Ama] oyun geliştiriciliğinde çalışan herkesin kariyerleri boyunca en az bir kez, 'Başka seçeneğimiz olduğunu sanmıyorum,' dediğine eminim."

Sinematik tasarımcısı John Epler her gece mahmur gözlerle aynı markete uğradığı, bir paket Cheetos satın aldığı, sonra da eve gidip televizyonun karşısında daldığı bir ritüeli hatırlıyor. "Günde on iki ila on dört saat çalıştığınızda bir noktadan sonra, 'Tek yapmak istediğim eve gidip daha önce yüz kere izlediğim bir televizyon programını izleyip yine daha önce yüz kere yediğim abur cuburları yemek istiyorum,' derken buluyorsunuz kendinizi. Çünkü bu tür şeyler rahatlatıcıdır ve nasıl sona ereceklerini bilirsiniz," diyor Epler. "Bu esnada yığının üstüne her gün yeni bir şey eklenir ve 'Kahretsin, birinin bununla ilgilenmesi gerek,' dersiniz." Marketteki tezgâhtar artık kendisini tanımaya başladığında Epler yaşam tarzında bir değişiklik yapması gerektiğini fark etmiş.

Darrah ve ekibi, 2014'ü fazla mesai yaparak geçirirken nihayet başından beri oyuna koymak istedikleri bir özelliği geliştirmeyi başardı. Yani insanların oyun dünyasını dolaşıp sorunları çözerek Engizisyon adına nüfuz kazanmasını sağlayan "güç" sistemini... Inquisition'ın çöllerini ve bataklılarını yan görevlerle, gizli hazinelerle ve astrolojik bulmacalarla doldurdular. Tepkisel çevre etmenleri (parçalanabilir merdivenler, ayakkabınıza yapışan çamurlar) gibi umdukları şekilde çalışmayan özellikleri çabucak oyundan çıkardılar. Prodüktörlerden birinin dediğine göre, senaristler giriş bölümünü en az altı kez sil baştan yazdılar; ancak aynı özeni oyunun sonuna gösterecek kadar zaman bulamadılar. *Inquisition*'ın çıkmasına birkaç ay kala, oyuncuların çitlerin üstünden atlamasını ve yavaş yavaş dağlara tırmanmasını (dağı aşana dek yamaçlarda tekrar tekrar zıpladığınız, zaman içinde kendini kanıtlamış bir oyun geleneği) sağlayan "zıplama" tuşu gibi bazı önemli özellikler eklediler.

Ekip ilk başta *Inquisition*'ı ekimde yayımlamayı planlamıştı fakat yaz geldiğinde oyun geliştiriciliğinde "cilalamak" –oyunun tüm içeriğinin ve özelliklerinin tamamlandığı, geriye sadece performans artırma ve hata ayıklama işlerinin kaldığı safha– denen aşama için çıkış tarihini altı hafta daha ertelediler. "*Dragon Age: Inquisition*'da doksan dokuz bin hata vardı," diyor Mark Darrah. "Bu gerçek sayı. Bu çok fazla bağlam gerektirir çünkü hem kalitatif hem de kantitatif hataları kaydediyoruz; bu nedenle birisi, 'Ah, şu noktada biraz sıkıldım,' gibi şeyler dediğinde bu hatadan sayılıyor."

"Daha önce hiç bir açık dünya oyununda bu kadar çok hatayı bir arada görmemiştim," diyor baş çevre tasarımcısı Ben McGrath. "Ama aynı zamanda düzeltilmeleri de kolaydı. Siz onları bildirdikçe biz de düzeltmeye devam edeceğiz." BioWare için bu hataları fark etmek çok daha zordu; kalite kontrol ekibinin yaratıcı deneyler yapması gerekiyordu. Sonsuz gibi gelen geceler boyunca zanaat sisteminin karışıklıklarından tutun da bir dağın yamacından atlayıp haritaya düşüp düşemeyeceğinize kadar her şeyi test ettiler.

Senarist Patrick Weekes o son birkaç ay boyunca *Inquisition*'ın sürümlerini eve götürüp dokuz yaşındaki oğluna oynatıyordu. Oğlu ata inip binmeyi saplantı hâline getirmişti ve Weekes bunu komik buluyordu. Bir gece oğlu yanına gelip ona bir avuç örümcek tarafından öldürüldüğünü söyledi. Bu tuhaftı; oğlunun yönettiği karakterler örümceklere yem olmayacak kadar güçlüydü. Kafası karışan Weekes oyunu açtı, son kaydı yükledi ve sahiden de bir avuç örümceğin oğlunun grubunu katlettiğini gördü.

Biraz kurcaladıktan sonra sorunu çözdü. Eğer yanlış bir yerde atınızdan inerseniz ekip arkadaşlarınızın bütün teçhizatı ortadan kayboluyordu. "Çünkü oğlum atı diğer herkesten daha çok sevmişti," diyor Weekes. "O hatayı bizim ekibin keşfedebileceğinden emin değilim çünkü düğmeye tekrar tekrar basmanız gerektiriyor ve grup üyelerinizin ekipmanlarının silinmesine sebep olan yeri bulabilmek için binde bir şansınız var."

Dragon Age: Inquisition korsan gemisini son limana ulaştırmakla yükümlü olan Mark Darrah, hangi hataların düzeltilmeye değer olduğuna (cüce yoldaşınızın tepesine basıp normalde ulaşılamayan yerlere ulaşmak gibi), hangilerinin olmadığına (silahlarınızın ucunun duvarların içinden geçmesi gibi) karar vermekte hünerliydi. Bu boyutlardaki bir açık dünya RPG'de her hatayı onarmaya çalışmak mantıksızdı (ve çok fazla zaman alırdı), o yüzden öncelikli olanları belirlemek zorundaydılar. *Dragon Age* ekibinin tecrübeli geliştiricilerle dolu olmasının ve geçmiş yıllarda aralarında hatırı sayılır bir kimya oluşmasının faydası oldu. "Kas hafızası bu noktada inanılmaz derecede etkilidir," diyor Cameron Lee. "Adına oyun geliştiriciliği denen cehennem alevlerinden geçerken gerçek bir ekibe dönüştük; birbirimizin ne düşündüğünü biliyor, ne beklediğini anlıyoruz. Yapılması gereken şeyin ne olduğunu biliyor ve bunu yapıyoruz."

Sonunda oyunu tamamlamayı başardılar. 18 Kasım 2014'te, Frostbite'ın başlarına açtığı birçok zorluğa rağmen *Dragon Age: Inquisition*'ı başarılı bir şekilde yayımladılar. "Sanırım oyun çıktığı sırada araçlarımızdan bazıları *hâlâ* düzgün çalışmıyordu," diyor Mark Darrah. "Sadece *yeterince* çalışıyorlardı."

Inquisition neredeyse piyasaya sürülür sürülmez en çok satan *Dragon Age* oyunu hâline geldi ve sadece birkaç haftada EA'in satış beklentilerini aştı. Savaşlar (arada sırada karmaşık olsalar da) eğlenceliydi, çevre tasarımları güzel gözüküyordu ve birinci sınıf senaryo ve seslendirmeler sayesinde (aralarında bir zamanlar gençlerin sevgilisi olan Freddie Prinze Jr.'ın muhteşem Iron Bull performansı da vardı) ekip arkadaşlarımız harikaydı. Oyuncuların ana üssü yok edildikten hemen sonra karşımıza çıkan çarpıcı bir sahnede Engizisyon ordusundan geriye kalan, hırpanî askerler hep bir ağızdan bir umut şarkısı söyler: "Şafak elbet sökecek." *Dragon Age: Inquisition* pek çok açıdan muzaffer bir oyundu.

Ancak yakından baktığınızda oyunun kaotik geliştirilme sürecinin süregiden kalıntılarını görebilirsiniz. Oyunda ilk göreceğiniz şeylerden biri, *Dragon Age*'in ilk açık dünya arazisi olma işlevini gören ve ormanlarla çiftliklerden oluşan Hinterlands bölgesidir. Burası sizi ot toplamaya ya da kurt sürülerini öldürmeye gönderen pek çok getir götür göreviyle –"Darrah onlara "çöp görevler" diyor– doludur. Zaman geçirmek için elverişlidirler fakat *Inquisition*'ın heyecan verici ana senaryosunun yanında angarya gibi gelirler. Bazı oyuncular bir sonraki ana görevi tetikleyebilmek için Hinterlands'i terk edip Haven'daki ana üslerine dönebileceklerini fark etmemişti. Bazılarıysa kendilerini Hinterlands'ten ayrılmadan önce buradaki bütün yan görevleri yapmaya zorlamış ve kendilerini tuhaf, zevksiz bir mükâfat döngüsünde bulmuşlardı. (*Dragon Age: Inquisition*'ın çıktığı hafta *Kotaku* için yazdığım en popüler makalenin başlığı "Kamu Spotu: Eğer *Dragon Age* Oynuyorsanız Hinterlands'i Terk Edin" idi.)

İnternet yorumcuları bu problem için "kahrolasıca programcıları" suçlamakta gecikmedi ama aslında *Inquisition*'ın çektiği zorlukların doğal bir sonucuydu sadece. Eğer *Dragon Age* ekibi mucizevi bir şekilde oyunu geliştirmek için bir yıl daha kazansaydı ya da oyunu geliştirmeye başlamadan önce Frostbite'ın araçlarını düzenleme fırsatı bulabilselerdi belki de o görevler daha ilginç olacaktı. Belki o zaman bu kadar sıkıcı olmazlardı. Belki de birkaç ay sonra *The Witcher 3*'te karşılaştıklarımız kadar şaşırtmacalı ve karmaşık olurlardı. "*Dragon Age*'in ilk on saatini oluşturan Hinterlands, çizgisel hikâyeler anlatan bir stüdyo olduğunuzda açık dünya bir oyun yapmanın ve buna dair mekanikleri öğrenmenin aslında ne kadar zor olduğunu gösteriyor," diyor Aaryn Flynn.

Dragon Age: Inquisition her halükârda BioWare için bir zafer. Aaryn Flynn, Mark Darrah ve *Dragon Age* ekibinin geri kalanı başarılı oldu. "*Dragon Age 2* zamana karşı verilen kayda değer bir mücadelenin ürünüydü; *Dragon Age: Inquisition* ise teknik zorluklara karşı verilen kayda değer bir mücadelenin ürünü," diyor Mike Laidlaw. "Ama pişmek için yeterince zamanı oldu, dolayısıyla da ortaya çok daha iyi bir oyun çıktı."

7
SHOVEL KNIGHT

14 Mart 2013'te, yorgunluktan tükenmiş bir grup oyun geliştiricisi California'nın Valencia şehrindeki sıkışık bir apartman dairesinde oturuyordu. Etrafları ilan panoları ve IKEA masalarıyla doluydu. Grubun dağınık saçlı, karizmatik lideri Sean Velasco bir kamera çıkarıp odada gezdirmeye, diğer üç yorgun yüzü çekmeye başladı: Nick Wozniak (piksel sanatçısı), Ian Flood (programcı) ve Erin Pellon (konsept sanatçısı). David D'Angelo (öteki programcıları) da buluşmaya uzaktan katılıyor, Google Hangouts sayesinde kitap raflarının üstündeki bir laptopta yüzü görülüyordu. Hissettikleri endişe ve uykusuzluk yüzünden hepsi bir parça asabiydi.

"Bakın, millet," dedi Velasco kameraya. "Kahrolasıca Kickstarter kampanyasını başlatmak üzereyiz... Aman tanrım. Tamam. İşte başlıyor. Hazırız."

Nick Wozniak düğmeye bastı.

"Aman tanrım, onaylaman lazım," dedi Velasco.

Wozniak tekrar düğmeye bastı. "Başladı," dedi.

"Aman tanrım," dedi Velasco. "Tamam. Peki. Tamam, çocuklar. Pekâlâ. Pekâlâ. Hazır mısınız? İşe koyulmamız lazım."

Shovel Knight'ın Kickstarter kampanyası artık aktifti ve rüyalarının oyununu gerçekleştirebilmek için insanlardan 75.000 dolar talep ediyorlardı; ancak Obsidian'ın *Pillars of Eternity*'sinin aksine bu kampanya çok hızlı bir başlangıç yapmadı. Çok az insanın dikkatini çekmişti.

"Kesinlikle sinir bozucuydu," diyor David D'Angelo. "Oyunu düşünmek, planlamak ve zihnimizde geliştirmek için çok fazla vakit harcamıştık. Ardından kampanyayı başlattık ama doğal olarak hiç kimse fark etmedi. Kim bir Kickstarter kampanyasını başlar başlamaz fark eder ki?"

Eğer hiç kimse fark etmemiş olsaydı bu beş arkadaşın başı büyük bir belaya girecekti. Orada olabilmek için çalıştıkları yerden istifa etmiş, yeterince insanın oyunlarına bakıp, "Bunun gerçekleşmesi için para ödeyeceğim," diyeceğini umarak maddi durumlarını riske atmışlardı. Velasco ve ekibinin 75.000 dolardan fazlasını gerektirecek, iddialı planları vardı. Mavi zırhlı kahramanlarını bir simgeye dönüştürmek istiyorlardı. *Shovel Knight*'ın sadece bir video oyunu değil, yeni *Mario* olmasını arzuluyorlardı. Bunun için meteliksiz kalacak olsalar bile...

Sean Velasco ve arkadaşları birkaç ay öncesine kadar WayForward adlı bağımsız bir oyun stüdyosunda çalışıyordu. Valencia'nın bir köşesinde yer alan bu stüdyo, her yıl sıradışı miktarlarda konsol oyunu çıkarmasıyla tanınıyordu. Bazıları *Thor* ve *Batman: The Brave and the Bold* gibi lisanslı film ve animasyon dizisi oyunlarıydı. Diğerleriyse *Contra 4* ve *A Boy and His Blob* –bir çocuğu yöneterek engelleri aştığınız ve amibik yardımcınıza sihirli fasulyeler yedirerek bulmacalar çözdüğünüz bir platform oyunu– gibi NES klasiklerinin modernleştirilmiş hâlleriydi.

Tüm bu oyunların tek bir ortak noktası vardı: Geliştirilmeleri çok uzun sürmüyordu. Diğer bir deyişle ucuzdular. WayForward iki yüz - üç yüz kişilik ekipler yerine yirmi - otuz kişiyle, bir yıldan kısa sürede –modern oyunlara nazaran hatırı sayılır derecede az bir zamanda– geliştirilebilecek iki boyutlu platform oyunları üstünde uzmanlaşmıştı. Stüdyo her yeni oyunla birlikte geliştiricilerini farklı projelere atıyor, onları en çok ihtiyaç duyuldukları yerlere gönderiyordu.

Sean Velasco bu sistemden nefret ediyor ve takım kimyasını bozduğunu ileri sürüyordu. "Bence biz güçlü insanlardık; güçlü oyunlar geliştiriyorduk," diyor Velasco. "İşte bu yüzden stüdyo yetkilileri, 'Eh, eğer bu adamı buraya, şu adamı da şuraya yerleştirirsek bilgilerini geri kalan herkese aktarabilir,' diye düşünüyorlardı. Velasco aynı çekirdek ekiple *BloodRayne: Betrayal* gibi başarılı platform oyunlarında çalıştıktan sonra arkadaşlarıyla birlikte kalmak istiyordu. "Hep *Star Wars*'tan R2-D2 benzetmesi yaparım," diyor Velasco. "Luke, R2'nun hafızasını silmedi, böylece hem birlikte daha iyi çalıştılar hem de yakınlaştılar. WayForward'taysa R2'nun hafızasını her seferinde siliyorlar ve o türden bir uyumu asla yakalayamıyorsunuz."

WayForward "ücret karşılığında eser yaratan," bir sürü sözleşme imzalayıp çok kısa zaman aralıklarıyla lisanslı oyunlar geliştirerek hayatta kalan bir stüdyoydu.* Geliştirici ekipleri bir arada tutmak stüdyonun önceliklerinden biri değildi ve 2012'de, *Double Dragon Neon* adlı dövüş oyunu bittikten sonra WayForward yönetimi Sean Velasco, Ian Flood, Nick Wozniak ve David D'Angelo'yu birbirinden ayırıp hepsini farklı projelere aktardı.

Artık birlikte çalışamayacakları için hayal kırıklığına uğrayan dört kafadar mesai saatleri dışında buluşmaya başladı. Geceleri ve hafta sonları Velasco'nun dairesinde toplanıyor ve yan projeler üstünde deneyler yapıyorlardı. Buna çok fazla yol katedemeyen bir akıllı telefon oyunu da dahildi. Dokunmatik ekranları sevmiyor –kumanda cihazlarının tuşlarına bastığınızda elinizde oluşan hissi tercih ediyorlardı– ve o türde bir oyun geliştirmek istemiyorlardı. Yapmak istedikleri asıl şey 3DS ve Wii U gibi Nintendo konsollarında oynanabilen, gerçek bir platform oyunu geliştirmekti. "'Ben bu endüstriye Nintendo oyunları geliştirmek için girdim,' dediğimi hatırlıyorum," diyor D'Angelo. "'Hadi bir Nintendo oyunu yapalım.'"

"O anda hepimiz birbirimize baktık," diyor Velasco. "'Evet, işte yapmak istediğimiz şey bu,' dedik. Hepimiz oynanış ele-

---

* Ian Flood stüdyonun kreatif süreciyle ilgili yorumu şöyle: "'Batman'in bunu yapması gerektiğini düşünmeniz çok güzel ama Batman'in aslında ne yapması gerekiyor, biliyor musunuz? Yılbaşı tatili.'"

mentlerinin ön planda olduğu bir oyun yapmak istiyorduk. Dokunmatik ekranla ne yapacağımızı bilmiyorduk. Oyun kumandasıyla oynanan bir şey yapmak istiyorduk."

Ofise döndüklerinde Velasco stüdyo yöneticilerine radikal bir fikir sundu. Ya o ve arkadaşları yeni bir şey yaparsa? WayForward'ın iki binası vardı ve birinde kalite kontrol departmanı yer alıyordu. Ya Velasco'nun ekibi o ikinci ofisi devralıp yarı bağımsız bir stüdyoya dönüşürse? WayForward yetkilileri bir Kickstarter kampanyası başlatmayı düşünüyordu. Peki, bunu da Velasco'nun ekibi üstlenirse? Hepsinin gurur duyacağı, Nintendo usulü, yepyeni bir oyun yaparlarsa?

Birkaç görüşmenin ardından WayForward'ın yöneticileri bu fikri veto etti. Stüdyo bu şekilde çalışmıyordu. İnsanları farklı departmanlara kaydırmak daha hızlı oyun çıkarmalarına yardımcı oluyordu. "WayForward'ta çalışırken oranın 'ücret karşılığında' oyun yapan bir yer olduğunu kanıksıyorsunuz," diyor Nick Wozniak. "Ne pahasına olursa olsun öncelikle yayıncıya karşı yükümlülüklerini yerine getirmek zorundalar."

Bir gün ofislerinin yakınındaki bir restoran olan Dink's Deli'de öğle yemeği yerlerken Velasco, Flood ve Wozniak hayallerindeki "Nintendo" oyununun nasıl bir şey olabileceğinden bahsetmeye başladılar. 2D bir oyun olacağına karar verdiler; çünkü iki boyutlu oyunlar hem daha ucuz oluyordu hem de hepsi de bu konuda tecrübeliydi. Bir NES oyunu gibi görünür, o konsola yapılmış bir oyun hissi verirdi; tabii 80'lerde sıklıkla gördüğümüz kusurlu zıplamalar ve sinir bozucu hatalar olmadan. Velasco ve arkadaşlarının istediği asıl şey insanların NES oyunlarını tozpembe gözlüklerle gördüğü, *hatırladığı* gibi bir oyun yapmaktı.

Oyunlarında sadece tek bir ana mekanik olacaktı ve kendilerine en çok cazip gelen şey *Zelda II: The Adventure of Link*'teki "aşağı saplama" hareketiydi. Link bu yetenekle havaya sıçrayabiliyor, sonra da silahını yere doğru saplayarak karşısına çıkan düşmanları ve engelleri ortadan kaldırabiliyordu. "Aşağı saplama hareketi eğlenceli ve çok yönlü bir şey gibi görünüyordu," diyor

Velasco. "Onu taşları kırmak, bir şeylerin üstünden sekerek sıçramak ve düşmanları tepetaklak etmek için kullanabilirsiniz."

İçlerinden birisi ana silahın bir kürek olmasını önerdi. Başka birisi kahramanın bir şövalye olabileceğini söyledi. Hep birlikte bunu hayal etmeye çalıştılar: Ağır zırhlı bir şövalye kırsal bölgelerde dolaşıyor ve kocaman bir kürekle canavarlarla savaşıyordu. Dikey saplama hamleleriyle örümcekleri haklayabilir ve küreğini yaylı bir zıplama sırığı gibi kullanarak balonların, hayaletlerin ve büyük toprak yığınlarının üstünden sıçrayabilirdi. Kafalarında canlandırdıkları bu görüntü üçünü de güldürdü ve çok geçmeden hem oyunlarına hem de başkarakterlerine karar verdiler. İkisi de ortak bir ismi paylaşıyordu: *Shovel Knight.*[*] Kulağa tişörtlerin ve beslenme çantalarının üstüne basılabilecek kadar ikonik geliyordu.

Velasco, Flood ve Wozniak restoranda oturup fikir alışverişi yaparken oyunlarının bütün yapısını kurguladılar. Shovel Knight tıpkı eski *Mega Man* –oyuna adını veren başkahramanın Crash Man ve Metal Man gibi isimlere sahip, robot düşmanlarla savaştığı bir platform serisi– oyunlarında olduğu gibi, her biri farklı özelliklere sahip sekiz ayrı şövalyeyle savaşacaktı. Shovel Knight rakiplerinin güçlerini öğrenmeyecekti –Mega Man'i çok fazla kopyalamak istemiyorlardı– fakat her bölüm sonu düşmanının kendine özgü bir bölümü olacaktı. Polar Knight (Kutup Şövalyesi) donmuş bir gemide yaşayacaktı. King Knight (Kral Şövalye) büyük bir kalede hüküm sürecekti. "İşte buydu," diyor Velasco. "Shovel Knight bu sekiz düşmanla dövüşecekti. Ve her biri çok havalı görünecek ve hepsi eşsiz birer siluete sahip olacaktı. Bir tane de oyunun sonunda savaşacağınız büyük kötü olacaktı. İşte bu noktadan yola çıktık."

WayForward'ın *Shovel Knight*'ı yapmalarına asla izin vermeyeceğini bildiklerinden hep birlikte istifa etmeye ve tüm birikimlerini bu oyuna yatırarak büyük bir kumar oynamaya karar

---

[*] Kürekli Şövalye. –çn

verdiler. Sean Velasco ve Ian Flood istifa dilekçelerini sundu.*
Nişanlısı yüksek lisansa başladığı için bir süre önce Chicago'ya
taşınan David D'Angelo şirkette uzaktan çalışmaya devam etti
ama geceleri *Shovel Knight*'la ilgileniyordu ve çok geçmeden o
da işi bıraktı.

Nick Wozniak bu yeni serüvene atılmadan önce bir müddet
daha WayForward'ta çalışıp para biriktirmek istiyordu ama is-
tifa etmeyi planladığı öğrenilince şirket yöneticileri onu kovdu.
"Bana, 'İşten ayrılacaksın, değil mi?' diye sordular. Ben de, 'Evet,
er ya da geç,' dedim. 'O zaman neden bugün son günün olma-
sın?' dediler onlar da." İşten ayrılan WayForward çalışanlarının
yakınlardaki Red Robin'de –bir hamburger zinciri– toplanması
âdettendi. ("Red Robin sevdiğimizden değil," diyor Wozniak. "Bu
sadece berbat bir şey olduğu için yaptığımız bir şeydi.") Wozniak
işini kaybettiğini öğrendikten sonra karısı da dahil olmak herke-
si hazırlıksız bir buluşma için orada topladı. Diğerlerinin bilme-
diği şey, Wozniak'ın karısının sekiz haftalık hamile olduğuydu
ve WayForward'ta kalmak istemesinin asıl nedeni yeni doğacak
çocukları için para biriktirmekti. "Karım çok korkmuştu," diyor.
"Çok gergindi."

Ocak 2013'te hep birlikte *Shovel Knight*'ı geliştirmeye başladı-
lar. Bu aynı anda hem çok heyecan verici hem de korkutucuydu.
Hayallerinin oyununu yapabiliyor olmaktan ötürü mutluydular
fakat para kazanmadan önce en az bir yıl çalışmaları gerektiğini
de biliyorlardı. Yatırımcılardan veya yayıncılardan para istemek
gözlerine kötü bir fikir gibi geliyordu. Yayıncılar oyunun yaratılış
süreci üstünde kontrol talep edebilir ya da daha kötüsü pazarla-
mayı yönetirdi. Velasco ile arkadaşlarının *Shovel Knight*'ı nasıl

---

* Aralarından bazıları dostça ayrılmasa da sonraki yıllar boyunca Way-
  Forward'la aralarındaki iyi ilişkiyi sürdürdüler. "WayForward bize çok iyi
  davrandı," diyor Velasco. "Bize teknolojilerini ödünç verdiler ve referanslar
  konusunda yardımcı oldular. Oyun fuarlarında ve endüstri etkinliklerinde
  onlarla görüşmeye devam ediyoruz. O şirkette yedi yıl çalıştım. Hepsi de iyi
  birer arkadaş ve harika insanlar. Eğer orada öğrendiklerim olmasaydı bugün
  ne bir oyun geliştiricisi olabilirdim ne de Yatch Club diye bir yer olurdu."

markalaştıracakları konusunda belirli bir vizyonları vardı ve onu kâr etmekten başka bir şey düşünmeyen bir yayıncının ellerine bırakamazlardı. Tek gerçek seçenekleri kitle fonlaması gibi görünüyordu; hem bu sayede sadece para toplamakla kalmaz, aynı zamanda sadık bir hayran kitlesi de edinmeye başlarlardı. "Sonuna kadar oyunun arkasında duracak bir hayran topluluğu oluşturmanın en iyi yolunun Kickstarter olduğunu düşündük," diyor David D'Angelo. Böylece, tıpkı Obsidian'ın ve pek çok bağımsız oyun stüdyosunun yaptığı gibi Kickstarter'a gittiler.

Sonraki iki ay boyunca birikimleriyle yaşayıp Kickstarter kampanyası için hazırlanırlarken bölüm sonu düşmanlarını çizdiler, bölümlerin taslaklarını çıkardılar ve Shovel Knight'ın nasıl görünmesi gerektiğine karar vermeye çalıştılar. Hem benzersiz hem de anında tanınan bir dış görünümü olmalıydı. Ekipteki herkes 80'lerin sonunda ve 90'lı yıllarda, Nintendo'nun amansız pazarlama stratejisi sayesinde kırmızı tişörtlü, mavi tulumlu ve bıyıklı bir tesisatçının Kuzey Amerika'yı fethettiği zamanlarda büyümüştü ve aynı şeyi yapmak istiyorlardı. *Shovel Knight* tişörtleri olsun istiyorlardı. *Shovel Knight* pelüş oyuncakları. *Shovel Knight* dergileri. "Bir karakter yaratan, başkarakteriyle aynı ismi taşıyan bir seksenler markası yaratmak istiyordum," diyor Velasco. "Artık eskisi kadar çok görmediğimiz bir şey bu."

Shovel Knight'ı tasarlamayı bitirdiklerinde kahramanımız Mega Man'i andıran, açık mavi bir zırh giyiyordu. Bir elinde daima bir kürek vardı. Yüzü, ortasında T şeklinde bir yarık bulunan bir miğferle gizliydi. Miğferinin her iki yanından fildişi beyazı, iki boynuz çıkıyordu. Hem ilk görüşte kolayca tanınabilecek bir karakterdi hem de çizilmesi kolaydı. T miğferini çiziktirip yanlarına iki boynuz ekleyin, karakterinizin eline küçük bir kürek tutuşturun ve işte size Shovel Knight. Tasarımı gereği bir kişiliği de yoktu. "Shovel Knight insanların düşünmek istediği her şey olabilir," diyor Velasco. "Bazıları onu etrafta gezinen, sevimli bir şövalye olarak görebilir. Bazılarıysa bıçkın bir *Dark Souls* şövalyesi."

Sonraki iki ay boyunca her gün Velasco'nun dairesinde toplanıp D'Angelo'nun suratı onları bir laptop monitöründen izlerken *Shovel Knight* üstünde çalıştılar. (D'Angelo teknik olarak hâlâ bir WayForward çalışanı olsa da aklı çoğunlukla *Shovel Knight*'taydı.) Çok az uyudular. Hayranlarına hem erken bir demo sunabilmek hem de konseptlerinin çalıştığını kanıtlamak için Kral Şövalye'nin bölümü olan Pridemoor'u tasarlamaya karar verdiler. Bu da yapılacak bir sürü işleri olduğu anlamına geliyordu: bölümü tasarlamak, düşman yaratıkları çizmek, hareketli grafikleri oluşturmak, animasyonları oluşturmak, fizik motorunu programlamak ve çok daha fazlası.

Velasco ve ekibini kamçılayan şey başka bir şirketin sözleşmesi uğruna değil, kendileri için çalıştıkları gerçeğiydi. Fazla mesai yapmaktan hiç kimse hoşlanmazdı ama *Shovel Knight* üstünde uzun saatler harcamak WayForward'ın lisanslı oyunları için uykusuz kalmaktan daha tatmin ediciydi. "Daha önce, gece gündüz demeden bu oyun hakkında konuşuyorduk, o yüzden tam zamanlı olarak onu geliştirmeye başlamak rahatlatıcıydı," diyor Ian Flood. "Babamı arayıp ona, 'Hey, maaşıma yapılan bir zammı reddedip istifa ettim,' dediğimi hatırlıyorum. 'Neden?' diye sordu o da. 'Ah, bir proje üstünde çalışıyoruz, harika olacak, onu Kickstarter diye bir siteye koyacağız ve insanlardan bağış toplayacağız,' falan dedim. Verdiği cevap, 'Eh, dilencilik sayfanız açıldığında bana haber ver,' oldu."

Belki de bir grup fakir, yorgun ve kızarık gözlü geliştiricinin tek yataklı bir apartman dairesinde oturup IKEA mobilyalarıyla çalışmasını son derece ironik bulduklarından şirketlerinin ismini Yacht Club Games koydular.*

14 Mart 2013'te Kickstarter kampanyalarını başlattılar. Kısa bir tanıtım videosu, saygın bir müzisyen olan Jake Kaufman'ın bestelediği bir müzik eşliğinde (daha sonra *Shovel Knight*'ın bütün müziklerini kendisi besteledi) ekibin şimdiye dek hazırladığı bütün çizimleri ve bölümleri sergiliyordu. Shovel Knight bir dizi

---

* Yat Kulübü Oyunları. *–çn*

kısa klipte düşmanlarını haklayıp küreğiyle etrafta sıçrarken görülüyordu. "*Shovel Knight*'a inanıyoruz," yazdılar Kickstarter tanıtım metnine. "Oyunun son hâlinin harika olacağını biliyoruz. Bundan o kadar eminiz ki onu geliştirebilmek için işlerimizden ayrıldık. *Shovel Knight*'ı gerçeğe dönüştürebilmek için size ihtiyacımız var!"

Ama o "size" bir türlü görünmek bilmiyordu. IGN* başta olmak üzere oyunlarından bahseden birkaç haber makalesi sayesinde o hafta sonu 75.000 dolarlık hedeflerinin sadece 40.000 dolarını toplayabilmişlerdi ve günde yalnızca birkaç bin dolar elde edebiliyorlardı. Yacht Club ekibi, her gün biraz daha uzayan yapılacak işler listesiyle azimle boğuşurken yeterince para toplayamayacaklarından endişelenmeye başladılar. Ya da daha kötüsü, asgari hedeflerine bile ulaşamayabilirlerdi. "Bir yandan çalışırken diğer yandan da Kickstarter ekranını ikinci bir ekranda ya da arka planda açıyorsunuz," diyor Nick Wozniak. "Durmadan ona bakıp hesap yapmaya, kafanızın içinde kabaca planlar yapmaya çalışıyorsunuz." 75.000 dolar talep etmiş olmalarına rağmen çok daha fazlasını toplayabilmeyi umuyorlardı çünkü *Shovel Knight*'ı yayımlayabilmek için yaklaşık 150.000 dolara ihtiyaçları olduğunu düşünüyorlardı. "Oyunumuz yeterince bağış toplayamadığı takdirde bir yedek planımız bile yoktu," diyor Sean Velasco. "Sanırım bir ekip olarak kalıp *Shovel Knight*'ı yayıncılara pazarlamaya çalışabilirdik. Oyunu yayımlarlar mıydı bilmiyorum. Bir tür ölüm kalım meselesiydi bu."

Ama daha çok dikkat çekmek için bir planları vardı: PAX East'e katılmak. Birkaç ay önce Penny Arcade'in geleneksel Boston Oyun Fuarı'nda bir stant kiralamışlardı ve orada *Shovel Knight*'ı on binlerce oyuncuya, basın mensubuna ve meslektaş-

---

* Kickstarter kampanyasını başlatmadan önce IGN yazarlarından Colin Moriarty'yle iletişime geçmişlerdi. Moriarty'nin *Shovel Knight*'ı sevebileceğini düşünüyorlardı çünkü kariyerine GameFAQs sitesinde *Mega Man* ve *Castlevania* gibi oyunlar için rehberler yazarak başlamıştı. Moriarty sahiden de oyuna hayran kaldı ve sonraki yıllar boyunca *Shovel Knight*'ın en büyük destekçilerinden biri oldu.

larına gösterebileceklerdi. Fakat demoyu hâlâ bitirememişlerdi. Sonraki haftalarda, King Knight'ın bölümünü PAX'a yetiştirmeyi umarak günde on altı saat çalıştılar ve sadece Kickstarter sayfasına F5 yapmak için duraksadılar.

Bir noktada başaramayacaklarından korkarak paniklediler ve yedek bir plan yaptılar. PAX'taki stantlarına puf minderler atıp insanlara eski Nintendo 64 oyunları oynatacak, sonra da onlara evlerine gidip *Shovel Knight*'a bağış yapmalarını söyleyeceklerdi. "Standa gelip orada takılabileceklerdi ve biz de onlara Kickstarter kampanyamızdan söz edecektik," diyor Velasco. "PAX'a bir iki hafta kala bile bunu düşünüyorduk. Deliceydi."

Mart ayının sonlarına doğru, Boston'a uçtukları sırada bile demonun son rötuşlarını yapıyorlardı. Uçağın kalkmasına birkaç saat kala bazı son dakika değişiklikleri yapabilmek için hep birlikte Velasco'nun dairesinde toplandılar. PAX ziyaretçileri en yüksek skoru elde edebilmek için birbirleriyle yarışsın diye ona Atari oyunlarındakine benzer bir puan tablosu eklediler. Birkaç bin adet *Shovel Knight* broşürü bastırdılar ama onları Boston'a gönderecek kadar para bulamadılar. Böylece her biri bavuluna koca bir kâğıt destesi sıkıştırdı, sonra da hava alanında fazladan bagaj parası vermemek için onları tarttılar.

İşler biraz çığırından çıktı. "Yola koyulmadan yirmi dakika önce kendime bir kahve yapmaya çalıştım fakat Velasco'nun lavabosu öğütülmüş kahve tükürmeye başladı," diyor Ian Flood. "'Hey, lavabon tersine çalışıyor,' dedim. O da bana, 'Vaktimiz yok, Boston'a gitmemiz gerek,' dedi. 'İyi, tamam o zaman,' dedim ben de. Böylece lavaboyu taşmış hâlde, pislik içinde bırakıp gittik."

O PAX seyahatinde beşi birden –Sean Velasco, Ian Flood, David D'Angelo, Nick Wozniak ve Erin Pellon– toplamda yaklaşık 10.000 dolar harcadılar ve Kickstarter kampanyası sona erdiğinde paralarını geri alacaklarına dair kendilerine söz verdiler. Geceleyin aynı odayı paylaştılar –"Çok korkunçtu," diyor D'Angelo– ve gündüzleri PAX'taki stantlarında çalışıp yanlarına yaklaşan herkese *Shovel Knight* hakkında vaazlar verdiler.

Demoları göz alıcı ve gösterişliydi; 2D parlak grafikleri anında insanların dikkatini çekiyordu. Fuar alanının öteki ucundan bile *Shovel Knight*'ta neler olduğunu görmek kolaydı: Etrafta zıplayıp canavarlara vuran kürekli, küçük bir mavi adam. NES oyunlarının modernleştirilmiş hâli gibi gözüküyordu ve geçmişe özlem duyan pek çok PAX ziyaretçisine hitap eden bir şeydi bu. "*Shovel Knight* sadece birkaç kısa gün içinde radarımdaki küçük bir nokta olmaktan çıkıp bu senenin en çok beklediğim oyunları arasına girdi," diye yazdı *Destructoid* adlı oyun sitesinin yazarlarından biri fuar sırasında.

Her ne kadar PAX ani bir para akışına yol açmasa da Yacht Club'ın sesini duyurmasına yardımcı oldu ve 29 Mart 2013'te, Kickstarter kampanyasının sona ermesine iki hafta kala 75.000 dolarlık hedeflerini tutturdular. Kampanyanın bitiş tarihi olan nisan ortasına kadar bağış toplamaya devam edebilirlerdi fakat artık resmen finanse edilmişlerdi. "Korkutucu bir durumdu çünkü artık oyunu yapmak zorundaydık ve bu işi 75.000 dolarla tamamlamak zor olacaktı," diyor D'Angelo. "*Shovel Knight*'ın bir anda popüler olmasını diliyorduk. Oyunu yapmak istiyorduk, evet ama onu geliştirirken harcayacağımız zamanın korkunç derecede acı verici olmasını da arzulamıyorduk."

David D'Angelo PAX'ta Kickstarter kampanyaları başarıya ulaşan diğer geliştiricilerle konuşmuş ve onlardan iki önemli tavsiye almıştı. Birincisi Kickstarter sayfalarını her gün güncellemekti, böylece destekçileri sadece oyunun çıkmasını beklemek yerine kampanyaya aktif olarak katılabilir ve haberleri yayabilirdi. Yacht Club, PAX sona erer ermez Kickstarter sayfalarını çizim yarışmaları, karakter tanıtımları ve ekstra hedeflerle günbegün güncellemeye başladı. 115.000 dolara ulaşırlarsa bölüm sonu şövalyelerinden birini oynanabilir bir karakter hâline getireceklerdi. 145.000 dolarda bir tane daha ekleyeceklerdi. 200.000 dolar toplarlarsa oyuna çok oyunculu bir savaş modu ekleyecek, bir şekilde 250.000 dolara ulaştıkları takdirdeyse oynanabilir üçüncü bir şövalye bölümü yapacaklardı.

Yacht Club'a verilen ikinci tavsiyeyse *Shovel Knight*'ın demosunu popüler YouTube ve Twitch yayıncılarına yollamalarıydı. Oyunlarla alakalı internet makaleleri ayrı şeydi, potansiyel hayranlarının *Shovel Knight*'ı iş başındayken görmesine izin vermek ayrı. Daha sonra, Game Grumps gibi büyük YouTube kanalları demoyu oynadığında yüz binlerce kişiye ulaştı. Kickstarter kampanyasının son birkaç gününde bağışlar birdenbire yükseldi ve günlük toplanan para miktarı sadece birkaç bin dolardan otuz kırk bin dolarlara kadar çıktı. Bu miktar Yacht Club'ın kampanyayı bir hafta daha uzatmayı dilemesine yetecek kadar iyiydi fakat ne yazık ki sitenin kuralları buna müsaade etmiyordu.

13 Nisan 2013'te, Kickstarter kampanyaları sona erdiğinde *Shovel Knight* toplamda 311.502 dolar toplamıştı ve bu ana hedeflerinin dört katıydı. Ama Los Angeles'ta yaşayan beş kişi için çok büyük bir miktar değildi. Kişi başına ayda 10.000 dolarlık standart harcama oranı hesaba katıldığında (bu miktar sadece maaşlarını değil, ekipmanları, yasal harcamaları ve kiralamayı düşündükleri küçük ofisin masraflarını da kapsıyordu) altı ay idare edebilirlerdi. Daha az maaş alırlarsa belki biraz daha fazla. Faturalarını ödeyip eve ekmek götürebilmeleri için ne kadar gerektiğini çözdükten sonra maaşlarını buna göre ayarladılar. "Daha sonra çıkan farkları bizim ödeyeceğimizi söyledik," diyor D'Angelo. "Her bir doları dikkatli kullanmamız gerekiyordu." Sekiz bölüm yapmaları gerektiğini ve King Knight'ın bölümünün yaklaşık bir ay sürdüğünü bilen Yacht Club, *Shovel Knight*'ı bir yılda tamamlayabileceklerini hesapladı. Bütün bölümleri bitirmek Nisan 2013'ten Aralık 2013'e dek sürerdi, önlem olarak da oyuna fazladan üç ay daha ayırırlardı. Oyunu Mart 2014'e dek tamamlamaları gerekiyordu, yoksa parasız kalacaklardı.

Ek olarak bir şirketin nasıl kurulacağını da öğrenmeliydiler ve bu vakit alan bir işti. Sigortalarını başlatmaları, vergileri halletmeli ve *Shovel Knight* markasını korumalarına yardım edecek bir telif avukatı bulmalıydılar. Sonunda salı günlerini (daha sonra bunu pazartesi olarak değiştirdiler) "iş günü" olarak belirlemeye, haftanın geri kalanındaysa *Shovel Knight* üstünde çalışmaya karar verdiler. Ama işler tahmin ettiklerinden daha fazla vakit aldı.

Kaynakları kısıtlı olduğundan iş ve özel yaşam dengesinden tamamen vazgeçtiler; fazla mesai yapmadıkları takdirde paralarının kalmayacağını biliyorlardı. Mart 2014'teki teslim tarihi gerçekte olduğundan yakın görünüyordu. "Başarısız olmaktansa ölmek daha iyiydi," diyor Nick Wozniak. "Bunun için kendimizi feda ediyorduk. Hafta sonlarında bile çalışmamız gerekeceğini biliyorduk. Her gün uzun saatler boyunca çalışmamız gerekeceğini de biliyorduk. Zaman bir oyuna verebileceğiniz tek şeydir."

Nick Wozniak için bunun anlamı *Shovel Knight*'ı oluşturacak pek çok pikseli çizmek ve onları hareketli hâle getirmekti; çoğunlukla Erin Pellon'un kaleme aldığı konsept çizimlerini baz alıyordu. Sean Velasco içinse bölümleri, canavarları ve mekanikleri tasarlamak anlamına geliyordu. David D'Angelo ve Ian Flood için *Shovel Knight*'ı çalıştıracak kodları yazmak ve çalışmayan kodları onarmak demekti. Hepsi içinse oyunu nasıl eğlenceli kılacaklarını bulmak. Yineleme yapacak, ince ayar çekecek, cilalayacak ve hem oyunu hem de şirketlerini ilgilendiren önemli kararlar almak için her gün toplantı yapacaklardı.

Yacht Club ekibi başından itibaren aralarındaki hiç kimsenin tek yetkili olmayacağına dair alışılmadık bir karar almıştı. Sean Velasco teknik olarak *Shovel Knight*'ın direktörüydü ve toplantıların büyük bir bölümünü o düzenliyordu fakat patron değildi. Basit ama radikal bir kurala uydular: İçlerinden biri bir şeye itiraz ederse hepsi ondan vazgeçecekti. Bütün ekip hemfikir olana dek hiçbir şey yapmayacaklardı. Video oyun tasarımının demokratikleşmiş hâliydi bu. "Başından beri hepimizin eşit söz hakkına sahip olmak istediğini biliyorduk," diyor Wozniak. "Kendimizi hem kâğıt üstünde hem de fiilen beş ortak olarak görüyorduk."*

---

* Altıncı ortakları Lee McDole, yatay hiyerarşi fikrine karşı çıkıp şirketten erkenden ayrıldı. Daha önceki sohbetlerinden ve yıllar boyunca yaptığı işlerden yola çıkarak Sean Velasco'yla yarı yarıya ortak olmaları gerektiğine inanıyordu. "Birkaç gün boyunca bu yeni düzene ayak uydurmaya çalıştım ama en sonunda bu şekilde devam etmek bana doğru gelmedi," diyor McDole.

Pratikteyse bunun anlamı en ufak şey için bile saatlerce tartıştıklarıydı. Eğer ekip üyelerinden biri Shovel Knight'ın kolunun küreği yukarı doğru savururken hareket ediş şeklini beğenmezse hep birlikte bunun hakkında konuşmak zorunda kalıyorlardı. Eğer aralarından biri bölümleri bitirdikten sonra onları tekrar oynayabilmeniz konusunda ısrar ederse bu durum bir hafta boyunca sürecek tartışmalara yol açıyordu. Şayet Sean Velasco bir oltanın mavi zırhlı şövalyemizin eline çok yakıştığını düşünüyorsa o zaman *Shovel Knight* balık tutabilene kadar kavga etmeyi sürdürecekti, lanet olsun. ("Şaka olsun diye durmadan bu konuyu gündeme getirip duruyordum," diyor Velasco. "Hey, hadi balık tutma mekaniğini ekleyelim. Hem aptalca olur hem de eğlenceli. Diğerleriyse, hayır, bu çok aptalca, bu çok aptalca deyip duruyordu. Sanırım sonunda ısrarlarıma dayanamadılar.")

Başka bir şirket olsa bu türden bir çok başlılık kesinlikle işe yaramazdı ama Yacht Club'ta işler tıkırındaydı. Bu, kısmen küçük ölçekli olmalarından kaynaklanıyordu çünkü bu sayede esnek davranabiliyorlardı; eğer beş kişi yerine elli kişilik bir ekipten oluşuyor olsalardı her tasarımsal kararı tartışmaları kolay olmazdı. Kısmen de yıllardır WayForward'ta oyun geliştirirken edindikleri kimyadan kaynaklıydı bu. "Onlara tasarımlarımdan birini verdiğimde ya da bana uygulamalarından birini yolladıklarında çok fazla şey söylememize veya belirtmemize gerek kalmıyor. Birbirimizi tanıyor ve birbirimize güveniyoruz," diyor Velasco. "Bir müzik grubu olmak gibi bu."

Eğer üzerinde hemfikir oldukları, tek bir hayalleri olmasaydı bütün bunların hiçbir önemi kalmazdı. Ekipteki herkes *Shovel Knight*'ın sekiz farklı bölümden oluşan, iki boyutlu, NES tarzı bir platform oyunu olacağını biliyordu. Proje büyümüyordu. Temel oynanış mekanikleri değişmiyordu. Hiçbiri *Shovel Knight*'ı bir MMO'ya çevirmeleri ya da kürek mekaniğini bir makineli tüfekle değiştirmeleri gerektiğini savunmuyordu. Ofise damlayıp *Shovel Knight*'ın miğfersiz daha iyi görünebileceğini söyleyecek, onu çıkarmaları gerektiği konusunda ısrar edecek bir yayıncıları ya da yatırımcıları yoktu. Yacht Club ekibi kreatif kararlar hakkında tartıştıkları zamanlarda bile *Shovel Knight*'ın izlemesi gereken temel istikamet konusunda hemfikirdi.

Eğer *Shovel Knight*'ı büyük bir markaya –yeni *Mario*'ya– dönüştürmek istiyorlarsa ilk oyunun kusursuz olması şarttı. 2013 yılı boyunca oyunun bütün bölümlerini özenle ve kademe kademe tasarladılar, tartıştılar ve fazla mesai yaptılar. *Shovel Knight*, PAX'ta gösterdikleri demoya oranla önemli ölçüde bir gelişim kaydedip ona bir sürü havalı görsel efekt eklediler. Paralaks kaydırma denen, arka plandaki görüntülerin ön plandaki grafiklerden ayrı hareket etmesini sağlayan ve oyuna derinlik hissi katan tekniğe bilhassa vurulmuşlardı. Shovel Knight, Pridemoor Kalesi'nin altın kulelerinin tepesinde dolaşırken arka plandaki pembe bulutlar da artık onunla birlikte hareket ediyordu.

Sean Velasco hem WayForward'ta çalıştığı günlerden hem de incelediği klasik Nintendo oyunlarından edindiği tecrübeler ışığında *Shovel Knight*'taki her bölümü tasavvur etmek için kullandığı bir dizi tasarım kuralı belirlemişti. Örneğin, bu kurallardan biri engelleri nasıl geçeceğinizi sıkıcı bir eğitim görevinin değil, oyunun kendisinin öğretmesi gerektiğini söyler. Diyelim ki Velasco oyunculara yeni bir düşman tanıtmak istiyor: Vurduğunuzda patlayan bir veba sıçanı. Eğer sıçana yaklaşıp ona vurur ve patladığını bilmediğiniz için ölürseniz oyuna çok kızarsınız. Oyunun kuralları size önceden öğretmesi daha iyi bir yaklaşım olabilir. Mesela veba faresi bir toprak yığınının yanında ileri geri yürüyebilir. "Böylece küreğinizle o yığını kazdığınızda büyük ihtimalle sıçana da vurursunuz," diyor Velasco. "Sonra da nasıl patladığını görürsünüz."

Yacht Club'ın geliştirme süreci sırasında tartışması gereken konulardan biri de oyunun ne kadar zor olacağıydı. Bağışçıları ve hayranları farklı taleplerle onlara geliyor, bazıları *Shovel Knight*'ı çok zor yapmamaları için yalvarırken bazılarıysa çok kolay olmamasını istiyordu. "*Shovel Knight*'ı oynayacak insanların yarısı gerçekten de zor bir NES oyunuyla karşılaşmayı bekleyecekti ve o tür yapımları eğlenceli kılan şey kısmen buydu," diyor David D'Angelo. "Oyunu oynayacak insanların diğer yarısıysa hem bir NES oyunu gibi hissettirmesini istiyor fakat o kadar zor olmamasını diliyordu. Peki, bu ikisini nasıl dengeleyebilirdiniz?"

Buldukları çözümlerden biri, oyuna Shovel Knight'ın havada süzülmesini sağlayan pervaneli bir hançer ya da geçici olarak yenilmezlik veren faz kolyesi gibi faydalı nesneler eklemekti. Diğer çözüm –ve Shovel Knight'taki daha zarif fikirlerden biri– ise otomatik kayıt noktalarını isteğe bağlı yapmaktı. Bölümlerde ilerlerken otomatik bir kayıt noktası bulduğunuzda dilerseniz onu aktifleştirebiliyor (böylece öldüğünüz takdirde buradan başlayıp çok fazla ilerleme kaybetmiyorsunuz), dilerseniz de kendinizi riske atma pahasına onu yok edip bir miktar hazine kazanabiliyorsunuz.

2013'ün sonunda beşi birden harika bir oyun yaptıklarını hissediyordu ama daha ne kadar çalışmaları gerektiği hakkında hiçbir fikirleri yoktu. Vergiler ve masraflar düştükten sonra topladıkları 311.502 dolardan geriye yaklaşık 250.000 dolar kalmış, o da suyunu çabucak çekmişti. (PayPal yoluyla ekstradan 17.180 dolar daha toplamışlar fakat bunun çok fazla yardımı dokunmamıştı.) Yine de Shovel Knight'ı Mart 2014'te bitirmeleri imkânsız görünüyordu. "Geliştirdiğim bütün oyunları hep geç çıkarmışımdır," diyor Sean Velasco. "Çünkü her şeyi tekrar ele alıp baştan yapmak, daha iyi hâle getirmek veya daha fazla cilalamak isterim." Aylardır sabahlara kadar çalışıyorlardı ama hâlâ yapacak çok işleri vardı. Shovel Knight'ın ikinci yarısı yeterince iyi değildi, oyunun sonunu da büyük ölçüde değiştireceklerdi ve o kısmı cilalamak için de epey vakit harcayacaklardı. "Eğer WayForward'ta olsaydık büyük ihtimalle oyunu martta yayımlardık," diyor David D'Angelo. "Muhtemelen iyi bir oyun ile harika bir oyunun arasındaki farkı yaratan da bu. Gerçekten de oyundaki her bir pikselin üstünden tekrar geçtik ve tam istediğimiz gibi olduklarından emin olduk."

"WayForward'tayken," diyor D'Angelo, "yayımladığımız oyunların hepsi yüzde doksan oranında hazırdı." *Shovel Knight*'ın ise yüzde yüz hazır olmasını, mümkün olduğunca iyi bir oyun yaptıklarından emin olmayı istiyorlardı. Ama oyunu geliştirmeye fazladan zaman harcamak, maaş almadan çalışmak anlamına gelecekti. Ve 1 Mart 2014'te hiç paraları kalmayacaktı.

Buna rağmen oyunu ertelediler. "Başka seçeneğimiz yoktu," diyor Sean Velasco. "Üstelik bunu tüm gücümüzle, on altı ay boyunca gün yüzü görmeden çalıştıktan sonra yaptık. Bütün arkadaşlarımız birer yabancıya dönüştü… İnsanlar bana nasıl olduğumu soruyordu, ben de onlara, '*Shovel Knight* hariç her şey kötü gidiyor. İyi giden tek şey o,' diye cevap veriyordum." Hep birlikte çalışmaya devam edip şahsi faturalarını ve Yacht Club'ın masraflarını kendi ceplerinden karşılamaya başladılar.

Kısa süre önce baba olan Nick Wozniak ailesinden borç almak zorunda kaldı. ("Gerçekten de çok zor bir konuşmaydı.") Geceleri akşam yemeği yemeden çalışmaya devam ediyor, kendisini sabahın ilk ışıklarında eve dönerken buluyor ve guruldayan midesi ona açlıktan ölmek üzere olduğunu hatırlatıyordu. O saatte açık olan tek restoran, 7/24 hizmet veren bir Jack in the Box'tı ve Wozniak oranın devamlı bir müşterisi hâline gelmişti. "Arabaya servis yapan garsonların isimlerini öğrenmeye başlıyorsunuz," diyor Wozniak. "Artık elemanların seslerinden hangisinin siparişimin içine edeceğini anlıyor ve bazı şeyleri ısmarlamıyordum. Tam bir saçmalıktı. Ne zaman işe yeni biri girse, 'Hey, sen burada yenisin,' dememek için kendimi zor tutuyordum."

Sean Velasco en kötü anısını geliştirme aşamasının sonlarına doğru, kremalı bir kahve almak için bir benzin istasyonuna uğradığında yaşamış. "Kasadaki elemana banka kartımı uzattım ve *bip*! 'Ah, üzgünüm, kartınızın limiti dolmuş.' Cebimi karıştırıp kredi kartımı buldum, onu da uzattım ve yine aynı şey oldu. 'Üzgünüm, bunun da limiti dolmuş.' Oradan utanç içinde, kahve falan alamadan uzaklaştım. Yaşadığım en büyük çaresizlik buydu."

O son aylar oldukça acı verici ve moral bozucu bir hâle gelse de, devam etmelerini sağlayan şey *Shovel Knight*'ı deneyen arkadaşlarından ve aile fertlerinden aldıkları geribildirimlerdi. "Bir sürü cesaretlendirici mesaj aldık," diyor Velasco. Üniversite arkadaşlarından biri oyunun ilk versiyonlarından birini oynadıktan sonra ona nazik bir mesaj atıp başardıklarını, Yacht Club'ın bu işin üstesinden geldiğini ve *Shovel Knight*'ın harika bir oyun olacağını söyledi. Velasco mesajı heyecanla okumaya devam etti; ta ki arkadaşının karşılaştığı sorunlardan oluşan, uzun bir listeyle karşılaşıncaya dek... "Başa dönüp bazı şeyleri tekrardan düzeltmek zorunda kaldık," diyor Velasco.

26 Haziran 2014'te, neredeyse dört ay boyunca meteliksiz çalıştıktan sonra *Shovel Knight*'ı yayımladılar. İyi bir oyun olduğunu düşünüyorlardı fakat insanların onu umursayıp umursamayacağını ya da her yıl çıkan binlerce bağımsız gibi Steam listelerinin dibine düşüp gözlerden kaybolup kaybolmayacağını bilmelerinin bir yolu yoktu. İnsanların dikkatini çekecek kadar reklam yaptıkları kanaatindeydiler ama asla bilemezdiniz. *Shovel Knight* ürünleri ve beslenme çantaları hakkında konuşmaya başladılar fakat ya kimse oyunu satın almazsa? Ofiste bir şaka dönmeye başladı: Eğer başarısız olurlarsa gidip bir fırın açacaklardı.

Derken incelemeler gelmeye başladı. İnsanlar *Shovel Knight*'ı sevmişti. Zekice, zorlayıcı (ama âdil) ve iyice cilalanmıştı. Kickstarter destekçileri dışında oyunu kaç kişinin satın aldığını hesaplamaları birkaç günlerini aldı; sonunda bunu başardıklarında ortaya çıkan sayı onları şaşkına çevirdi. Sadece ilk haftada 75.000 adet satmışlardı. İlk ayın sonuna vardıklarındaysa bu sayı 180.000'e çıktı. WayForward'ta yaptıkları oyunlardan katbekat daha fazlaydı bu.

Shovel Knight çok büyük bir ticari başarıydı. Ancak Sean Velasco için heyecanlanmak zordu. "Gerçekten de karanlık zamanlardı," diyor. *Shovel Knight*'ı geliştirmek için katlandıkları cehennemvari mesai saatlerinden sonra Velasco nihayet gerçek dünyaya dönmüş ve uzun süre hapis yattıktan sonra serbest kalan bir mahkûm misali yerini yurdunu şaşırmıştı. "Duygularım tavan yapmıştı," diyor Velasco. "İnsanların heyecanla oynadığı bir oyun yapmış olmanın gururu. Onu gerçekten bitirmiş olmanın mutluluğu. Farklı farklı yerlere gidip oyun hakkında konuşmanın ve insanların verdiği olumlu tepkilerin yarattığı heyecan. Ama sonrasında tüm bunların sizi hem fiziksel hem de duygusal anlamda tüketmesinin dezavantajını yaşıyorsunuz."

Çoğu oyun geliştiricisi gibi Velasco da proje bittikten sonra kendisini yoğun bir depresyonla ve sahtekârlık sendromuyla yüzleşirken buldu. "'Ah, kimin umurunda, biz sadece *Mega Man*'i kopyaladık,' diye düşünüyordum. "'İnsanları oyunu beğenmeleri için kandırdık. Bu işte iyi falan değiliz.'"

Velasco'nun kendine gelmesi biraz zaman aldı ama en azından artık oyunu tamamlamışlardı. Fazla mesailer sona ermişti. Yakında hepsi iyi birer ücret alacak –şirketin yatay hiyerarşisi sayesinde her ortak eşit miktarda para alacaktı– ve iş-hayat dengesini yeniden kurabileceklerdi. Hâlâ düzeltmeleri gereken birkaç hata vardı, ayrıca söz verdikleri şu oynanabilir bölüm sonu şövalyelerini de tasarlamaları gerekecekti ama işleri bitmişti. *Shovel Knight* tamamlanmıştı. Değil mi?

Yacht Club Games'in Marina Del Ray, California'daki bir binanın on ikinci katında yer alan fiyakalı ofislerinin pencerelerinden dışarı baktığınızda lüks yatlarla dolu bir liman görürsünüz ve bu da şirketin adındaki ironiyi büyük ölçüde azaltır. Ekim 2016'da, *Shovel Knight* yayımlandıktan neredeyse iki buçuk yıl sonra stüdyoyu ziyarete gittim. Tıkalı lavabolardan ve IKEA mobilyalarından bu yana epey yol kat etmişlerdi.

Artık şirkette beş yerine on kişi çalışıyordu ve daha fazla insanı işe almak istiyorlardı ama Yacht Club'ın benzersiz yapısı nedeniyle bu biraz zordu.* Düzgün kalite kontrol elemanları bulmaya çalışıyorlardı fakat hiç kimse mülakat aşamasını geçemiyordu. "Bizimle mülakata girmek biraz göz korkutucuydu," diyor Nick Wozniak. "On kişiyle birden mülakat yapıyorsunuz." Şirketteki

---

* Konsept çizeri Erin Pellon, diğer kurucu ortaklarla yaşadığı bazı anlaşmazlıklardan sonra 2015'te Yacht Club'tan ayrıldı.

herkes her kararı kabul etmek zorunda olduğundan olası çalışanlara hep birlikte soru sormaya karar vermişlerdi. Olası bir kalite kontrol elemanının işi alabilmek için aynı odada onuyla birden görüşmesi gerekiyordu.

Bu tuhaf mülakat yöntemi Ekim 2016'da Yacht Club'ta gerçekleşen en sıradışı şey değildi. En sıradışı olan hâlâ *Shovel Knight*'ın üstünde çalışmalarıydı. İki buçuk yıl sonra hâlâ Kickstarter vaatlerini yerine getirmeye çalışıyorlardı.

O üç bölüm sonu düşmanını oynanabilir birer karakter hâline getirmek tahmin ettiklerinden daha fazla zaman alıyordu. *Shovel Knight*'ı yayımladıktan, bir iki hafta dinlendikten, hataları düzelttikten ve oyunu birkaç konsola uyarladıktan sonra hain simyacı Plague Knight (Veba Şövalyesi) olarak oynayacağınız hikâye modunu tasarlamaya girişmişlerdi. Daha işin en başında sadece Shovel Knight'ın dış görünüşünü değiştirmekle yetinmemeye ve Plague Knight'ın kendi yetenekleri –bomba fırlatmak, çok yükseğe sıçramak– olmasına karar vermişlerdi. Farklı yetenekleri olacağı için bütün bölümlerin de onlara uygun olması gerekiyordu. Böylece sadece birkaç ay süreceğini düşündükleri şey bir yıllık bir geliştirme sürecine dönüşmüştü. Eylül 2015'te, *Plague Knight* hikâye modunu yayımladıktan sonra ellerinde hâlâ bitirmeleri gereken iki hikâye modu daha vardı: *Specter Knight* ve *King Knight*. Yacht Club'ı ziyaret ettiğim sırada bu iki modu 2017'de yayımlamayı planlıyorlardı. "Eğer 2014'te yanıma gelip bana 2016'da hâlâ *Shovel Knight* üstünde çalışmaya devam edeceğimi söyleseydiniz muhtemelen size cevabım, 'Dalga mı geçiyorsunuz lan?' olurdu," diyor Sean Velasco. "Ama işte buradayız."

Velasco oyunun çıkışını takip eden yıllarda kendini daha iyi hisseder olmuştu. Artık iş yerinde daha az zaman harcıyor, plaja gidip güneşleniyordu. *Plague Knight*'ın çıkışına doğru bir kez daha berbat bir fazla mesai sürecinden geçtikten sonra Yacht Club'ın bütün ortakları bunu bir daha asla yapmayacaklarına yemin etmişti. "Çok bezdirici," diyor David D'Angelo. "WayForward'ta da aşırı derecede fazla sabahladığımız için bilhassa zordu, bu yüzden çok şey yaşadık. Ortalama bir oyun stüdyosunun yaşayabileceğinden çok daha fazla."

Ofisin yakınlarındaki bir sandviç dükkânında öğle yemeği yerlerken D'Angelo bir daha asla fazla mesai yapmak istemediğini söylediğinde Ian Flood iç çekti. *Tabii tabii*, dedi. *Specter Knight'ı yayımlamamız gerekene kadar bekle.* "Hiçbir zaman bunun kaçınılmaz olduğunu söylemek istemedim," dedi Flood daha sonra bana. "Daha pragmatik bir yaklaşımla, er ya da geç fazla mesai yapacağımızı ve buna hazır olmamız gerektiğini söylemek istedim. Bütün planlarınızı iptal edin."

Eğer haftada yüzlerce saat çalışmamış olsalardı Yacht Club'ın bu denli başarılı olup olamayacağını bilmek imkânsız. Ama çok büyük bir başarı elde ettiler. 2016'da oyunun satışları bir milyonu geçti. *Shovel Knight*'ı mümkün olan bütün oyun konsollarına uyarladılar, dükkânlarda satılabilmesi için fiziksel versiyonunu çıkardılar (bağımsız geliştiricilerde nadiren görülen bir durumdur bu), hatta Nintendo'yla birlikte çalışarak kürek kuşanan, korkusuz şövalyelerinin Amiibo oyuncak figürünü bile yaptılar.[*] Yayıncılar oyunun dağıtımını yapmak, hatta stüdyoyu satın almak için Yacht Club'a tekliflerde bulundular (Velasco ve arkadaşları onları kibarca reddetti). Shovel Knight daha sonra *Runbow* adlı bir yarış oyunu ve *Yooka-Laylee* adlı bir platform oyunu gibi birçok bağımsız yapımda küçük roller aldı. 90'lı yıllardaki Mario'nun aksine her yerde karşımıza çıkmasa bile yine de bir ikon olmayı başardı.

Tüm bu başarılara rağmen Yacht Club'taki hiç kimse *Shovel Knight* üstünde çalışmaya devam etmeyi beklememişti. En büyük hayranları bile onlara e-postalar yollayıp *Shovel Knight*'ı güncellemeyi bırakmalarını ve yeni bir şey yapmaya başlamalarını söylüyordu. Ama ekiptekiler kendilerini o Kickstarter vaat-

---

[*] Shovel Knight dikkate değer bir şekilde üçüncü taraf stüdyoya ait olan ilk Amiibo figürüdür. Nintendo'nun daha önce çıkardığı bütün Amiibo figürleri şirketin kendi oyunlarıyla ilgiliydi. David D'Angelo oyuncağı yaptırabilmek için her ay şirket yetkililerinin başının etini yediğini söylüyor.

lerini yerine getirmeye adamıştı bir kere: Bölüm sonu düşmanlarıyla oynanan üç hikâye modu ve çok oyunculu bir mod. "Öyle ya da böyle en büyük hatamız buydu. Çok fazla söz vermiştik," diyor David D'Angelo. "Bir söz verdiğimizde onu tutmak istiyoruz. O nedenle bir vaatte bulunmak özünde bizim için kötü oluyor. Çünkü aşırıya kaçırıyoruz."

Diğer sorun, bu hikâye modlarını hazırlamanın onlara tek kuruş kazandırmamasıydı. Tamı tamına sıfır dolara satacakları birkaç hikâye modu için bu işe –tahminen– 2 milyon dolar yatırıyorlardı. Zira Kickstarter kampanyası sırasında Plague Knight, Specter Knight ve King Knight'ın tamamen ücretsiz olacağını söylemişlerdi. Sözlerinden caymak kötü bir izlenim yaratırdı.

İyimser bakıldığında bir oyun geliştiriyor ve tıpkı Blizzard'ın *Diablo III*'te yaptığı gibi kendilerini onu uzun vadede güncelleştirmeye adıyorlardı. "Çok başarılı olan oyunları artık bu şekilde yapıyorsunuz. Bir şey geliştiriyor, sonra da ona yenilikler ekliyorsunuz," diyor D'Angelo. "İlk gün kaç tane sattığınız değil, giderek daha fazla insanın oyununuzu oynamasını sağlamanız ve ona yatırım yapmanız önemli."

Kötümser açıdan bakıldığındaysa yıllar önce bitmesi gereken –ve ömürlerini tüketen– bir oyuna milyonlarca dolar harcıyorlardı. İnsanların bu eklentileri fark edip etmeyeceğini bilmek de imkânsızdı. "İşe yarayıp yaramadığı hakkında hiçbir fikriniz olmuyor," diyor D'Angelo. "Oyunumuz her ay iyi bir satış rakamı elde ediyordu etmesine ama acaba bunu sadece *Shovel Knight* olduğu için mi yapıyordu, yoksa ona eklediğimiz yeni içerikler sayesinde mi?"

Başlangıçta bölüm sonu düşmanlarıyla oynanan üç hikâye modunu 2015'in sonunda tamamlamayı planlamışlardı. Sonra bu tarihi 2016'ya kaydırdılar. Sonra 2017'ye. Ocak 2017'de, bitiş çizgisi ufukta göründüğünde cesur bir hamlede bulundular: (a) Dört hikâye modunu ayrı ayrı satacaklarını duyurdular ve (b) oyuncular artık dört oyun birden satın alacağı için komple *Shovel Knight* paketinin fiyatını artırdılar. *Specter Knight* ve *King*

Knight'ı tamamladıktan sonra oyunu daha fazla geliştirmeyi bırakacaklardı. Ki bu güzel bir şeydi çünkü her gün *Shovel Knight*'a bakmaktan bıkmışlardı. "Kalite kontrol elemanlarımız kendimizdik, o yüzden oyunu yüzlerce kez oynamak zorunda kaldık," diyor Nick Wozniak. "Bize yardım etmeleri için birkaç arkadaşımızı çağırdık fakat çoğunlukla onu sürekli oynayan bizlerdik."

Bundan sonra ne yapacaklarını hayal etmeyi seviyorlardı. En kolay adım *Shovel Knight 2* olurdu fakat boynuzlu kahramanlarıyla geçirdikleri dört yılın ardından Yacht Club'ın kurucuları yeni bir şey yapmak için can atıyordu. Sık sık Nintendo'yu taklit etmekten söz ediyorlardı. "Öne çıkan üç devasa markam olmasını çok isterdim," diyor Velasco. "Sonra da sadece onlarla ilgili yeni oyunlar çıkarırdım." *Shovel Knight* onların *Mario*'su olurdu fakat bu kadarı yeterli değildi. Velasco en az *The Legend of Zelda* kadar ikonik olan bir fikrî mülk daha yapmak istiyordu. Üçüncüsüyse *Metroid* kadar sevilmeliydi.

Bu sözleri başka bir geliştiriciden duymak, yeni *Star Wars*'u yaratmak istediğini söyleyen bir sinema öğrencisinin sarhoşça hayallerini dinlemek gibi olurdu. *Peki, tamam, bir sonraki Nintendo sen olacaksın. İyi şanslar.* Ama Yacht Club'ın güzel ofislerinden çıkıp Shovel Knight tişörtlerinin, pelüş oyuncaklarının ve bir elinde kürek tutan, boynuzlu bir mavi şövalyeyi tasvir eden büyük ve süslü bir heykelin yanından geçerken her nasılsa bu gözüme o kadar da saçma görünmedi.

8
DESTINY

Bungie çalışanları 2007'nin son günlerinde, Washinghton'ın Kirkland şehrindeki ofislerinin karşısında yer alan kiralık bir tiyatroda çılgınca alkış tutuyordu. Kısa süre önce bağımsızlıklarını geri kazanmışlardı. Microsoft'un çatısı altında yedi yıl geçirdikten sonra tekrar özgürdüler.

Bir şirket tarafından satın alınmanın o kadar da kötü bir fikir olmadığını düşündükleri günler çok uzakta değildi. 1991'de bağımsız bir oyun stüdyosu olarak kurulan Bungie, *Marathon* (bilimkurgu temalı bir FPS) ve *Myth* (fantastik bir strateji oyunu) gibi oyunlarla hatırı sayılır bir başarı yakalamıştı; fakat asıl büyük çıkışını *Halo*'yla, yani insanoğlu ile Covenant adındaki, mor takıntılı teokratik bir uzaylı ırkı arasındaki galaktik savaşları konu alan bir FPS oyunuyla gerçekleştirmişti. 1999'da, Macworld oyun fuarında *Halo*'yu tanıttıklarında oyun çok büyük bir heyecan yaratmıştı.

Microsoft bu olaydan bir yıl sonra Bungie'yi satın alıp *Halo*'nun PC ve Mac'e çıkmasına engel oldu ve onu sadece Xbox'a özel bir oyuna dönüştürdü.* *Halo*, Kasım 2001'de Xbox'la aynı anda piyasaya sürüldüğünde milyonlar satarak Microsoft için bir para sağma aracına dönüştü ve yayıncının tecrübesiz konsolu, Sony ve Nintendo gibi daha deneyimli firmaların cihazlarıyla rekabet edebilir hâle geldi. "Gelmiş geçmiş en önemli çıkış oyunu," diye tanımladı *Edge* dergisi onu.

---

* *Halo*, PC ve Mac'e 2003'te, Xbox'a çıktıktan iki yıl sonra geldi.

Sonraki yıllarda stüdyo önce *Halo 2*'yi, ardından *Halo 3*'ü geliştirirken Bungie çalışanları bağımsız oldukları günleri özlemle yâd eder oldu. Aldıkları her kararı onaylatabilmek için Microsoft'un kapısını aşındırmaktan bıkmışlardı ve devasa bir şirkete değil, kendilerine ait olan bir fikrî mülk üstünde çalışmak istiyorlardı. (Microsoft malum bir RTS stüdyosuna oyunun üstünde çalışma izni verdikten sonra ekiptekilerin büyük bir bölümü *Halo*'nun artık sadece onlara ait olmamasına da öfkeliydi.) Bungie'nin önde gelen üyeleri –aralarında üst düzey bir tasarımcı ve şirketin kurucu ortaklarından biri olan Jason Jones da vardı– istifa edip kendi stüdyolarını kurmayı düşünür olmuştu. Çok geçmeden Microsoft'la ayrılık görüşmelerine başladılar.

Birkaç ay süren pazarlıkların ardından her iki tarafı da memnun eden bir anlaşmaya vardılar. Bungie *Halo 3*'ü tamamlayacak, sonra iki *Halo* oyunu daha yapacaktı. *Halo*'nun isim hakları Microsoft'ta kalacak ama Bungie bu yedi yıl içerisinde geliştirdiği bütün teknolojileri elinde tutabilecekti. Ve Bungie 2000'den beri ilk defa bağımsız olacaktı.

2007 yılında, Bungie'nin yöneticileri Microsoft'tan ayrıldıklarını duyurduğunda tiyatroda toplanan bütün stüdyo çalışanları çok heyecanlandı. "Herkes tezahürat ediyordu. Aklımdan geçen ilk şey, 'Tanrım, biz bu insanlara ne yaptık?' oldu," diyor ayrılığın koordine edilmesine yardımcı olan Microsoft başkan yardımcısı Shane Kim. "Çünkü çok iyi olduğumuzu düşünüyordum. Ama aynı zamanda da anladım. İçgüdüsel bir şekilde onları anladım. Bağımsız olmak istiyorlardı."

Bungie ekibi yeni edindikleri özgürlüğün hafif sarhoşluğuyla Bağımsızlık Bildirgesi adını verdikleri bir şey yazdılar. Stüdyodaki herkes tarafından imzalandı, sonra da onu ortak salona astılar. "Şu gerçeklerin apaçık olduğu görüşündeyiz ki," diye yazdılar 1776'dan fırlamış gibi görünen bir yazı stiliyle, "bizler yukarıdan gelen hiçbir mali, kreatif ya da politik kısıtlama olmadan, kendi arzularımıza göre oyunlar ve tecrübeler yaratmak istiyoruz çünkü bunu yapmanın en iyi yolunun bu olduğuna inanıyoruz.

Doğrudan kendi çabalarımızın başarısından faydalanmak ve bu başarıyı ondan sorumlu insanlarla paylaşmak istiyoruz."

Ancak kutlamalar devam ederken bile stüdyonun üstünde bir huzursuzluk havası dolaşmaya başlamıştı. Yeni edindikleri özgürlükle birlikte o güne dek karşılaşmadıkları bir sorumluluk da gelmişti. Artık hataları için suçlayabilecekleri başka biri yoktu. Ayrıca Bungie'deki hiç kimse *Halo* evreninde geçmeyen, *Tiger* kod adlı ilk büyük oyunlarının neye benzeyeceğini bilmiyordu. Microsoft'un kaynaklarını kullanmadan da büyük bir şey tasarlayabileceklerinden hepsi emindi fakat yine de içlerini kemiren bir his vardı: Ya yapamazlarsa?

"Ne dilediğinize dikkat etmelisiniz," diyor Kim. "Bazı şeyler dışarıdan görüldüğü kadar iyi değildir. Böylesine büyük bir stüdyoyu yönetmek karmaşık bir iştir."

2007'de, Jaime Griesemer *Halo* oyunu yapmaktan bıkmış usanmıştı. Kıvırcık saçlara ve aşırı detaycı gözlere sahip, deneyimli bir Bungie çalışanı olan Griesemer, her biri farklı farklı yıpratıcı zorluklarla ve acımasız mesai saatleriyle yüzleşmek zorunda kalan *Halo*, *Halo 2* ve *Halo 3*'ün en önemli tasarımcılarından biriydi. *Halo* serisi her devam oyunuyla birlikte masaya yeni fikirler getirse de hepsi aynı temel fikre sahipti: Süper asker Master Chief'i yönetip çeşitli silahları, el bombalarını ve araçları kullanarak uzaylı güruhlarını öldürmek. Yeniliğe çok fazla yer yoktu. Ensemble Studios Dallas'ta bir *Halo* RTS'siyle uğraşıyor olabilirdi ama ana seriyle ilgilenen Bungie ani bir kararla kamerayı uzaklaştırıp *Halo 3*'ü üçüncü şahıs açısından oynanan bir yapıma çeviremezdi. Serinin yerine getirmek zorunda olduğu bazı kriterler vardı.

"*Halo*'da yapmak istediğim her şeyi yapmışız gibi hissediyordum," diyor Jaime Griesemer. "*Halo*'daki özellikler iki kategoriye ayrılır: Sevdiklerim ve sevmediklerim. Ve sevdiğim her şeyi yapmıştık. O yüzden bundan böyle sevmediklerimi yapmak zorundaydık. Ama sevmediğim bir şeyi yapmaktan hoşlanmam, o yüzden oyundan uzaklaşmam gerekiyordu."

Bungie *Halo 3*'ü yayımladıktan sonra stüdyonun büyük bir bölümü anlaşma gereği Microsoft'a borçlu oldukları son iki oyunu, yani daha sonra *Halo 3: ODST* ve *Halo: Reach* olarak bilinecek yan oyunları yapmaya girişti. Bu esnada Griesemer ise Bungie yönetimini ikna edip stüdyonun bir sonraki multimilyon dolarlık fikrî mülkü için yeni fikirler hayal etmeye başladı. Bir bilgisayar kapıp kendi köşesine çekilen Griesemer, *Dragon Tavern* adlı, çok oyunculu bir aksiyon oyunu için bir sunum hazırladı. Tam olarak *World of Warcraft* gibi bir MMO sayılmazdı ama Griesemer'ın "ortak dünya tecrübesi" dediği bir şey yaşatıyordu. Her oyuncunun istediği gibi süsleyebileceği, arkadaşlarıyla takılabileceği ve görevlerden önce toplantılar gerçekleştirebileceği özel tavernaları olacaktı. Oyun dünyasının geri kalanında maceraya atıldıklarındaysa sanki herkese açık, büyük bir MMO'ya girmişlercesine birbirleriyle rekabet edebilecek veya ortaklaşa hareket edeceklerdi.

Bungie'nin en üst düzey geliştiricilerinden ve başmühendislerinden biri olan Chris Butcher'ın oyuncuları teknik olarak eşleştirip beraber oynamalarını nasıl sağlayabilecekleri hakkında bazı fikirleri vardı ve Griesemer onunla kafa kafaya verdi. Hepsi sadece teorideydi ama bu tür bütün olasılıklar Griesemer'ı heyecanlandırıyordu. Bunun en büyük sebebiyse bir *Halo* oyunu üstünde çalışmıyor olmasıydı. "*Halo* nedir? Bir bilimkurgu oyunu. Peki o zaman, *Dragon Tavern* fantastik olacak," diyor Griesemer. "*Halo* birinci şahıs kamerasından mı oynanıyor? Tamam, *Dragon Tavern* üçüncü şahıs olacak. Yeni fikirler bulabilmek için *Halo*'dan mümkün olduğunca uzaklaşmam gerektiğini düşünüyordum."

Bu esnada Bungie'nin kurucu ortaklarından Jason Jones stüdyonun bir sonraki oyununun ne olması gerektiği konusunda kendi planlarını yapıyordu. İçine kapanık ama saygın bir tasarımcı olan Jones, teknik olarak Bungie'nin yöneticisi değildi –o rol şirketin CEO'su Harold Ryan'a aitti– fakat o ne isterse onu yapacakları genel olarak kabul görmüş bir kuraldı. Microsoft'tan ayrılmaları için en çok bastıran, bunu yapmadıkları takdirde kendi stüdyosunu kuracağını söyleyen kişi Jones'tu. Yıllarca başka bir şirketin fikrî mülkü üstünde çalıştıktan sonra artık Bungie'ye (ve şirketin en büyük hissedarlarından biri olarak kendisine) ait olmayan bir oyun geliştirmek istemiyordu.*

Kısacası Jones da *Halo*'dan uzaklaşmak istiyordu fakat onun sebepleri farklıydı. Başlıca şikâyetlerinden biri *Halo*'nun çok çizgisel bir oyun olmasıydı. Her ne kadar çok oyunculu modlar onları ne kadar oynarsanız oynayın hep eğlenceli kalsa da bir *Halo* oyununun size sunabileceği her şeyi görebilmek için tek kişilik senaryoyu en az bir kez bitirmek zorundaydınız. Jones bundan nefret ediyordu. "Bence *Halo*'nun en büyük trajedisi, yıllar boyunca harika tek kişilik ve eşli oyunculu içerikler sağlaması ama oyunu baştan oynamaları için insanlara paşa gönülleri haricinde neredeyse hiçbir teşvik ya da mazeret sunmamasıydı," demişti Jones, 2013'te verdiği bir röportajda.**

Jones bir sonraki oyununda –onun da bir FPS olmasını istiyordu– insanların belirli bir sıra olmaksızın, tekrar tekrar oynayabileceği görevler bulunmasını arzuluyordu. Onun fikirleri de en az Griesemer'ın *Dragon Tavern* için düşündükleri kadar teorikti. Bir sürü Excel ve Vizio tablosu vardı. "'İşte birinci şahıs nişancı oyuncuların doğal evriminin nasıl olacağına dair görüşüm,' demek gibiydi," diyor Griesemer.

Jaime Griesemer da stüdyoda sözü geçen biriydi ama Jason Jones kadar değil. Ve Bungie aynı anda hem *Dragon Tavern*'ı hem de Jason'ın projesini geliştirecek bant genişliğine sahip değildi. "Bir noktada," diyor Griesemer, "stüdyo yönetimi beni çağırıp 'Bak, tek seferde sadece bir oyun geliştirebiliriz ve bu Jason'inki olacak, o yüzden sen de o projeye dahil olmak istersin,' dediler. Ben de, 'Evet ama bu fikri gerçekten çok sevdim,' dedim. Ama Jason da kendi fikirlerini çok sevmişti ve sonunda... İkisini bir-

---

* Bungie (ve Jason Jones) bu kitap için röportaj vermeyi reddetti.

** Ryan McCaffrey, "Bungie'nin Kurucu Ortağı ve *Destiny*'nin yaratıcısıyla '*Halo*'nun En Büyük Trajedisi' hakkında, IGN, 9 Temmuz 2013, www.ign. com/articles/2013/07/09/bungie-co-founder-destiny-creator-on-halos-greatest-tragedy

leştirmeye karar verdik demeyeceğim... Jason'ın projesi *Dragon Tavern*'deki iyi fikirleri ödünç aldı diyelim."

Böylece daha sonra *Destiny* diyecekleri oyunun ilk tohumlarını ekmiş oldular. Griesemer ve Jones aylar boyunca proje üstünde birlikte çalışıp nasıl görüneceğini ve oynanacağını belirlemeye çalıştılar. Üzerlerinde muazzam bir baskı vardı. Bungie finansal anlamda iyi gidiyordu –*Halo 3: ODST* ve *Halo: Reach* sözleşmeleri onları ziyadesiyle güvence altına almıştı– fakat *Destiny*'nin o güne dek yaptıkları en mükemmel şey olması gerektiğini hissediyorlardı. Bungie ekibi, Microsoft'un otoritesi altında geçirdikleri onca yılın ardından kendi başlarına daha iyi işler çıkarabileceklerini ispatlamalıydı.

İyi haber, çoğu oyun stüdyosunun aksine yineleme yapmak için bir sürü zamanları olmasıydı. O ilk yıllarda, 2007 ile 2010 arasında, *Project Tiger* kod adlı oyun birçok kez şekil değiştirdi. Bir noktada Blizzard'ın *Diablo*'su gibi görünüyordu. Başka bir noktada da *Overwatch*.* Bungie oyunun birinci şahıs açısından mı (oyuncuların yaşananları karakterin gözlerinden gördüğü bir oyun türü) yoksa üçüncü şahıs kamerasından mı (oyuncuların karakterin hareketlerini ve eylemlerini ona hafif arkadan bakan bir kamerayla yönettiği bir oyun türü) oynanması gerektiği gibi bazı önemli yapısal meseleleri uzun uzadıya tartıştı. Buna karar vermeleri yıllar sürdü.

Geniş çaplı pek çok oyun stüdyosu gibi Bungie de teknik olarak "üretim öncesi aşama" denebilecek ama aslında sadece bir sonraki oyunun nasıl bir şey olduğuna karar verilen safhaya büyük zaman ayırdı. Bir oyun yapmanın en zor kısımlarından biri budur: Olasılıkları sonsuzdan bire indirmek. "Bence *Destiny*'nin geliştirilme aşamasını sekteye uğratan şey buydu,"

---

* Jaime Griesemer'ın dediğine göre *Destiny*'nin ilk versiyonlarından biri *Overwatch*'a çok benziyordu. "Bir süreliğine *Titan*'ı oynamak için Blizzard'a gitmiştim," dedi –*Titan* iptal edilip daha sonra *Overwatch*'a dönüştürülen bir MMO'ydu– "Geliştirdikleri şeyi görünce, 'Hassiktir, siz de bizimle aynı oyunu yapıyorsunuz. Hem de karakter sınıflarına kadar,' dedim." Piyasaya sürülen *Destiny*'nin *Overwatch*'la hiçbir benzerliği yoktu elbette.

diyor Jaime Griesemer. "Bir müddet çalışıyor, belirli bir yönde ilerleyip bir sürü para harcıyor, sonra da, 'Tüm zamanların en büyük oyununu geride bıraktık ve şimdi yapacağımız şey tüm zamanların en büyük yeni oyunu olmalı,' gibi imkânsız bir idealin peşinden koştuğumuz için bazı şeyleri tamamen sıfırlıyorduk. Bunu, 'Bir prototip hazırladık ama izlediğimiz yön yanlış, o yüzden biraz geriye gidip farklı bir yön izleyeceğiz,' gibi incelikli bir yolla yapmıyorduk. Onun yerine bir haftalığına izine çıkıyor ve geri döndüğümde bir yıl boyunca yaptığım her şeyin silindiğini görüyordum. Geri döndürülemez bir şekilde, kelimenin tam manasıyla siliniyordu. Eğer dizüstü bilgisayarımda bir yedeği yoksa sonsuza dek kayboluyordu. Hiçbir uyarı, hiçbir görüşme olmaksızın."

Griesemer'ı iyice strese sokan şey, projeyi her sıfırlayışlarında *Destiny*'nin giderek *Halo*'ya benzemesiydi; stüdyonun ikonik serisi bir türlü kurtulamadıkları bir yerçekimi kuyusuydu sanki. *Halo 3: ODST* piyasaya sürüldükten sonra o oyunu geliştiren ekip *Destiny*'ye geçti. *Halo: Reach* çıktıktan sonra da diğer ekip. Çok geçmeden yüzlerce kişi *bir sonraki büyük oyunlarının* üstünde çalışıyordu ve bu durum onlara yapacak bir şeyler bulması gereken Bungie'yi çabuk kararlar almaya itti (*Uncharted 4*'ü devralan Bruce Straley ve Neil Druckmann'ın yaptığı gibi "canavarı beslemek" zorundaydılar). İlk başta Griesemer ve diğer geliştiriciler *Destiny*'nin fantastik bir oyun olmasını istemişti. Ancak zamanla kaleler uzay gemilerine, baltalar ve kılıçlarsa uzay baltalarına ve uzay kılıçlarına dönüştü.

"Çoğunlukla bilimkurgusal şeyler çizen prodüksiyon sanatçılarıyla dolu, büyük bir ekibimiz vardı. Ama orklar şöyle dursun, daha önce bir kılıç bile çizmemişlerdi. O yüzden belki de yeni oyunumuz bir bilimkurgu olmalı diye düşündük," diyor Griesemer. "Üçüncü şahıs kamerası kullanan bir oyun yapmak istiyorduk fakat birinci şahıs bakış açısı animasyonlarında ustalaşmış bir sürü elemanımız vardı ve bütün kodlarımız ekranın ortasında bir nişangâh olacağı farz edilerek yazılmıştı. Bu yüzden de birinci şahıs kamerasına geçtik... Bir de baktık ki temelde bir *Halo* oyunu yapıyoruz."

Bungie yönetimi fikirleri ve sunumları kuşanıp yeni oyunlarını piyasadaki en büyük yayıncılara tanıtmaya başladı: Sony, Microsoft, EA... Hatta eski yöneticilerden birinin hatırladığı kadarıyla Nintendo'yla bile görüştüler. *Destiny*'nin nasıl bir şey olacağını tam olarak bilmiyorlardı fakat onu muazzam bir şeye dönüştürmeye kararlıydılar. Böylece *Call of Duty* serisinin yayıncısı olan Activision'la birkaç oyunu kapsayan, 500 milyon dolar değerinde, on yıllık bir anlaşma imzaladılar. Bu o güne dek video oyun endüstrisi tarihinde yapılmış en büyük anlaşmaydı. Her ne kadar *Destiny*'nin temel konseptleri henüz oturmamış olsa da Activision yöneticileri *Halo* gibi bir şey geliştireceklerini umuyordu. "Bungie'nin sunumunu yaptığı oyun temelde piyasaya sürdükleri yapımdan çok farklı değildi," diyor anlaşma pazarlıklarına katılan kişilerden biri. "Bir uzay operası. MMO ve FPS'yi birleştiren bir şey."

Bungie anlaşma gereği *Destiny*'nin haklarını elinde tutacaktı ve Activision da bütün hedefleri tutturmaları şartıyla oyunlarını istedikleri gibi geliştirmelerine müsaade edecekti. Bungie'nin oldukça sıkışık bir takvimi olacaktı. Activision, *Destiny 1*'in 2013'ün sonbaharında, *Comet* adlı ek paketinse bir sonraki yıl içerisinde çıkmasını istiyordu. Ertesi yıl da önce *Destiny 2*, sonra da *Comet 2* çıkacak ve bu böyle devam edecekti.

Jaime Griesemer ne kadar uğraşırsa uğraşsın *Halo*'nun yerçekimi kuyusundan kurtulamayacaklarını fark etmeye başladı. Daha da kötüsü, stüdyonun büyük bir bölümünün buna itirazı yoktu. "Bungie'ye girdiğimde *Halo*'yu geliştiren sekiz kişi vardı," diyor Griesemer. "2001'de onu piyasaya sürdüğümüzdeyse yaklaşık elli kişi. *Reach* ve *ODST* ekipleri *Destiny* ekibine katıldığındaysa muhtemelen üç yüz kişiydik. Büyük bir çoğunluğu *Halo 3* çıktıktan sonra işe alınmıştı. Bunlar *Halo*'yu seven insanlardı. *Halo* yüzünden Bungie'de çalışmak istiyorlardı. O yüzden *Halo*'ya benzeyen bir şey yapmak istemeleri doğaldı."

Destiny'nin gidişatı karşısında hüsrana uğrayan Griesemer diğer Bungie çalışanlarıyla kavga etmeye başladı. Bir noktada e-posta yoluyla oyunun karşılaşacağını düşündüğü temel tasarım sorunlarının bir listesini hepsine yolladı. Oyunu şimdiki nesil konsollara sığdırabilmek için havalı özellikleri kesmeden yeni nesil konsollara geçişi nasıl sağlayacaklardı? Kaç kere oynanırsa oynansın her seferinde insanlara eğlenceli gelecek içerikleri nasıl yaratacaklardı? Ve belki de en önemlisi, ustalığın beceriye dayalı olduğu aksiyon oyunlarının hassas ateş etme mekanikleri ile yönettiğiniz karakterin gücünün çoğunlukla seviyesine ve ekipmanlarına bağlı olduğu MMO'ların ağır işleyişini nasıl birleştireceklerdi?

Sonunda Bungie yönetimi Griesemer'dan istifasını istedi. "Bunu bir tür onur nişanesi olarak gördüm," diyor, "çünkü bilinçli bir karar almıştım. Oyunun gidişatından hoşlanmıyordum, bu yüzden ya onu değiştirmelerini ya da beni başlarından defetmelerini sağlayana dek buna karşı koyacak ve işleri zorlaştıracaktım."

Griesemer yalnız değildi. İlerleyen yıllarda baş çevre tasarımcısı Vic Deleon, mühendis Adrian Perez, *Halo: Reach*'in kreatif direktörü Marcus Lehto ve tasarım direktörü Paul Bertone gibi stüdyonun pek çok emektar çalışanı ya istifa etti ya da ettirildi. Sonrasında bu liste Bungie'nin başkanı Harold Ryan'ı da kapsayana dek iyice kabardı.

"Bungie'nin ufak tefek bir stüdyodan dünyanın hâkimine, sonra da yaşı geçmiş dinozorlara dönüşmesinin bunda payı var," diyor Griesemer. "Bütün bu aşamaların en kötü yanlarını aldılar. Yani ufak tefek ve genç olmanın toyluğuna, zirveye çıkmanın küstahlığına ve dinozor olmanın inatçılığına ve değişememe yetisine sahiptiler."

Bungie bağımsızlığını kazandıktan sonra, sadece birkaç yıl içerisinde çok ciddi büyüme sancıları çekmeye başlamıştı. Tıpkı Shane Kim'in o gürültülü toplantı esnasında düşündüğü gibi: *Ne dilediğinize dikkat etmelisiniz.*

***

Bungie, Şubat 2013'te *Destiny*'yi resmî olarak duyurmak için basın mensuplarını Bellevue, Washington'daki ofislerine –2009'da Kirkland'tan taşındıklarından beri ikamet ettikleri yere– davet etti. Önceki aylarda yaşanan birkaç sızıntı yüzünden bazı detaylar şimdiden ortaya çıkmıştı ama en nihayetinde beklenen o büyük an, Bungie'nin sonunda *Destiny*'nin gerçekte ne olduğunu herkese açıklayacağı etkinlik buydu. Büyük bir sahneye çıkan Bungie yöneticileri bol kepçeden, iddialı vaatlerde bulundular. *Destiny*'nin "ilk ortak dünya nişancı oyunu" olduğunu ve Chicago'nun bataklıkları ve Satürn'ün halkaları arasında, hiç kesinti yaşanmadan arkadaşlarınızla ve yabancılarla buluşabileceğinizi söylediler. Jason Jones ve diğer Bungie'nin ileri gelen diğer çalışanları, basın mensuplarından ona MMO dememelerini istemişti fakat oyunun DNA'sı açıktı. *Destiny* yarı *Halo*, yarı *World of Warcraft*'tı. O kadar açık olmayan şeyse bu ikisinin nasıl birleştirildiğiydi.

Ana fikir şuydu: *Destiny* bizim evrenimizde, uzak bir gelecekte geçiyordu ve insanoğlu pek çok gezegene yayılmıştı; ta ki büyük bir bölümü açıklanamayan bir felaket yüzünden ölene kadar... Hayatta kalanlar Traveler (Gezgin) denen, gizemli bir beyaz kürenin koruduğu Last City (Son Şehir) adındaki güvenli bir bölgeye kaçmıştı. *Destiny* oyuncuları, galaksinin Guardians (Gardiyanlar) adı verilen, güçlü koruyucularından biri olarak güneş sistemini gezecek, uzaylılarla savaşacak ve Dünya, Venüs ve diğer gezegenlerde ganimet avına çıkacaktı. Bungie'nin emektar senaristi Joe Staten'ın dediğine göre oyunun hikâyesi bölümler hâlinde sunulacaktı. "En kritik derslerden biri, oyundaki en önemli hikâyelerin bizim tarafımızdan anlatılmayacak olması," dedi Jason Jones basın mensuplarına. "Oyuncular tarafından anlatılacaklar; paylaştıkları maceralarla kişisel efsanelerini yazacaklar."

Staten bunun üzerine iki Guardian'ın gömülü bir şehri araştırmak için Mars'a uçtuğu bir senaryoyu anlatmaya başladı. İkili yol üstünde iri yarı bir uzaylı ırkı olan Cabal tarafından tuzağa düşürülüyordu. Başka bir oyuncunun yönettiği, üçüncü bir Guardian şans eseri oradan geçerken yardımlarına koşuyor, Cabal'ı yok etmelerine yardımcı oluyor, sonra da araştırmalarına katılmak istediğini söylüyordu. "Her seferinde başka bir oyuncuya denk geliyorsunuz ve bu harika bir şey," dedi Staten, orada bulunan basın mensuplarına. "Diğer nişancı oyunlarında böyle bir şey asla olmaz." Bir anda Mars'taki mezarlıkları araştıracakları bu zindan görevine üçüncü bir oyuncu katılmıştı. *Destiny*'nin "kişisel efsanelerinin" neye benzeyeceği açık değildi –Staten hikâyesini oyunu bizzat oynayarak değil, konsept çizimleri ve videolar eşliğinde anlatmıştı– fakat teoride kulağa çok çılgınca geliyordu. Dahası, bunlar *Halo*'yu yapan insanlardı. Herkes ne yaptıklarını bildiklerine güveniyordu.

2013 geçip giderken Bungie ve Activision insanların *Destiny*'ye karşı büyük bir heyecan duyması için oldukça sıkı çalıştı ve bir dizi tanıtım videosu ve kısa reklam yayımlayarak daha fazla vaatte bulundu. Haziran ayında, Sony'nin E3 basın konferansında Joe Staten ve Jason Jones sahneye çıkıp ellerine birer oyun kumandası aldı ve *Destiny*'nin Eski Rusya bölümünün yıkık duvarları arasında uzaylılarla çarpışırken tuhaf bir şekilde takıldılar. "Başka bir oyuncuya rastlamanın gerçekten de büyüleyici bir yanı var, özellikle de bunu beklemediğiniz zamanlarda," dedi bir Bungie çalışanı, bunu takip eden bir *Destiny* videosunda. "Silah sesleri duyuyor ve solunuza baktığınızda yeni arkadaşınızla karşılaşıyorsunuz."

En abartılı reklam *GamesIndustry.biz* sitesine konuşan ve *Destiny*'nin kültürel bir mihenk taşına dönüşmesini umduğunu söyleyen Bungie COO'su Pete Parsons'tan geldi. "Büyük hikâyeler anlatmayı seviyoruz ve insanların *Destiny*'yi Yüzüklerin Efendisi, Harry Potter ve *Star Wars*'la aynı rafa koymasını istiyoruz," dedi Parsons. "*Halo*'yla elde ettiğimiz başarıdan son derece gurur duyuyoruz... Aynı şeyi *Destiny*'yle de yapabileceğimize, hatta *Halo*'nun hiç ulaşmadığı bir seviyeye çıkabileceğimize yürekten inanıyorum."

Lakin tüm bu iddialı konuşmalar perde arkasında Bungie'yi eziyordu. Bağımsızlığını kazanan stüdyo, *Halo: Reach*'i 2010'da bitirip *Destiny* üzerinde tam zamanlı olarak çalışmaya başladığından beri her türden problemle karşılaşıp durmuştu. Jaime Griesemer'ın ayrılmadan önce sorduğu soruların büyük bir bölümüne hâlâ yanıt bulamamışlardı. İlerleme süreci nasıl olacaktı? Oyuncular *Destiny*'yi bitirdikten sonra ne yapacaktı? Hem duygusal açıdan anlamlı hem de tekrar tekrar oynanabilecek bir hikâyeyi nasıl anlatacaklardı? Her oyuncuya kendi "efsanesini" sunmak tam olarak ne manaya geliyordu?

Evet, şimdiye dek harika şeyler yapmışlardı. *Destiny*'nin sanat tasarımını gören herkesin ağzı mütemadiyen açık kalıyordu: Eski Rusya'nın paslı harabeleri, Venüs'ün soluk bataklıkları, Mars'ın gömülü şehirlerinin etrafını çevreleyen kan kırmızısı çöller. Oyunun çatışma mekanikleri *Halo*'dan daha iyiydi ve bir Cabal askerinin kafasını sabun köpüğü gibi patlatmak kadar eğlenceli bir şey yoktu. Ama tek başlarına harika olan bu küçük parçalar bir araya gelip mükemmel bir video oyunu oluşturmuyordu. Bungie, 2013 yılı boyunca çeşitli videolar yayımlayıp insanların *Destiny* için büyük bir heyecan duymasını sağlasa da geliştiriciler projenin başının belada olduğunu biliyorlardı. Takvimin çok gerisinde kalmışlardı ve E3 2013'te gösterdikleri M10 kod adlı şu gösterişli demo, oyunun tamamlanan çok az kısmından sadece biriydi.

Belki de *Destiny*'nin en büyük sorunu, stüdyo çalışanlarının kafasında bile tam bir kimliğinin olmamasıydı. "Eğer Bungie'ye gidip oradaki insanlara *Destiny*'nin ne olduğunu sorsaydınız," diyor stüdyonun eski çalışanlarından biri, "yarısı onun bir *Halo* FPS'si, diğer yarısıysa *World of Warcraft* olduğunu söylerdi." Stüdyo hızla büyüyor, bu da iletişimi giderek güçleştiriyordu. 2013'te Bungie'nin Bellevue'deki mantıksızlık derecesindeki karanlık ofislerinde yüzlerce kişi çalışıyordu. Herkes her gün oyunu oynamıyordu ve çok azı *Destiny*'nin en sonunda neye benzeyeceğini hayal edebiliyordu. Bu da farklı bir stüdyo çalışanının da tarif ettiği gibi, "diğerleriyle alakası olmayan ve birbirlerini gerçek anlamda tamamlamayan bir sürü harika fikre" yol açıyordu. Basın mensupları şubat ayındaki gösterimden *Destiny*'nin nasıl işleyeceğini merak ederek ayrılmıştı. Bungie'deki insanlar da kendilerine aynı soruyu soruyorlardı.

Muhtemelen oyun geliştiriciliğinde en çok kullanılan kelime öbeklerinden birini özensiz bir pazarlamacı özgeçmişinde de görmeniz mümkündür: "Ortak istikamet." Başka bir deyişle herkes her konuda aynı fikirde olmak zorundadır. Oyunların bir sürü küçük ve hareketli parçası olduğundan –sesler, kullanıcı arayüzü, görsel efektler vb.– bütün departmanların oyunun izlediği istikamete dair güçlü, tutarlı bir fikri olmalıdır. Ekibiniz ne kadar büyürse bu konsept o kadar önem kazanır.

Pek çok video oyununda olduğu gibi *Destiny*'nin de bazı temelleri vardı –bunlar çoğunlukla "oyuncuların yaşamak isteyebileceği bir dünya" ve "yapılacak bir sürü eğlenceli şey" gibi sıradan şeylerdi– fakat oyunun üstünde çalışan insanlar birkaç farklı nedenden ötürü onun son hâlini hayal etmekte güçlük çektiklerini söylüyordu. "Şirket, yönetim yapısından ve liderlik sürecinden daha hızlı gelişiyordu," diyor oyunun üstünde çalışanlardan biri. "Bu da birçok departmanın kötü yönetilmesine ve oyunun son hâlini tam olarak anlamamalarına neden oluyordu." Avrupa'dan ayrılan on beşinci yüzyıl kâşifleri gibiydiler; bir gemiyi yönetmeyi, batıya doğru gitmek istediklerini biliyorlardı ama yollarının nereye çıkacağından emin değillerdi. Geliştirici ekip bir FPS –harika gözüken, oynarken çok keyif veren ve hem arkadaşlarınızla hem de yabancılarla grup oluşturabileceğiniz bir oyun– yaptıklarını biliyordu ama *Destiny*'nin öteki alanları hâlâ belirsizliğini koruyordu. Özellikle de Joe Staten'ın senaryosu...

Proje Bungie'deki bazı çalışanların hayal bile edemeyeceği kadar büyümüştü. Yaklaşık elli kişinin eseri olan ilk *Halo*'nun üzerinden sanki bir ömür geçmiş gibiydi. 2013'ün ortasında *Destiny*'yi geliştirenlerin sayısı yüzleri bulmuştu. "*Halo*'lardan birini oynadığınızda o oyunlarda insanların parmak izlerini hissedebilirsiniz;

ona bakabilir ve bunun bir insan projesi olduğunu anlayabilirsiniz," diyor eski Bungie çalışanlarından biri. "Ama *Destiny*'yi çok şişirdiğimiz için artık böyle bir şey mümkün değildi."

Karşılaştıkları bir diğer büyük zorluk, Bungie'nin oyunla beraber grafik motorlarını da geliştirmeye karar vermesiydi. Bu durum mühendisler için çok eğlenceli olsa da geri kalan herkesin hayatını zorlaştırıyordu. (*Dragon Age: Inquisition* ekibinin de zor yoldan öğrendiği üzere, yeni bir oyunla beraber yeni bir motor geliştirmeye çalışmak her zaman daha fazla iş anlamına geliyordu.) Her ne kadar Bungie'nin mühendis ekibi *Destiny*'nin oyuncu eşleştirme sistemini ve perde arkasındaki diğer özelliklerini desteklemek için yepyeni bir teknoloji üretmiş olsa da çalışanların dediğine göre oyunu yapmak için kullandıkları geliştirme araçları vasatın altındaydı. Dolayısıyla yapılan bir tasarım değişikliğinin oyunda görünmesi *Halo*'da sadece on veya on beş saniye alırken *Destiny*'deyse bu süre yarım saati bulabiliyordu.

"İçerikleri yineleme süremiz oldukça kötü," diye itiraf etmişti Bungie'nin mühendislik direktörü Chris Butcher, 2015'teki Game Developer Conference'ta yaptığı bir konuşma sırasında. "Küçük değişiklikler için dakikalarca, büyükler içinse çeyrek saat beklemeniz gerekebiliyor." Bungie'deki çizerler ve tasarımcılar için bunun anlamı basit işlerin normalden çok daha uzun sürmesi ve verimsizliğin artmasıydı.

"Çok kaliteli oyunlar yapan bir stüdyo ile bunu yapamayanlar arasındaki en büyük değişken geliştirici ekibin kalitesi değildir," diyor *Destiny* üzerinde çalışan kişilerden biri. "Kullandıkları geliştirici araçlarıdır. Çok kötü bir hokey oyuncusuysanız ama kaleye elli şut çekebiliyorsanız, ben kahrolasıca Wayne Gretzky olsam bile eğer kaleye sadece üç şut çekebiliyorsam muhtemelen benden daha iyi bir skor elde edersiniz. Araçlar da böyledir. Aradaki farkı yaratan şey onların ne kadar istikrarlı ve sağlam olduğudur. Ne kadar hızlı yineleme yapabileceğinizi, teknik becerisi olmayan bir sanatçının bir şeyi ne kadar kolay hareket ettirebileceğini onlar belirler."

İster Microsoft Word olsun ister bir grafik programı, kağnı gibi çalışan bir bilgisayar yazılımına hayatında en az bir kez bağırmış olan herkes yavaş araçlara sahip olmanın ne kadar sinir bozucu olduğunu bilir. "Oyun geliştirme sürecinin o kadar da seksi olmayan yanıdır bu," diyor aynı kişi. "İyi araçlara sahip olmak her zaman daha iyi oyunlar yapmak demektir."

Üçüncü problem, Bungie'nin uyumsuz bir vizyonun ve etkisiz araçların üstüne bir de Activison'la aralarında giderek artan gerilimle uğraşmak zorunda kalmasıydı. Oyun geliştiricileri ile yayıncılar arasında her zaman bir parça gerginlik olur –yaratıcı insanlarla paracı insanlar kötü bir çift oluştururlar– ama *Destiny*'de durum çok daha ciddiydi. Bu oyun Activision'ın o güne dek oynadığı en büyük kumardı, bu yüzden Bungie'nin "ilk oynanabilir" versiyonu vasatın altında kalınca yöneticilerden bazıları korkuya kapılmıştı. "Bize oynanabilir bir bölüm sundular fakat anlaştığımız standardın altındaydı," diyor Activision çalışanlarından biri. "Kendini çok tekrarlıyordu ve pek eğlenceli değildi."

Kısacası oyuncuların ve basın mensuplarının *Destiny* için duyduğu heyecanı körüklerken bile aslında birçok şeyle mücadele ediyorlardı. Ekibin boyutu idare edilemeyecek kadar büyümüştü, vizyonları net değildi ve oyun motoru tam bir keşmekeşti. Herkes bir şeyin patlak vereceğini biliyordu. Sadece bunun ne zaman gerçekleşeceğini bilmiyorlardı.

Marty O'Donnell felaketin yaklaştığını görebildiğini söylemeyi isterdi. 2013 yazıydı ve Bungie'nin emektar ses direktörü E3 sırasında yayımlanan bir *Destiny* videosu yüzünden herkesin gözü önünde Activision'la bir kavgaya tutuşmuştu. Korktuğu başına gelmiş, Activision videoda ortağı Michael Salvatori ve eski Beatles üyesi Paul McCartney'le birlikte bestelediği etkileyici, destansı parçalar yerine kendi gürültülü müziklerinden birini kullanmıştı. Şirket içerisinde "sahte fragman" olarak adlandırdığı bu videoya çok sinirlenen O'Donnell, E3'ün ilk günü bir dizi tweet attı.

11 Haziran 2013, 00:33: "Bungie ekibinin tasarlayıp geliştirdiği her şeyden gurur duyuyorum. O video Activision'un pazarlama departmanı tarafından hazırlandı, bizim tarafımızdan değil."

11 Haziran 2013, 21:02: "Açıklığa kavuşması için söylüyorum, 'Resmî Destiny E3 Oynanış Videosu' 2:47 @Bungie tarafından değil, size CoD [*Call of Duty*; Activision'un popüler askeri FPS'si] serisini sunan şirket tarafından hazırlandı."

11 Haziran 2013, 21:05: "Destiny'yle ilgili E3'te gösterilen diğer her şeyi @Bungie yaptı."

Activision yöneticileri bu protokol ihlali karşısında küplere bindi. Oyun endüstrisinde gizlilik anlaşmaları çok yaygındır ve genel kabul gören kural bu tür kreatif anlaşmazlıkların özel görüşmelerle çözülmesidir, Twitter üzerinden değil. Activision'ın CEO'su Eric Hirshberg derhal Bungie CEO'su Harold Ryan'a bir e-posta atarak "daha fazla zarara yol açılmadan buna engel olmasını" rica etti. Böylece Bungie'nin en eski çalışanlarından biri olan, elli sekiz yaşındaki O'Donnell bir anda kendisini onlarca yıldır birlikte çalıştığı insanlarla karşı karşıya buldu.

İşin dramatik yanı bir yana, Bungie'nin videolardan ve tweetlerden daha büyük sorunları vardı. Son birkaç yıldır *Destiny* ekibinin büyük bir bölümü oyunun hikâyesinin son hâlinin neye benzeyeceğini merak ediyordu. Bazı parçalarını duymuşlardı, evet. Joe Staten ve ekibinin yolladığı senaryo parçalarından yola çıkarak diyalogları kaydetmiş, ara sahneleri çekmiş ve karakter modellemelerini hazırlamışlardı. Ama Jason Jones ve diğer senaristlerin haricinde stüdyodaki çok az kişi hikâyenin bütününden haberdardı ve Marty O'Donnell başta olmak üzere çoğu kişi senaryonun hâlâ tamamlanmamış olmasından ötürü strese giriyordu. Ek olarak durmadan akıllara gelen şu soru vardı: *Destiny* hem destansı bir hikâyeyi *hem de* durmadan bahsettikleri şu "kişisel efsaneleri" nasıl sunacaktı?

Halo oyunları geliştirdikleri günlerde O'Donnell senaryo hakkında sık sık Staten ve Jones'la görüşürdü. Ses yönetmeni olduğundan sadece müzikleri bestelemekle değil, aynı zamanda seslendirmeleri yönetip kaydetmekle de yükümlüydü; o yüzden senaryonun ana hatlarını önceden bilmesinin faydası oluyordu. Ama *Destiny*'de işler farklıydı. Sebebi stüdyonun çok büyümesi de olabilirdi, Jason Jones'un aynı anda birden farklı işle uğraşıp tüm dikkatini hikâyeye verememesi de... Her halükârda O'Donnell mutsuzdu.

"Ne zaman Joe'yla [Staten] beraber çalışsam ona, 'Joe, hikâyenin ne yöne gittiği hakkında gerçekten de hiçbir fikrim yok. Senaryoyu anlamıyorum,' diyordum. O da bana kendisinin de öfkeli olduğunu söylüyordu. En azından Jason'ın projeye yeterince bağlılık göstermemesine kızgındı. Jason önce, 'Tamam, bu iyi,' diyor ama bir ay sonra, 'Hayır, bunu yapmamalıyız,' diyordu. Yani çoğu şeyde kararsız görünüyordu."

2013'ün yaz aylarında, Jones ile Staten basın mensuplarına *Destiny*'nin hikâyesini tanıttıktan birkaç ay, O'Donnell'ın Activision'la kavgasından haftalar sonra, emektar ses yönetmeni sinüzit ameliyatı için hastaneye yattı. Taburcu olup eve döndükten sadece birkaç gün sonraysa felaketler başladı.

"Jonty Barnes'tan [Bungie'nin üretim müdürü] panik dolu bir e-posta aldım. 'Aman tanrım, Joe şu süper montaj denen şeyi yayımladı. Millet ateş püskürüyor, herkes hikâye için endişeli,' yazmıştı," diyor O'Donnell. "Bense bir kanepede yatıyordum ve ilaçlar yüzünden kafam dumanlıydı. 'Dalga geçiyor olmalısın. Bu korkunç,' dedim."

Bahsi geçen "şu süper montaj denen şey" –ya da daha yaygın ismiyle süpermontaj– *Destiny*'nin bütün hikâyesini özetlemesi gereken, sadece şirket içine özel, iki saatlik bir videoydu. İzleyicilerinin büyük bir bölümü için tam bir karmaşadan ibaretti. Staten videoyu neredeyse tek başına hazırlayıp montajlamış ve üzerine eksik diyaloglar, yarım seslendirmeler ve kaba animasyonlar serpiştirmişti. Halihazırda senaryonun durumu hakkında endişelenen Bungie çalışanları izlediklerinden hiçbir şey anlamamıştı.

Destiny senaryosunun süpermontaj versiyonunda oyuncuların ana görevi Hive denen nameft bir uzaylı ırkı tarafından kaçırılmış, yapay zekâlı bir savaş makinesi olan Rasputin'i kurtarmaktı. Oyuncular yolculukları sırasında Dünya, Venüs, Mars, Ay ve Satürn gibi gezegenlere uğruyor ve Obi-Wan Kenobi'yi andıran, Osiris adlı bir büyücünün yaşadığı Merkür'e gidip ondan tavsiye alıyorlardı. Yol üstünde "The Crow" (Karga) adında, mavi tenli ve hoş bir uzaylıyla arkadaş oluyorlardı.

Senaryonun kalitesi hakkında farklı farklı görüşler vardı fakat yazarlar odasının dışındaki herkes süpermontajın tam bir felaket olduğu konusunda hemfikirdi. "Muhtemelen Joe'nun kafasının içinde her şey son derece mantıklıydı," diyor Marty O'Donnell. "'Hadi ama, millet, hepimizin aynı istikamette ilerlemesi gerekiyor. İşte senaryo karşınızda. Kusursuz değil fakat onu düzeltebiliriz...' diye düşünüyordu. Ama bütünüyle ters tepti... Stüdyodaki hemen hemen herkes, 'Aman tanrım, bu tam bir felaket,' diye düşünüyordu."

Belki de Joe Staten süpermontajı yayımlayarak stüdyoyu zorlamayı ummuştu. Belki de Jason Jones'un ve Bungie'nin diğer ileri gelenlerinin kendilerini tek bir senaryoya adamalarını ve buna bağlı kalmalarını istemişti. Şirketin eski çalışanlarından biri Jones'un aslında senaryonun durumunu hep birlikte değerlendirebilmeleri için Staten'dan bir sunum yapmasını istediğini söyledi. (Staten bu kitap için röportaj vermeyi reddetti.) Bungie'deki birkaç kişi bundan sonra ne olacağını heyecanla beklemeye başladı.

Süpermontaj yayımlandıktan kısa bir süre sonra Jason Jones yeni bir ferman yayımladı: Senaryoyu sıfırlamaları gerekiyordu. Baştan başlayacaklardı. Staten'ın senaryosu çok çizgisel, dedi Jones, *Halo*'ya çok benziyor. Şu andan itibaren, dedi Jones stüdyodakilere, *Destiny*'nin senaryosunu baştan yazıyoruz.

Joe Staten, Marty O'Donnell ve diğer Bungie çalışanları buna karşı çıkıp üretim safhasının bu kadar ilerisindeyken senaryoyu baştan yazmanın imkânsız olduğunu söylediler. *Destiny*'yi şimdiden bir kez ertelemiş, oyunun çıkış tarihini 2013 sonbaharından 2014 ilkbaharına çekmişlerdi ve son bir yıldır Activision'la aralarındaki ilişki oldukça kötü gidiyordu. Senaryoyu *şimdi*, oyunun çıkması gereken tarihten bir yıl sonra elden geçirmek ya bir gecikmeye ya vasat bir hikâyeye ya da her ikisine birden yol açardı. Bungie oyunun hikâyesinin *Star Wars* ve Yüzüklerin Efendisi'ni aratmayacağına yemin etmişti. Şimdi bütün bunları çöpe atıp birdenbire baştan mı başlayacaklardı?

Evet, dedi Jones ekibine. Bu tartışmaya kapalı bir konuydu. Senaryoyu baştan yazacaklardı.

Jones bunu takip eden aylarda Demir Çubuk adını verdiği bir grup kurdu. Bu grupta sanat yönetmeni Chris Barrett, tasarımcı Luke Smith (2007'de topluluk yöneticisi olarak stüdyoya giren, eski bir gazeteci) gibi en çok güvendiği yardımcıları vardı.*
Bunun yanı sıra *Destiny* tarihçesini yazmaya yardım etmesi için tecrübeli bir kitap editörü olan Eric Raab'ı da kadroya kattılar.

Jones birkaç hafta boyunca her gün Demir Çubuk ekibiyle uzun toplantılar gerçekleştirip *Destiny*'nin yeni dış hatlarını belirlemeye çalıştı. Sonra da bu fikirleri alıp Demirci adını verdiği, daha kıdemli çalışanlardan oluşan büyük bir gruba iletiyor ve onların geribildirimlerinden yola çıkarak yeni fikirler elde ediyordu. (Bungie dramatik isimleri her zaman sevmiştir; Demirci'nin Demir Çubuğu "dövdüğünü" farz ediyorlardı.) Raab'ın dışında Bungie'nin birkaç yazarı daha bu sürece dahil edildi. Stüdyonun eski çalışanlarından biri şöyle diyor: "Joe'nun kurduğu senarist ekibi tecrit edilmişti. Senaryoyu yazarlar olmadan yazdılar."

Bungie'dekilerden bir kısmı proje sona yaklaşırken atılan bu çaresiz adımın, oyun geliştiriciliğinde çok yaygın olan bu son dakika hamlesinin gerekli olduğuna inanıyordu. Joe Staten'ın da dahil olduğu diğer kısımsa bunun bir intihar olduğunu düşünüyordu. "[Joe] hem akıl hem de mantık sınırlarını zorluyordu,"

---

* Hem Chris Barret hem de Luke Smith hiç de tesadüf olmayan bir şekilde *Destiny*'nin gelecekti DLC'lerinin ve devam oyunlarının kreatif direktörleri oldu.

diyor eski bir Bungie çalışanı. "Bize tam olarak, 'Millet, süper-montajı kurtarabiliriz [ama] eğer oyunu altı ay içerisinde baştan tasarlamaya çalışırsak çok fazla insana acı çektiririz,' dedi." Ancak Staten'ın çabaları sonuç vermedi ve yaz sona ererken şirketten ayrıldı.[*]

Marty O'Donnell alın yazısını da görmüştü. "Jason Jones'un aldığı kararı, ne önerdiğini gördüm ve onlara şöyle dedim: 'Peki, tamam, size iyi şanslar çünkü bunun kesinlikle imkânsız olduğuna inandığımı biliyorsunuz. Oyunu kaliteli hâle getirmek yerine bizi idam sehpasına sürükleyecek,'" diyor O'Donnell. "Jason yine de Demirci'nin bir parçası olmamı istedi. 'Bence hata ediyorsun,' dedim ona. 'Ben sizinle aynı fikirde değilim. Bu plana inanmıyorum.'" Tüm bunların içler acısı olduğunu düşünen O'Donnell kendi deyişiyle "odadaki itirazcıya" dönüştü ve Jones ile diğerlerinin masaya yatırdığı bir sürü fikri veto etti. Buna rağmen Demirci toplantılarına katılmayı sürdürdü.

2013'ün yaz aylarının son günlerinde, dünyanın dört bir yanındaki oyuncular *Destiny*'yi hevesle beklerken, Bungie'nin en üst seviyedeki geliştiricileri kapalı kapılar ardında mesai maratonu yapıyor, ortaya yeni bir senaryo çıkarmaya çalışıyorlardı. Önce oyunun boyutunu küçültüp Merkür ve Satürn gibi bölümleri çıkardılar (bu kısımları daha sonra indirilebilir içerik olarak sunacaklardı) ve *Destiny*'yi dört gezegene odakladılar: Dünya, Ay, Venüs ve Mars. (Ay teknik olarak bir gezegen değil elbette fakat *Destiny* jargonunda ikisi de aynı kapıya çıkıyor.) Süper-montajda gösterilenin aksine, oyuncuların ilk birkaç görevde bu

---

[*] Staten bu haberi 24 Eylül 2013'te, Bungie'nin internet sitesi üzerinden zarif bir notla duyurdu: "*Myth*'in savaş meydanlarından *Halo*'nun gizemlerine dek Bungie'de geçirdiğim on beş harika yılın ardından yeni ve yaratıcı maceralara yelken açıyorum. Bu sizin için bir sürpriz olsa da korkmayın. Geçtiğimiz şu dört yıl içerisinde *Destiny*'yi geliştirmekten büyük keyif aldım ve geçen yaz gerçekleştirdiğimiz büyük tanıtımın ardından son derece yetenekli ekibimiz onu mükemmelleştirme yolunda ilerliyor. Önümüzdeki sene oyun çıktığında ben de sizlerle birlikte onları alkışlayacağım. Beni desteklediğiniz ve Bungie'yi desteklemeye devam edeceğiniz için teşekkürler. Siz olmadan bunu yapamazdık."

Bungie Nisan 2014'te hem şok edici hem de kaçınılmaz bir hareketle Marty O'Donnell'ı kovdu.* Yaptığı ilk şeylerden biri bu konu hakkında bir tweet atmak oldu elbette. (**16 Nisan 2014, 01:28:** "Üzülerek bildiririm ki Bungie'nin yönetim kurulu 11 Nisan 2014'te gerekçe göstermeksizin işime son verdi.") Bu hem O'Donnell hem de kurulmasına yardım ettiği şirket için bir devrin sonuydu.

Pek çok oyun yayıncısı gibi Activision da sözleşmelerine inceleme puanı ikramiyesi ekler ve Metacritic ya da GameRankings gibi not ortalaması sitelerinde belirli bir çıtayı aşan geliştiricilere ekstra ödeme yapmayı taahhüt eder. *Destiny* bu konuda bir istisna değildi. 2012'de sızan bir sözleşme sayesinde *Destiny*'nin ortalama notu 90 veya üzeri olduğu takdirde Bungie'nin 2,5 milyon dolarlık bir ikramiye alacağı herkes tarafından biliniyordu.

Oyunun çıkışına haftalar kala Bungie çalışanları stüdyonun mutfağında takılıyor ve *Destiny*'nin Metacritic notu hakkında tahminlerde bulunuyordu. Bazıları 90 veya 95 alacaklarını öngörüyordu, daha temkinli olan diğerleriyse 80 civarında, ikramiye hedefinin biraz altında kalacakları görüşündeydi. Şimdiye dek çıkardıkları beş *Halo* oyununun Metacritic ortalaması 92'ydi, yani iyimser olmak için bir sebepleri vardı.

Destiny, 9 Eylül 2014'te çıkışını yaptı. Bir hafta sonra, ilk inceleme puanları geldiğinde Metacritic notu 77'ydi. Bungie'nin ikramiyeyi kaçırdığını söylememe gerek yok sanırım.

İncelemeler *Destiny*'nin sinir bozucu, sıkıcı mekaniklerinden ve kendini tekrar eden görev yapısından şikâyetçiydi. Eleştirmenler ganimet düşüş oranının azlığını, son bölümün bezdiriciliğini ve temel mekaniklerin düzgünce açıklanmamasını yerden yere vuruyordu. En çok da senaryodan dert yanıyorlardı. Karakterler anlamsızdı, hikâyenin önemli noktaları açıklanmıyordu ve diyaloglar gülünçlük derecesinde hantaldı. Peter Dinklage'ın

---

* Sonraki aylarda O'Donnell maaşlarını geç ödedikleri ve hisselerine el koydukları için Bungie'yi mahkemeye verdi. Yargıç onun lehine karar verdi ve Bungie'ye yüklü bir tazminat ödettirdi.

ruhsuz seslendirmeleri komik resimlere ve internet şakalarına konu oldu. "O büyücü Ay'dan geldi," cümlesi *Destiny*'nin herkese açık alfa testi aşamasında o kadar alay konusu oldu ki Bungie o satırı oyundan çıkarmak zorunda kaldı. Lakin senaryonun geri kalanının da ondan pek bir farkı yoktu.

En sinir bozucu olanıysa *Destiny* tarihçesinin bir sürü iri, leziz bilimkurgu lokmasıyla dolu olmasıydı. Oyundaki karakterlerin ve silahların birçoğu doyurucu, çapraşık hikâyelere sahipti; hepsi de "Grimoire" denen kartların arkasında, Staten ile eski senarist ekibinin kaleme aldığı ve sadece Bungie'nin sitesinden ulaşılabilen kısa hikâyelerde gizliydi. Oyunda ümit vadeden yüzlerce konsept vardı; tıpkı Mars'ta yer alan ve robotsu Vex ırkı tarafından "zamanın durdurulduğu" Black Garden (Kara Bahçe) bölgesi gibi. Ama hiçbiri tam anlamıyla potansiyeline ulaşamamıştı. Pete Parsons'ın o eski röportajdaki iddialı sözleri bir şaka hâline geldi. Demek Destiny, *Star Wars* ve Yüzüklerin Efendisi'yle birlikte muhteşem hikâyeler tapınağında oturacaktı, öyle mi? *Alacakaranlık*'ın (Twilight) yanına bile zor otururdu.

Bungie ekibinin morali sıfırdı. Stüdyonun önde gelenleri bir dizi acil durum toplantısı yaparak yakın gelecekteki planlarını gözden geçirdiler. Oyundaki en büyük mekanik problemleri çözmek için ücretsiz yamalar yayımlamaya karar verdiler,* indirilebilir içerik paketleri –The Dark Below ve House of Wolves– için yaptıkları planlardan vazgeçip görevleri baştan tasarladılar ve Peter Dinklage'ın önceden kaydedilmiş tüm diyaloglarını oyundan çıkardılar. *Destiny*'nin Dinklage'la işi bitmişti. Bunu takip eden aylar boyunca Bungie tasarımcıları Reddit gibi forumlar-

---

* *Destiny*'deki en akıl sır ermez tasarım kararlarından biri "engram" denen, oyuncuların yeni ganimetler elde edebilmek için açtığı on yüzlü hazine sandıkları etrafında dönüyordu. Oyunun son bölümünde işe yarayan yegâne ekipmanlar çok ender rastlanan, "efsanevi" kalibredeki mor renkli silahlar ve zırhlardı. İçinden efsanevi bir teçhizat çıkabilecek, mor renkli bir engram bulduğunuzda küçük bir endorfin patlaması yaşıyordunuz. Ama onlardan birini açtığınızda kahrolasıca bir mavi ekipman bulma şansınız neredeyse yüzde elliydi. Ekim 2014'te düzeltilinceye kadar oyuncuları öfkelendirmekten başka hiçbir işe yaramayan, tuhaf bir tasarım kararıydı bu.

dan geribildirim toplayıp mümkün olduğunca çok sayıda uzun ve kısa vadeli yama yayımlamaya çalıştı. Hem *The Dark Below* hem de *House of Wolves*'ta deneyler yaparak yeni tür görevler ve seviye atlama sistemleri geliştirdiler ve oyuncular bunlardan ziyadesiyle memnun kaldı.

2014'ün sonunda aralarında *Diablo III: Reaper of Souls*'un direktörü Josh Mosqueira'nın da bulunduğu bir grup Blizzard yetkilisi onlara moral vermek için Bungie'nin ofislerine uçtu. *Diablo III* ile *Destiny* arasındaki benzerlikler şaşırtıcıydı. Her ikisinin de Activision tarafından yayımlanması şöyle dursun, hem *Diablo* hem de *Destiny* benzer sorunlarla çıkış yapmıştı: sinir bozucu bir ganimet sistemi, eziyetli bir son bölüm ve bir sürü rasgele sayı. Mosqueira, Bungie ekibine yaptığı bir sunumla *Diablo III*'ün sorunlarını nasıl çözdüklerini, işkence gibi gelen iki yıl boyunca oyunlarını nasıl değiştirdiklerini, Hata 37'den *Reaper of Souls*'a nasıl geldiklerini anlattı.

"Sanki geçmişteki hâlimizle konuşuyor gibiydik," diyor Mosqueira. "Bir zamanlar korktuğumuz şeylerden şimdi onlar korkuyordu... Oraya gidip onlarla konuşabilmek ve, 'Şey, tamam, *Reaper of Souls* için yaptığınız her şey bir nevi o yönde ilerliyor. Siz artık duvarın öteki tarafındasınız. Yani öteki tarafta hayat var,' dediklerini görmek harikaydı."

Bungie ekibindekiler Mosqueira'nın anlattıklarını paha biçilmez bulduklarını söyledi. *Destiny*'nin karşılaştığı ilk sorunlara –ve *Halo* günlerinden beri stüdyoda çalışan deneyimli geliştiricileri kaybetmelerine– rağmen sağlam temelleri olan bir şey yaptıklarına inanıyorlardı. Her şeye rağmen *Destiny*'yi oynayan milyonlarca insan vardı. Çoğu bir yandan oynarken diğer yandan da şikâyet ediyordu ama oyun yine de onları eğlendirmeye devam edecek kadar da bağımlılık yapıcıydı. Oyunun en önemli elementleri –mekân tasarımları, sanat yönetmenliği, silahların vuruş hissi– *Halo*'yu yapan stüdyodan bekleyeceğiniz kadar gösterişliydi. Eğer öteki sorunlardan bazılarını çözebilirlerse o zaman belki onlar da Blizzard gibi kefaretlerini ödeyebilirlerdi.

Buna *Destiny*'nin ilk büyük ek paketiyle, sözleşmelerinde yer alan *Comet* kod adlı oyunla başlamalıydılar. Bungie'nin orijinal planı bu ek paketle oyuna Europa adlı yeni bir gezegen ve hem Dünya'da hem de Mars'ta yeni oynanabilir bölgeler eklemekti; ancak prodüksiyon sorunları nedeniyle bir kez daha işin boyutunu küçültmek zorunda kaldılar. Ek paketi planlamayı bitirdiklerinde –artık ona *The Taken King* diyorlardı– tek bir mekâna odaklanacaklarını biliyorlardı: The Dreadnaught; Satürn'ün halkalarının yakınında süzülen, istila edilmiş bir Hive gemisi. Bunun yanı sıra seviye atlama ve ganimet sistemlerini de elden geçirip hayranlarından gelen geribildirimlerden faydalanarak *Destiny*'yi daha oyuncu dostu hâle getirdiler. (*The Taken King*'in direktörü Luke Smith'in iflah olmaz bir *Destiny* oyuncusu olmasının ve oyunda yüzlerce saat geçirmesinin de faydası oldu.)

Bungie, hayranlarının ve eleştirmenlerin kalbini geri kazanabilmek için *The Taken King*'in düzgün bir senaryoya sahip olması gerektiğini de biliyordu. Yazar Clay Carmouche'un önderliği altında çok daha derli toplu gelen, yeni bir anlatım tekniği denediler. Bu sefer karşımızda bariz bir kötü adam vardı –Taken adlı hayaletimsi uzaylı grubunun lideri Oryx– ve oyun bize onu takip edip öldürmek için geçerli bir sebep veriyordu. Stranger gibi sinir bozucu karakterler temelli ortadan kaldırılmış, Nathan Fillion'un seslendirdiği Cayde-6 gibi sevilesi karakterler daha önemli roller üstlenmişti. (*The Taken King* çıktıktan kısa bir süre sonra Carmouche stüdyodan ayrıldı.)

Bungie bunun yanı sıra takdire şayan, eşi benzeri görülmemiş bir harekete imza atarak *Destiny*'nin başyıldızını oyundan sildi. *The Taken King*'de Ghost'u seslendirmesi için Nolan North'la anlaştılar; ünlü sanatçı sadece yeni diyaloglara sesini ödünç vermekle kalmadı, aynı zamanda *Destiny*'deki *her bir satırı* yeniden seslendirdi. Marlon Brando bile, "Dikkatli ol, karanlık bir güce sahip," gibi bir cümleye çok fazla hayat katamaz ama en azından Peter Dinklage'ın monoton sesini değiştirerek bu sefer işleri düzgün yapmaya niyetli olduklarını tüm dünyaya gösterdiler. (Hayranlar Nolan North'un performansından memnun kaldı fakat yıllar sonra nam-ı diğer Dinklebot'u özlediğini ve onun kasvetli sesini yeniden duymak istediğini söyleyenler de oldu.)

15 Eylül 2015'te piyasaya sürülen *The Taken King* herkes tarafından övgüyle karşılandı. Sevgili dostum ve *Destiny* arkadaşım Kirk Hamilton, *Kotaku*'da şöyle yazdı: "Bir yıl boyunca atılan yanlış adımların ve yarım yamalak iyileştirmelerin ardından, Bungie geçen eylülden bu yana en sağlam adımını attı. *The Taken King*'in yaratıcıları oyuncuların gözlerinin içine bakarak *Destiny*'nin ne olduğunu ve neye dönüşeceğini özgüvenli bir şekilde önlerine serdi."

Destiny'nin arkasındaki hikâye tam bu noktada sona erseydi ve Bungie tıpkı Blizzard gibi hatalarını telafi edip bir sonraki büyük projeye geçseydi her şey çok güzel olurdu. Lakin *The Taken King*'i yayımladıktan sonra bile kendilerini engebeli bir yolculuğun beklediğini biliyorlardı. Activision'la imzaladıkları, 10 yıllık o hırslı kontrat onları 2016 sonbaharında *Destiny 2*'yi çıkarmaya mecbur bırakmıştı. Ama böyle bir şey olmayacaktı. Beklentiler çok yüksekti, planlar durmadan değişiyordu ve kullandıkları araçlar çok yavaştı.

Bungie, daha fazla zaman kazanmak için Ocak 2016'da Activision'la pazarlık ederek *Destiny 2*'yi bir yıl erteledi. (*Destiny 2*'nin yerine başka bir şey yayımlayabilmek için *Rise of Iron* adında, orta karar bir ek paket hazırlayıp Eylül 2016'da piyasaya sürdüler.) Günler sonra şirketin CEO'su Harold Ryan'ın işine son verildi ve stüdyonun emektar çalışanları ofis politikası ve tuhaf bir şekilde geç devredilen hisse senetleri gibi konularda Bungie'nin yönetim kuruluyla kavga ederek yıl boyunca stüdyodan istifa etmeye devam etti.[*]

Stüdyo 2007'de Microsoft'tan ayrıldığını ilan ettiğinde yüksek sesle tezahürat eden tecrübeli çalışanlardan bazıları şimdi de

---

[*] Çoğu teknoloji firmasında çalışanların hisse senetlerinin devredilmesi ve tamamen onlara ait olması üç ya da dört yıl sürer. Bungie'deki hisse temliklerindeyse *Destiny* oyunlarının çıkış tarihine bağlıydı ve neredeyse on yıl sürüyordu.

bağımsız olmanın şirketin en büyük hatası olduğunu düşünüyordu. Aradan geçen on yılın ardından Bungie'nin fiyakalı Bağımsızlık Bildirgesi'ni imzalayanlardan kaçı stüdyoda kalmıştı? "Microsoft'la çalıştığımız yıllarda Bungie sıska minik yumruğunu durmadan ebeveynlerine sağlayan, küçük bir punk rock grubu gibiydi," diyor eski çalışanlardan biri. "Ama onlardan ayrıldıktan sonra yumruğumuzu sallayabileceğimiz kimse kalmadı. Kendi kendimizi idare edip yönetmek zorundaydık."

2017'nin başlarında, ben bu bölümü yazarken *Destiny*'nin öyküsü hâlâ devam ediyor. Hem Bungie'nin içinde hem de dışarıda bu fikrî mülkün geleceğine dair cevaplanmamış sorular var. İnsanlar *Destiny 2*'ye nasıl tepki verecek? Ondan sonra seriye ne olacak? Bungie bağımsızlığını koruyabilecek mi, yoksa Activision onları satın almanın bir yolunu mu bulacak? Bu kitap yayımlandığında bu sorulardan bazıları yanıt bulmuş olacak. Diğerlerinin çözüme kavuşmasıysa biraz zaman alabilir.

"Bence *Destiny*'nin gerçek hikâyesi, oyun yapmanın ne kadar zor olduğunu göstermesi," diyor Jaime Griesemer. "Büyük bir baskı altındayken iddialı bir oyun geliştirmek inanılmaz derecede zor... Ekibinizde niceliksel patlamalar, devasa bir asimilasyon ve iletişim problemleri olduğunda kaynaklarınızı ve vaktinizi boşa harcıyor, tüm bunların sonuçlarını oyunun son hâlinde görüyorsunuz."

Her şey göz önüne alındığında *Destiny* kadar popüler bir şey (insanların uzayda dolaşıp *Destiny* hakkında şikâyet edip durduğu bir video oyunu) yapmak şöyle dursun, Bungie'nin bir oyun yayımlayabilmesi bile başlı başına bir mucize. Belki *Star Wars* veya Yüzüklerin Efendisi kadar büyük bir şey yaratamadılar, belki bu süreç esnasında ruhlarının –ve yetenekli çalışanlarının– bir kısmını kaybettiler. Ama *Destiny*'nin yüzleştiği zorluklar neredeyse bütün video oyunlarının yıllardır karşılaştıklarıyla aynı. Onların aldığı riskler biraz daha fazlaydı, hepsi bu. *Destiny*'nin hikâyesiyse –bilhassa da oyunun etrafında dönen hikâye– Bungie'nin hiç hesaplamadığı nedenlerden ötürü ilginçleşti.

9
THE WITCHER 3

Marcin Iwiński, Stalinizm'in gölgesi altında büyümüş ve bu durum çok fazla bilgisayar oyunu oynamayı zorlaştırıyormuş. Açık mavi gözleri ve her daim kirli sakallıymış gibi görünen bir yüze sahip olan Iwiński, Polonya'nın Varşova kentinde büyüyen pek çok gençten biriymiş ve tek istediği dünyanın geri kalanıyla aynı oyunları oynamakmış.

Polonya, 1989'a kadar komünist bir ülkeydi. Ama 1990'ların başında, yeni kurulan demokratik Üçüncü Polonya Cumhuriyeti serbest pazarı kucakladığında bile Varşova'da orijinal oyun alabileceğiniz hiçbir yer yokmuş. Buna karşın "bilgisayar çarşıları," yani şehirdeki bilgisayar meraklılarının korsan yazılımları alıp satabileceği ya da takas edebileceği açık hava pazarları varmış. Polonya'da telif yasası diye bir şey bulunmuyormuş, o yüzden yabancı uyruklu bir bilgisayar oyununu diskete çekip satmak yasadışı sayılmıyormuş. Marcin Iwiński ve lise arkadaşı Michał Kiciński zamanlarının çoğunu bu tür pazarlarda geçirip bulabildikleri her şeyi eski ZX Spectrum bilgisayarlarında oynamak için eve getiriyorlarmış.

Iwiński 1994'te, yirmi yaşına girdiğinde yurt dışından oyun getirtip ülke çapında satma hayalleri kurmaya başlamış. Kiciński'yle ortak olup kısa süre önce Varşova'da boy gösteren ve sektörde köklü bir değişime sebep olan CD-ROM'lardan esinlenerek CD Projekt adında bir şirket kurmuşlar. İlk başta sadece oyun ithal edip bilgisayar çarşısında satsalar da daha sonra Lucas-Arts ve Blizzard gibi şirketlerle anlaşıp oyunlarının Polonya dağıtımcılığını üstlenmişler. CD Projekt büyük çıkışını Interplay'i ikna edip dünyanın en popüler rol yapma oyunu olan *Baldur's Gate*'in Polonya haklarını aldığında gerçekleştirmiş.*

Leh hemşerilerini oyunu internetten indirmek ya da pazardan edinmek yerine, yasal bir sürümünü satın almaya ikna etmenin zor olacağını bildiklerinden Iwiński ve Kiciński işi bir adım ileri taşımış. *Baldur's Gate*'i sadece Lehçeye çevirmekle kalmamış (özgün Lehçe seslendirmeler eşliğinde), oyunun kutusunu haritalarla, *Dungeons & Dragons* rehberleriyle ve müzik CD'leriyle doldurup Leh oyuncuların paketin değerini göreceğini ve oyunu korsan olarak edinmektense satın alacağını ummuşlar. Çünkü korsan versiyonunu aldıklarında tüm o eşantiyonlardan mahrum kalacaklarmış.

Taktikleri işe yaramış ve oyun daha ilk günden on sekiz bin kopya satmış. Çok değil, sadece birkaç yıl önce orijinal oyun satın almanın mümkün dahi olmadığı bir ülke için bu inanılmaz bir sayıymış. Bu da Iwiński ve şirketine *Planescape: Torment, Icewind Dale* ve *Fallout* gibi diğer büyük RPG'leri yayımlamak için yeni bir kapı açmış.

Dağıtım pazarında elde ettikleri bu başarı Iwiński'ye gerçek hayalini kovalama imkânı tanımış: Kendi video oyunlarını yapmak. Böylece 2002'de şirketin oyun geliştirme kolu olan CD Projekt Red'i kurmuş. Ardından ne tür bir oyun yapacaklarını düşünmeye koyulmuşlar. Stüdyodakilerden biri, Polonya'nın J.R.R. Tolkien'i olarak görülen, ünlü fantastik roman yazarı Andrzej Sapkowski'yle görüşmelerini önermiş. Sapkowski, Polonya'da hem yetişkinler hem de çocuklar tarafından çok sevilen, *The Witcher* adlı popüler bir kitap serisi kaleme almıştı. Rivyalı Ge-

---

* *Baldur's Gate*'in BioWare (*Dragon Age: Inquisition*) tarafından geliştirilmesi, CD Projekt (*The Witcher 3*) tarafından yerelleştirilmesi ve Obsidian tarafından (*Pillars of Eternity*) taklit edilmesi ya o oyunun muazzam bir etkisi olduğunun ya da benim RPG'leri çok sevdiğimi ve üçüne birden bu kitapta yer vermek istediğimin bir kanıtı.

ralt isimli, beyaz saçlı bir canavar avcısının maceralarını konu alan *The Witcher*, fantastik kahramanlık hikâyelerini Avrupalı peri masallarıyla harmanlıyor, ortaya *Taht Oyunları* ve *Grimm Masalları* karışımı bir şey çıkarıyordu.

Görüşmeler sırasında Sapkowski'nin oyunlara ilgi duymadığı ortaya çıkmış fakat makul bir ücret karşılığında eserinin haklarını CD Projekt Red'e memnuniyetle satmış. Iwiński ve ekibi oyun geliştiriciliğinden çok fazla anlamıyormuş fakat ellerinin altında *The Witcher* gibi oturaklı bir fikrî mülk olması işleri onlar için sıfırdan başlamaktan daha kolay kılmış. Aynı zamanda sadece Polonya'da değil, tüm dünyada geniş kitlelerin ilgisini çekebilecek, cazip bir fikrî mülktü bu.

Projeyi birkaç kez başa sardıktan ve beş yıllık bir geliştirme aşamasının ardından *The Witcher*'ı 2007'de PC için piyasaya sürdüler. Bir devam oyunu yapmalarına yetecek kadar iyi sattı ve 2011'de *The Witcher 2*'yi yine sadece PC için piyasaya sürdüler. Her iki oyununda birkaç ortak özelliği vardı. İkisi de bir kahramanlık öyküsü anlatan, karanlık bir aksiyon-RPG'ydi. Her ikisi de oyunculara hikâyenin akışını etkileyen, önemli kararlar aldıklarını hissettirmeye çalışıyordu. Ve her ikisi de zorlayıcı, ezoterik PC oyunlarıydı. Her ne kadar daha sonra *The Witcher 2*'yi Xbox 360'a uyarlasalar da iki oyun da PC merkezliydi ve bu da takipçilerinin sınırlı olduğunu manasına geliyordu. *The Elder Scrolls V: Skyrim* gibi rakiplerinin milyonlarca satmasının bir sebebi de aynı anda hem PC'ye hem de konsollara çıkmasıydı.

Bunun yanı sıra *Skyrim* Kuzey Amerika yapımıydı. 2000'lerin ortalarında oyun endüstrisi giderek globalleşirken rol yapma oyunları kendi coğrafik bölümlerine ayrılmıştı. Amerika ve Kanada'da Bethesda ve BioWare benzeri firmaların eleştirmenler tarafından alkış alan, *The Elder Scrolls* ve *Mass Effect* gibi büyük oyunlarıyla karşılaşıyordunuz. Japonya'da Square Enix'in *Final Fantasy* ve *Dragon Quest* oyunları ön plandaydı; dünyayı 90'lı yıllardaki kadar etkileri altına almasalar da hâlâ milyonlarca hayrana sahiptiler. Bir de hiçbir zaman Amerikan veya Japon meslektaşları kadar saygı görmeyen Avrupalı RPG yayıncıları vardı; *Two Worlds* ve *Venetica* gibi Avrupa RPG'leri sıradan, düşük kaliteli ve kötü eleştiriler alan yapımlardı.

Iwiński ve stüdyosuysa Avrupa'nın dışında hatırı sayılır bir takipçi kitlesi oluşturmuştu. Hatta Polonya'da kültürel bir simge hâline gelmiş ve ABD Başkanı Barack Obama ülkeyi ziyarete geldiğinde Başbakan Donald Tusk ona *The Witcher 2* hediye etmişti. (Obama daha sonra oyunu hiç oynamadığını itiraf etti.) Ama CD Projekt Red'teki geliştiricilerin daha büyük hayalleri vardı. Polonyalı olmalarına rağmen Bethesda ve Square Enix gibi devlerle yarışabileceklerini kanıtlamak istiyorlardı. Iwiński, CD Projekt Red'in en az BioWare kadar ünlü olmasını istiyordu ve bunu *The Witcher 3*'le yapmaya kararlıydı.

Iwiński ve stüdyonun diğer ileri gelenleri üçüncü *Witcher* oyunlarını yapmak için Konrad Tomaszkiewicz'le iletişime geçtiler. Tomaszkiewicz ilk *Witcher* oyununda test elemanı olarak çalışmış, oradan da *The Witcher 2*'nin ilk günlerinde kurulan "görev tasarımı departmanının" başına geçmişti. Normalde bir RPG stüdyosunun ayrı ayrı senaryo ve tasarım departmanları olur; bu ikisi ortaklaşa çalışarak oyunun bütün görevlerini (On tane ejderha öldür! Karanlık lordu yen ve prensesi kurtar!) birlikte tasarlarlar. Ancak CD Projekt Red'teki görev tasarımı departmanı, her biri oyunun kendine ait bölümünü tasarlamaktan, geliştirmekten ve tamamlamaktan sorumlu olan bir grup insanla dolu, başlı başına bir bölümdü. Bu departmanın sorumlusu olan Tomaszkiewicz diğer ekiplerle sık sık beraber çalışmıştı ve bu da onu *The Witcher 3*'ün direktörlüğüne uygun kılıyordu.

Kendisine stüdyonun bir sonraki büyük oyunundan sorumlu olduğu söylendiğinde endişeye kapılan Tomaszkiewicz, öteki departmanların sorumlularıyla bir araya gelip *The Witcher 3*'ü mümkün olduğunca çok kişinin beğenmesini nasıl sağlayabileceklerini görüşmeye başladı. Akıllarına gelen ilk çözüm oldukça basitti: Onu devasa bir oyun yapmak. "Stüdyo şefi Adam Badowski'yle ve yönetim kurulu üyeleriyle konuşup şimdiye dek yaptığımız oyunları kusursuz bir RPG olmaktan alıkoyan şeylerin neler olduğunu sorduk," diyor Tomaszkiewicz. "Eksik olan şeyin etrafı özgürce keşfetme duygusu olduğunu biliyorduk ve bunun için daha büyük bir dünyaya ihtiyacımız vardı."

Konrad Tomaszkiewicz, önceki oyunların aksine sizi her bölümde tek bir bölgeyle sınırlamayan bir *Witcher 3* hayal etti. Tam aksine bu yeni *Witcher* kocaman bir açık dünyayı keşfetmenize, canınızın istediği gibi canavar avlayıp görev yapmanıza imkân tanıyacaktı. (Iwiński oyunun sunacağı şeyin temelini belirtmek için sık sık "özgürlük" kelimesini kullanıyordu.) Grafiksel açıdan satın alabileceğiniz en güzel oyun olmasını istiyorlardı. Ve bu sefer oyunu hem PC'ye hem de konsollara çıkaracaklardı. *The Witcher 3*'le Polonya'nın hem eleştirel hem de finansal anlamda en az rakipleri kadar başarılı bir oyun yapabileceğini kanıtlamayı arzuluyorlardı.

Tomaszkiewicz ve ekibi derhal bazı temel fikirler tasarladılar. Geralt'ın üvey kızı Ciri'yi –*Witcher* kitaplarında çok büyük bir büyü gücüne sahip olan, popüler bir karakter– aradığı bir hikâye anlatmak istediklerini biliyorlardı. Oyunun baş kötüsünün Wild Hunt (Vahşi Av) –Avrupa halk efsanelerine dayanan bir grup hayalet atlı– olmasını istediklerini biliyorlardı. *The Witcher 3*'ün üç devasa bölgeden oluşmasını istediklerini de biliyorlardı: Vikinglerden esinlenerek tasarlanmış Skellige adaları; *Witcher* evrenindeki en büyük ve en zengin şehir olan Novigrad; Tarafsız Bölge (No Man's Land) olarak da bilinen, bataklıklarla dolu fakir Velen. "Oyunun boyutları gözümüzü korkuttu," diyor Konrad Tomaszkiewicz. "Ama şirket olarak daima mümkün olan en iyi oyun tecrübesini yaratmak istiyoruz ve bizi güdüleyen şey bu tür meydan okumalardır. Yapılması neredeyse imkânsız görünen, devasa meydan okumalar."

Üretim öncesi safhaya geçtiklerinde tasarım ekibi temel fikirleri görüşüp kurgulamaya başladı ama işler çabucak karmaşıklaştı. "Kâğıt üzerinde tasarlanması gerçekten de çok zor olan bir sürü şey vardı," diyor Mateusz Tomaszkiewicz (Konrad'ın küçük kardeşi). "Örneğin, giriş bölümünü bitirir bitirmez bu üç bölgeden canınızın istediğine gidebilecektiniz. Herhangi birine." Bu sayede oyunculara özgürlük tanımayı amaçlıyorlardı – Iwiński'nin parolası– ancak bu durum tasarım ekibini oldukça zor bir durumda bırakmıştı.

CD Projekt Red, oyundaki düşmanların oyuncuların seviyesine göre güçlenmemesine ve önceden belirlenmiş sabit bir seviyeye sahip olmalarına karar vermişti. RPG oyuncuları seviye derecelendirme (level scaling) denen ve *The Elder Scrolls IV: Oblivion*'un en meşhur özelliklerinden biri olan bu sistemden nefret ediyor, düşmanların sizinle beraber kuvvetlenmesinin karakterinizin gelişim kaydettiği hissini yok ettiğini savunuyorlardı. (Çok yüksek seviyedeki süper güçlü karakterinizin bir grup acınası goblin tarafından katledildiğini izlemek kadar tatsız bir oyun tecrübesi yoktur.)

Lakin seviye derecelendirme olmadan açık dünya bir RPG oyununun zorluğunu dengelemenin bir yolu yoktu. Eğer insanlar oyunun başında Skellige, Novigrad veya Velen'den istediğine gidebilirse tüm bu bölgeleri düşük seviyeli düşmanlarla doldurmaları gerekecekti, yoksa çok zor olurlardı. Öte yandan, hepsi düşük seviyeli düşmanlarla dolu olduğu takdirde de biraz tecrübe puanı kazandınız mı buraları kolayca geçerdiniz.

CD Projekt Red bu sorunu çözmek için daha çizgisel bir yapı kullandı. Giriş bölümünden sonra oyuncular önce Velen'e (düşük seviyeli bölge), sonra Novigrad'a (orta seviye), sonra da Skellige'ye (yüksek seviye) gidecekti. Bölgeler arasında istedikleri gibi geçiş yapabilme özgürlüğüne hâlâ sahip olacaklardı fakat ilerleyiş biraz kısıtlanacaktı. Ayrıca, eğer oyun umdukları kadar büyük olursa oyuncuları bir parça yönlendirmeleri gerekecekti. "Kaybolmuş gibi hissetmemenizi, aşağı yukarı nereye gideceğinizi ve oyunun yapısını bilmenizi istiyorduk," diyor Mateusz Tomaszkiewicz. "Giriş bölümünü bitirdikten sonra bir anda istediğiniz her yere gidebilmenin oyunculara çok fazla gelebileceğini, bunun boğucu olabileceğini düşündük."

Geliştiriciler daha en başından *The Witcher 3*'ün gelmiş geçmiş en büyük oyun olmasını istediklerini biliyorlardı. Çoğu video oyunu on ila yirmi saat arası bir senaryo modu sunmayı hedefler. Daha büyük çaplı oyunların, RPG'lerin ve açık dünya yapımların oynanış süresiyse genellikle kırk ila altmış saat arası değişir. CD Projekt Red en az yüz saatlik bir oyun yapmak istiyordu. Böylesine absürt bir hedefi tutturabilmek için *The Witcher 3*'ün tasarımcılarının işe olabildiğince erken başlaması ve üretim öncesi safhada, yani henüz ortada oynanacak bir oyun bile yokken görevler yazıp eskizler çizmesi gerekiyordu.

Her şey yazarlar odasında başlayacaktı. "Çok genel bir fikirle başladık," diyor senaristlerden biri olan Jakub Szamałek. "Sonra onu genişlettik, ardından görevlere böldük ve görev tasarımcılarına mantıklı geldiklerinden emin olmak için onlarla yakından çalıştık. Sonra da yineleme, yineleme ve yineleme yaptık." Ana görevin Geralt'ın Ciri'yi arayışını konu edinmesine, ara bölümlerde de Geralt'ın üvey kızını yöneteceğimize karar verdiler. Bunun yanı sıra bir krala suikast düzenlemek ya da Geralt, Triss ve Yennefer (*Witcher* oyunlarında boy gösteren iki kadın büyücü) arasındaki bir aşk üçgeni gibi isteğe bağlı olan ama oyunun sonuna direkt etki eden bazı önemli görevler de olacaktı. Bunlara ek olarak çözülecek gizemlerle, canavar avlarıyla ve getir götür işleriyle dolu, bazı küçük görevler de oyunda yer alacaktı.

Görev tasarımı departmanının sorumlusu olan Mateusz Tomaszkiewicz (bu rolü ağabeyinden devralmıştı) her görevin temel temasını belirlemek için ("Bu seferkisi açlık hakkında") senaristlerle birlikte çalışacak, sonra da hepsine bir görev tasarımcısı atayacaktı. Onlar da bu görevlerin tam olarak nasıl ilerleyeceğini planlayacaklardı. Kaç savaş sahnesi içerecekti? Kaç ara sahnesi olacaktı? Ne kadar soruşturma içerecekti? "Bütün bu mantıklı olaylar zinciri böyle bir durumun gerçekte nasıl yaşanacağından, bir oyuncu olarak amacınızın ne olduğundan ve ne gibi zorluklarla karşılaşacağınızdan yola çıkılarak ayarlanmalıdır," diyor Mateusz Tomaszkiewicz. "Tempo çok önemlidir çünkü harika bir hikâyeniz olmasına rağmen çok fazla diyalog veya ara sahneyle kesintiye uğruyorsa sıkıcılaşır. O yüzden tempoyu iyi ayarlamanız lazım ve bu süreçte işimizin büyük bir bölümünü bu oluşturur."

Önlerinde onları bekleyen iş yükü muazzamdı ve oyunu 2014'te çıkarmayı planladıklarından çok az zamanları vardı. Hesaplarına göre *The Witcher 3*'ün dünyası *The Witcher 2*'den otuz kat daha büyük olacaktı ve görev tasarımı ekibi ilk çizimlere ve harita planlarına baktığında paniklemeye başladı. "Oyun dünyasının boyutlarını bize ilk kez gösterdiklerinde karşılaştığımız kara kütlesinin büyüklüğü bizi epey korkuttu," diyor Mateusz Tomaszkiewicz. "Oyunda içi boş yan görevler olmasını istemediğimizden o bölgeleri dişe dokunur içeriklerle doldurmak zorundaydık ki oralar boş kalmasın. Aksi takdirde bu korkunç olurdu."

Mateusz Tomaszkiewicz ve diğer tasarımcılar oyunu geliştirdikleri bu erken safhada basit bir karar aldılar: Sıkıcı görevler yapmayacağız. "O tür getir götür görevlere 'FedEx görevleri' diyorum. Birisi ona bir tane kadeh, on tane ayı postu ya da onun gibi bir şey getirmenizi istiyor. O şeyi getirdiğinizde de görev bitiyor. Ne bir sürpriz gelişme var ne de başka bir şey… Ne kadar küçük olurlarsa olsunlar her görevin içinde hatırlanabilir bir şey, küçük bir sürpriz, onu hafızanıza kazıyacak bir şey olmalı. Beklenmedik bir şey," diyor Tomaszkiewicz.

Üretim öncesi safhanın bir noktasında, arzuladıkları bu kaliteyi yakalayamayacaklarından endişelenen Mateusz Tomaszkiewicz o güne dek tasarladıkları görevlerin yüzde ellisini çöpe attı. "Bunu yapmamın birinci sebebi hepsini yetiştirecek kadar vaktimizin olmadığını düşünmemdi. İkincisiyse bunu içlerinden zayıf olanları elemek için bir fırsat olarak görmem."

The Witcher 3'ün benzerlerinin arasından sıyrılmasını sağlamanın yolunun insanların beklentilerini altüst etmekten geçtiğini biliyorlardı. Örneğin Geralt, "Family Matters" (Aile Meseleleri) adlı ilk görevlerden birinde Ciri'nin nerede olduğunu bilen, Bloody Baron (Kanlı Baron) adlı bir soyluyla tanışıyor.

Baron'un bildiklerini öğrenebilmek için Geralt'ın adamın kayıp karısıyla kızının izini sürmesi gerekiyor. Ama görev sırasında adamın çok içki içtiğini, karısını dövdüğünü, etrafındaki herkese bir pislik gibi davrandığını ve bu yüzden ailesinin ondan kaçtığını öğreniyorsunuz. Baron yaptıklarından pişman ve özür dilemeye hazır görünüyor. Peki, onu affedecek misiniz? Ailesiyle barışmasına yardım etmeye çalışacak mısınız? Arka avlusuna gömdüğü ölü doğmuş bebeğin şeytanî ceninini mezarından çıkarıp onu defedecek misiniz? (*The Witcher 3* daima işleri bir üst seviyeye taşır.)

Diğer RPG'ler ahlaki meseleleri kesin çizgilerle ayırmaya meyillidir. Örneğin, BioWare'in *Mass Effect* üçlemesi diyalog seçeneklerinizi iyi veya kötü diye ayırır. Ama *The Witcher*'da çok az iyi son vardır. CD Project Red bunu Polonya kültürünün bir yansıması olarak görüyor. "Biz Doğu Avrupalılar olaylara böyle bakarız," demişti Marcin Iwiński bir röportajında.[*] "Büyükannem İkinci Dünya Savaşı'nı sağ atlatmış. Bir Nazi aracından kaçıp birkaç ay boyunca bir köyde saklanmışlar. Savaşta yaşanan bu tür olaylar ekibimizdeki her bir ailede iz bırakmıştır. Her ne kadar çok uluslu bir ekip olsak da çoğumuz Polonyalı. Bu sizde bir iz bırakır."

The Witcher 3'ün tasarım ekibi Bloody Baron benzeri görevlerle oyuncuları zorlu seçimlerle karşı karşıya bırakmak istiyordu. Ahlaki değerlerinizi sorgulamanızı, bu etik soruları oyunu bitirdikten sonra bile düşünmenizi arzuluyorlardı. CD Projekt Red'in senarist ve tasarımcıları ilk günlerde bu tür karmaşık bir anlatıyı nasıl sunabileceklerini bulmaya çalışırken sayısız geliştiricinin karşılaştığı bir zorlukla yüzleşmek zorunda kaldılar. Ortada daha bir oyun bile yokken hazırladığınız bir görevin insanları etkileyip etkilemediğini nasıl bilecektiniz?

* Chris Suellentrop, "'Witcher Stüdyosunun Patronu Marcin Iwinski: 'Nasıl Oyun Yapıldığı Hakkında En Ufak Bir Fikrimiz Yoktu,' *Glixel*, Mart 2017, www.glixel.com/interviews/Witcher-studio-boss-we-had-no-clue-how-to-make-games-w472316.

Senarist Jakub Szamałek bir gün yazdığı sahnelerden birini bazı ekip arkadaşlarına incelettiğinde başının belada olduğunu fark etti. Geralt ile Yennefer arasında esprili diyaloglar içeren, çok sağlam olduğunu düşündüğü bir bölüm yazmış, sonra da nasıl gözüktüğüne bakmak için bunu oyun motoruna uygulatmıştı. Sanat ekibi henüz Geralt ile Yennefer'ı modellemeyi tamamlamamıştı, bu yüzden Szamałek onların yerine iki tane standart balıkçı kullanmak zorunda kalmıştı. Ne animasyonlar hazırdı ne de dudak hareketleri. Arka planda er geç detaylı evlere dönüşecek, büyük gri kutular vardı. Arada sırada kamera sapıtıyor ve karakterlerden birinin kafasının içine giriyordu. Seslendirme de yoktu; diyalogları her şey bittikten sonra kaydedeceklerdi. O nedenle satırları kendi kendilerine okumaları ve kulağa nasıl geleceğini hayal etmeleri gerekiyordu. "Orada oturup diğerlerine neler olduğunu açıklamaya çalışıyorsunuz," diyor Szamałek. "'Şimdi burada böyle bir şey olduğunu ve Geralt'ın şöyle bir yüz ifadesi takındığını hayal edin. Sonra bir duraksama yaşanır, ardından şöyle şöyle derler. Sonra da yeniden Geralt'ın yüzünü gösterir ve suratını buruşturduğunu görürüz.' Komik olması gerekiyordu. Odada on kişiydik, hepimiz ekrana bakıyorduk. Ama tek söyledikleri, 'Hiçbir şey anlamadım,' oldu."

İğneleyici bir mizah anlayışına sahip bir roman yazarı olan Szamałek daha önce bir oyun üstünde hiç çalışmamıştı, o yüzden bunun ne kadar zor olabileceği hakkında herhangi bir fikri yoktu. Görevlerden birinde, Geralt ile Yennefer terk edilmiş bir bahçede yürüyüp Ciri'yi ararken Szamałek'in ikilinin karmaşık geçmişi hakkında bir diyalog yazması icap etmiş. Geralt ve Yennefer'ın karşılıklı şakalaşıp birbirlerine laf sokması ama atışmalarının altında hafif bir sıcaklık sezilmesi isteniyormuş. İlk testlerde oyunculara böylesine insanî bir duyguyu iletmek imkânsızmış. "İşin içine seslendirmeler girdiğinde her şey olması gerektiği gibi işliyor çünkü iyi bir aktör aynı anda hem terslenip hem de sıcak davranabiliyor," diyor Szamałek. "Ama sadece ekranın altındaki yazıları okuyup birbirleriyle konuşan iki gri balıkçı gördüğünüzde çalışmanızı gözden geçiren birini bunun işe yarayacağına ikna etmek çok zor oluyor." Szamałek ve diğer senaristlerin bu soruna getirdiği çözümlerden biri, ekibin geri kalanı oyunu kademe kademe geliştirmeye devam ederken taslak üstüne taslak yazıp sahneleri yinelemek olmuş. Basit karakter modellemeleri ve temel animasyonlar oyuna eklendikten sonra her sahnenin nasıl geliştiğini anlatmak daha kolay hâle gelmiş. İnsanlar sıklıkla CD Projekt Red'in *Witcher* oyunlarındaki metinleri nasıl bu kadar iyi hâle getirdiğini merak eder; özellikle de bu kadar çoklarken. Cevap basit. "*The Witcher 3*'te tek seferde yazılıp kabul edilen, sonra da kaydedilen bir görev olduğunu sanmıyorum," diyor Szamałek. "Her şey onlarca kez baştan yazılıyor."

CD Projekt Red *The Witcher 3*'ü Şubat 2013'te, popüler oyun dergilerinden *Game Informer*'ın kapağında, yan yana at süren Geralt ile Ciri'yi betimleyen bir görselle duyurdu. Konrad Tomaszkiewicz ve ekibi büyük vaatlerde bulundular: *The Witcher 3*, *Skyrim*'den daha büyük olacaktı. Oyunda hiç yükleme ekranı bulunmayacaktı. 2014'te çıkacak ve en az yüz saatlik oynanış sunacaktı. "Bu kapak hakkında uzun uzadıya konuştuk," diyor Tomaszkiewicz. "Oyunun açık dünya olacağını duyurmamız gerektiğini biliyorduk." Bu onların toplum önüne çıkış partisiydi. *The Witcher 3*'ün istediğiniz yere gidip istediğiniz şeyi yapabileceğiniz bir oyun olduğuna dikkat çekerek tüm dünyaya Polonya'nın da iyi RPG'ler yapabileceğini gösteriyorlardı.

O sıralar, Sony ile Microsoft yeni nesil konsollarını hâlâ açıklamadığından bütün geliştiriciler oyunlarını hangi platformlara çıkaracakları konusunda kasten ketum davranıyordu. Ama *The Witcher 3*'te çalışan herkes eski nesil konsolları es geçip oyunu PC, PS4 ve Xbox One'a çıkaracaklarını biliyordu. Bu büyük bir kumardı. Bazı analistler PS4 ve Xbox One'ın önceki nesiller kadar iyi satmayacağını öngörüyor ve yayıncıların büyük bir bölümü, EA ve Activision'ın *Dragon Age: Inquisition* ve *Destiny*'de yaptığı gibi, mümkün olduğunca çok kişiye ulaşmak için oyunların "çapraz platform" olarak geliştirilmesi konusunda ısrar ediyordu.

CD Projekt Red eski cihazların hedefleri için çok kısıtlayıcı olduğunu biliyordu. *The Witcher 3*'ün belleğini eski nesil konsollara uyacak şekilde sınırlandırdıkları takdirde oyunda yakalamayı umdukları fotogerçekçiliğin yanına yaklaşamazlardı. CD Projekt Red işleyen bir ekosistemi, gece ve gündüz döngüsü, ayrıntılı şehirleri ve rüzgârda salınan çimleri olan bir dünya yaratmak istiyordu. Oyuncuların tüm bu araziyi hiçbir yükleme ekranı olmadan keşfedebilmesini arzuluyorlardı. PlayStation 3 ve Xbox 360'ta bunların hiçbiri mümkün değildi.

Oyunlarını duyurup demolarını *Game Informer* ekibine gösterdikten kısa bir süre sonra CD Projekt Red'in mühendisleri işleme tekniğinde büyük bir gelişme kaydederek grafiklerin ekranda nasıl görüneceğini değiştirdiler. İyi haber deri bir çantanın üstündeki kırışıklıklardan tutun da karakterlerin su yüzeyindeki yansımalarına dek artık her şeyin daha net görünmesiydi. Kötü haberse sanatçıların o güne dek geliştirdikleri tüm modelleri baştan tasarlamak zorunda kalmasıydı. "Bu çok sık olur," diyor stüdyonun görsel efekt sanatçılarından Jose Teixeira. "Büyük bir özellik çalışmaya başlar ve eğer oyun için çok önemliyse, ona büyük bir katkı sağlayacaksa sebep olacağı değişiklikler ne kadar fazla olursa olsun bu yine de yapılır."

Hava muhalefetleri ve sıçrayan kanlar gibi görsel efektlerden sorumlu olan, Portekiz asıllı Teixeira ("Çok şüpheli bir internet tarayıcısı geçmişim var") sadece grafiksel geliştirmeler yaratmakla kalmayıp her şeyin çok daha iyi görünmesini sağlayacak yeni teknolojilerle de deneyler yapmış. Aynı zamanda bu teknolojileri optimize etmenin bir yolunu bulması gerekiyormuş. Örneğin küçük bir köyün mumlar, meşaleler ve kamp ateşleri gibi onlarca ışık kaynağı olabiliyormuş ve her rüzgârla dalgalanışlarında *The Witcher 3*'ün bellek kapasitesini emiyorlarmış. "Detay seviyelerinin üstünde çok çalışmamız gerekti," diyor Teixeira. "Nesneler ne kadar uzaklaşırsa detayları da o kadar azalır.

O nedenle bir kilometre ötedeki bir şeye saçmalık derecesinde karmaşık bir partikül sistemi eklememek için çok dikkatli çalışmak zorunda kaldık."

The Witcher 3'ün tasarımcıları oyunu geliştirmeye devam ederken yeterince içerikleri olmadığı için bir kez daha paniklemeye başlamış. Tüm dünyaya bu oyunun yüz saat süreceği sözünü vermişlerdi. Saçma bir sayı olabilirdi ama söz vermişlerdi bir kere ve bunu yerine getirmeye niyetlilerdi. "Oyunun çok kısa olacağını, yüz saat sürmeyeceğini düşünmeye başladık," diyor Mateusz Tomaszkiewicz. "Olmaz, herkese öyle olacağını söyledik, bunu yapmak zorundayız, oyun yüz saat sürmeli falan diyorduk." Tomaszkiewicz ve departmanı yeni görevler yazmaya, hiçbirinin FedEx tarzı şeyler olmamasını sağlamak için ellerinden geleni yapmaya başladılar ama oyunun çok boş olacağı korkusu bir türlü yakalarını bırakmadı.

The Witcher 3'ün en temel özelliklerinden biri Geralt'ın Roach adında bir ata sahip olması ve ona binebilmesiydi. (Witcher kitaplarında Geralt'ın bütün atlarına aynı ismi vermesi süregiden bir espridir.) At sırtında seyahat etmek yürümekten daha hızlı olmakla kalmayıp The Witcher 3'ün çeşitli bölgeleri arasındaki ana seyahat metoduydu. Sonuç olarak oyundaki bütün bölgelerin büyük olması gerekiyordu. Çok ama çok büyük. Oyunun dünyası her gün biraz daha büyüyor, görev tasarımı departmanının daha fazla içerik üretmesini gerektiriyordu. "Oyunun açık dünya olmasını ve at binebilmenin mümkün olmasını istediğimizi biliyorduk; çok büyük, gerçekçi bir boyuta sahip olmasını da istiyorduk," diyor Mateusz Tomaszkiewicz. "Bunlar da bölgelerin giderek daha fazla büyümesine sebep oluyordu."

En çok dikkat çeken ve görev tasarımı departmanını en fazla kaygılandıran mesele The Witcher 3'ün ana mekaniklerinin büyük bir bölümünün hâlâ tamamlanmamış olmasıydı. Savaş sistemi tam olarak hazır değildi, o nedenle tasarımcılar test aşamasında Geralt'ı "tanrı moduna" (god mode) alıyordu ve bu da her canavarı tek vuruşta öldürebildiği anlamına geliyordu. Dolayısıyla görevlerin temposunu ölçmek güçtü. "Oynanış elementlerini dengeleyip mekanikleri oturtamadığınız takdirde oyununuzun tam olarak kaç saat süreceğini tahmin etmek zordur," diyor Tomaszkiewicz.

Tüm bu bilinmeyenler kimsenin tam olarak nasıl değerlendireceğini bilmediği bir oyun çıkarıyordu ortaya. Mateusz Tomaszkiewicz'in de dediği gibi, "Kaliteyi göremediğiniz zaman kalite kontrol testi yapmak zordur." Böylece önce 2013, sonra da 2014 boyunca oyunun çeşitli kısımlarını gözden geçirip test ederlerken *The Witcher 3*'ün dünyasının çok boş olduğu konusunda endişelenip durdular. Yeni bir grafik işleme yöntemi sayesinde inanılmaz teknik başarılara imza atmışlardı ve bir araya toplanıp ağızları bir karış açık vaziyette her şeyin ne kadar da güzel göründüğüne bakmak ekiptekiler için sıradan bir olay hâline gelmişti. Bitki örtüsü âdeta Polonya ormanlarından fırlamış gibi gözüküyordu. Geralt'ın zincir zırhı o kadar ayrıntılı bir şekilde detaylandırılmıştı ki her bir metal halkasını seçebiliyordunuz. Deri eşyalar yeterince derimsi gözüküyordu. Ama oyun dünyası devasaydı ve bütün ekip "yüz saatlik oynanış" sözünü tutamayacakları konusunda endişeliydi.

CD Projekt Red'in tasarladığı bütün bölümler çoğu açık dünya oyuna kıyasla daha büyüktü ve *The Witcher 3*'te onlardan üç tane vardı. Bunun yanı sıra, oyunda Kaer Morhen kalesi ve giriş bölümünü oluşturan Ak Bostan (White Orchard) gibi daha küçük bölgeler de mevcuttu. Bir grup bölüm tasarımcısı bu dünyaya can verebilmek için haritayı taradılar ve her bölgeye "ilgi alanları" adını verdikleri işaretler yerleştirdiler. Bu ilgi alanlarının bazıları küçük (bir grup yağmacı eşkıya) bazılarıysa büyük (yardımcısını kimin öldürdüğünü bulmanızı isteyen bir tüccar) aktiviteler içerecekti. Bazıları sizi bakımsız köylere götürecekti, bazıları da canavarlar ve hazinelerle dolu kadim harabelere.

Bölüm tasarımcıları, oyunda tüm haritayı dolduracak kadar ilgi alanı bulunmasından sorumluydu. "Önce işin boyutunu kavramak istedik. Kaç tane ilgi alanı yeterli olurdu, kaç tanesi çok fazla?" diyor bölüm tasarımcılarından Miles Tost. "Onları öylece bölümlere yerleştiriyorduk. Sonra da tam olarak çalışmayan bir ata biniyor, ilgi alanları arasında dörtnala koşturuyor ve bunun ne kadar zaman aldığını ölçüyorduk. Sonunda yaklaşık olarak dakika başına bir ilgi alanı yerleştirdiğimizi gördük. *Red Dead Redemption* ya da *Skyrim* gibi oyunlardan referans alıp bunu nasıl yaptıklarına da baktık. İşimize yarayacağını düşündüğümüz kısımları örnek aldık ve bu sistemin daha yoğun veya daha çeşitli bir varyasyonunu kullanıp kullanmamamız gerektiğini tartıştık."

Tost'un ekibi *The Witcher 3*'ün dünyasının birbiriyle alakasız görevlerle dolu olmasını istemiyordu; aksine, eksiksiz bir ekosistemi desteklemelerini istiyorlardı. Ayrıntılı yollarla Novigrad şehrine bağlanan bir tuğla yapımcısı köyü olacaktı. Gerçekçi bir ortaçağ dünyasında rastlayacağınız, her türden tarım ve üreticilik faaliyetleri de olacaktı. "Eğer Novigrad'ın çevresindeki tarım arazilerine bakarsanız her birinin tıpkı bizim dünyamızdaki gibi, akla yatkın bir şekilde o koca şehri beslemek için orada olduğunu görürsünüz," diyor Tost. "Orada yaşayan bütün o insanlar dünyanın dört bir yanından farklı farklı tedarik desteği alıyorlar. Oyunu tasarlarken en çok dikkat ettiğimiz şeylerden biri de buydu. Yük arabası imal eden bir köy bile var."

The Witcher 3 ekibi büyüdükçe bu gerçekçilik ısrarı bazı karmaşıklıklara neden oldu. Bir noktada Tost'un ekibi Velen'de çok ciddi bir sorunla karşılaştı: Çok fazla yiyecek vardı. "Başından beri Velen'in insanların çok fazla yiyecek bulamadığı, açlıktan kırılan bir bölge olması planlanmıştı," diyor Tost. Ancak bilinmeyen bir nedenden ötürü çevre tasarımcılarından biri Velen'deki evlerin çoğunu yiyecekle doldurmuş, dolaplara sosisler ve sebzeler yerleştirmişti. Bölüm tasarımcıları bu durumdan ötürü büyük bir rahatsızlık duydular, böylece saatler boyunca Velen'deki bütün köyleri tek tek araştırıp sapkın bir Robin Hood misali insanların yiyeceklerini ellerinden aldılar. "Bu bölgedeki bütün evleri gezip çok az yiyecekleri olduğunu garanti altına almak zorunda kaldık," diyor Tost.

CD Projekt Red'in rakiplerine üstünlük sağlamasının yolu, tıpkı Naughty Dog'un *Uncharted 4*'te yaptığı gibi bu tür detaylara özen göstermekten geçiyordu. Çoğu oyuncu Velen'deki dolapların içerdiği yiyecek miktarının azlığını fark etmeyebilirdi ama detaylara dikkat edenler bunun mükâfatını alacaktı. Bir oyun geliştiricisinin rüzgâr estiğinde ağaç dallarını hışırdatıp çıtırdatmaya, kuzeye ne kadar yaklaşırsanız güneşin o kadar erken doğmasını sağlamaya özen gösterdiğini fark etmenin özel bir yanı vardır.

Mükemmeliyetçilerle dolu bir stüdyo olmak, küçücük şeylere çok fazla zaman harcamak anlamına da geliyordu elbette. "Oyuncuların nazarında asla yeterince detaya sahip olamazsınız," diyor Tost. "İnsanlar oyunların köşesini bucağını keşfetmeyi sever ve bunu son derece anlayışla karşılarsınız. Ama bir noktada projenin ölçeğine karar vermeniz, filanca kayanın duruş açısının oyun dünyasına gerçekten de bir şey katıp katmadığını düşünmeniz gerekir." Oyuna ekstra bir detay katmak için harcanan her saniye, görevlere ince ayar çekmek için kullanılan her dakika, hâlâ tamamlanmamış vaziyetteki oyun dünyasıyla boğuşarak geçirilen her saat takvimin hızla gerisinde kalmak anlamına geliyordu.

Günler bu şekilde geçip gitti ve 2014'e girerlerken CD Projekt Red daha fazla zamana ihtiyacı olduğunu fark etti. Mart 2014'te oyunun çıkışını altı ay daha, Şubat 2015'e kadar, ertelediklerini duyurdular. "Yönetim kurulu çok gergindi ama oyuna el atıp bize söz geçirmeye çalışmadılar çünkü bize güveniyorlardı," diyor direktör Konrad Tomaszkiewicz. "Tüm stresi omuzlarımda taşıdığımdan bu durum, bu yük benim için bilhassa zordu. Her şeyin bir felaketle sonuçlanabileceğini biliyordum çünkü bu oyuna çok para yatırmıştık ve başarılı olmak zorundaydık."

Marcin Iwiński 1994'te CD Projekt'i (2002'de de CD Projekt Red'i) kurduğundan beri toplamda yalnızca iki oyun yapmışlardı. *The Witcher 3* onların üçüncü oyunu olacaktı. Başarısızlığa uğradıkları takdirde hem yatırımcıları hem de GOG (CD Projekt Red'in başarılı online mağazası) gibi diğer gelir kaynakları sayesinde bağımsızlıklarını korumaya devam edebilirlerdi; Marcin Iwiński iflas edeceklerinden korkmuyordu. Ama yine de bu onlar için büyük bir kumardı. Hem *Game Informer*'ın kapağında yer almaları hem de yayımladıkları birkaç büyük video sayesinde *The Witcher 3* öncüllerinden çok daha fazla heyecan yaratıyordu ve hayranlarını hayal kırıklığına uğratmak CD Projekt Red'in diğer büyük yayıncılarla yarışma umutlarına ölümcül bir darbe indirebilirdi. "Oyuna duyulan heyecan gerçekten de harikaydı," diyor Konrad Tomaszkiewicz. "Öte yandan projenin merkezinde bir sürü sorunumuz vardı. Örneğin, motor durmadan çöküyordu ve kesintisiz akışın zamanlamasını ayarlayamıyorduk. Oyunu bitirmemiz gerektiğini biliyorduk ve bu da bütün ekibin üstünde büyük bir stres yaratıyordu."

Bu, 2014'ün Polonyalı stüdyo için fazla mesailerle dolup taşacağı anlamına geliyordu.[*] Haziranda düzenlenecek E3'te Geralt'ın Velen bataklıklarını keşfettiği uzunca bir demo sergilemeye karar verdiler. Hiç bitmeyecekmiş gibi gelen uzun geceler ve haftalar boyunca fazla mesai yaparlarken geliştirici ekibi motive eden şey E3 fuarında Ubisoft ve Activision gibi multimilyar dolarlık yayıncılarla yan yana sahne alacak olmalarıydı. *The Witcher 3* neon ışıklı sahnelerin arasında, *Madden* ve *Assassin's Creed* gibi dev oyunların tüm dikkatleri topladığı fuarda kendi standını kurdu ve *IGN* ve *GameSpot* gibi büyük internet sitelerinin E3 ödülleri kazandı. CD Projekt Red diğerlerine nazaran güçsüz olan, dışarlıklı, sadece iki oyun çıkaran Polonyalı çocuklardı ama yine de oyunseverler *The Witcher 3*'ün fuardaki en etkileyici şey olduğunu düşünüyorlardı. "Bu bizim için bir motivasyon kaynağıydı," diyor stüdyonun animasyon programcılarından biri olan Piotr Tomsiński. "Süper ünlü şirketler gibi olmak hoşumuza gidiyordu."

2014 yılı boyunca stüdyo fazla mesailere devam edip *The Witcher 3*'ü geliştirmeye yoğunlaştıkça oyun iyiden iyiye şe-

---

[*] Kuzey Amerika'daki çoğu şirketin aksine, fazla mesailerin ücretli olmasının faydası dokundu. Polonya iş kanununun bir gereği bu.

killenmeye başladı. Görev tasarımı ekibi, oyunun arka plan hikâyesini oluşturan Nilfgaard İmparatorluğu ile Redanya Krallığı arasındaki savaşla ilgili çok fazla görev olmadığını fark etmiş ve hikâyede büyük değişiklikler yapmışlardı. Mühendisler kesintisiz akış sistemini baştan inşa etmiş, nesnelerin arka planda duraksama yaşanmadan yüklenmesini sağlamak için aylarca uğraşmıştı ki oyuncular bölgeden bölgeye at sürerken hiçbir yükleme ekranıyla karşılaşmasın.

Bu esnada CD Projekt Red'in programcıları da durmadan oyun araçlarını geliştirmeye devam ediyordu. "Oyun motorunun günde yirmi otuz kez çöktüğü zamanlar oldu," diyor Jakub Szamałek. "Aslında o kadar da kötü değildi çünkü motorun çökeceğini biliyor ve her beş dakikada bir işlerimizi kaydediyorduk." Her gün *The Witcher 3*'teki yeni bir şey değişiyordu sanki. Sanatçılar Novigrad ile Velen'i birbirine bağlamaya karar verip buraları iki ayrı bölge olarak bırakmaktansa tek bir büyük haritada birleştirdi. Tasarımcılar hemen hemen her şeyi yeniden ayarladı, değiştirdi ve yineledi. "Forum mesajlarını okuyup insanların neler istediğini kontrol ediyor ve bu geri dönüşlerden faydalanarak oyuna yeni etmenler ekliyorduk," diyor baş görev tasarımcısı Mateusz Tomaszkiewicz. "Örneğin, bir keresinde Novigrad'ın göründüğü bir video yayımlamıştık. Ufukta şehri görebiliyordunuz. Serinin sıkı birer hayranı olan birkaç kişi forumda bunu tartışıyordu. Kitaplarda şehrin çok sağlam, büyük surları olduğu yazıyordu. Fakat videoda öyle bir şey yoktu. 'Evet, sanırım bunu yapmalıyız,' dedik ve şehrin etrafını surlarla çevirdik."

Dar sokaklara ve kırmızı kiremitli çatılara sahip, devasa bir şehir olan Novigrad, Varşova'nın Orta Çağ'dan kalma Eski Şehir bölgesiyle çarpıcı bir benzerlik taşıyordu. Her iki şehrin de sokakları karmaşık, parke taşlarıyla kaplı ve hayat doluydu. Eski Şehir, tıpkı Novigrad gibi tamamen sahteydi; İkinci Dünya Savaşı sırasında Alman Hava Kuvvetleri tarafından yok edildikten sonra her tuğlası baştan inşa edilmişti. Novigrad'tan farkıysa sokaklarında yürürken hata veren ve birdenbire havada süzülmeye başlayan dilencilerle karşılaşmamanızdı.

2014'ün sonlarına doğru, *The Witcher 3*'ün yapımcıları nihayet bitiş çizgisini görebilmeye başladığında, CD Projekt Red oyunu on iki hafta daha erteleyip çıkış tarihini Şubat 2015'ten Mayıs 2015'e çekti. Böylece oyundaki hataları ayıklamak için fazladan zaman kazanmış oldular. Ayrıca stüdyonun işletme departmanı da *The Witcher 3*'ü mayısta çıkardıkları takdirde piyasada rekabet etmeleri gereken çok fazla büyük oyun olmayacağı görüşündeydi. "Belirlediğimiz yeni tarih bizim için harika bir zaman aralığıydı," diyor Konrad Tomaszkiewicz. "Aslına bakarsanız şanslı olduğumuzu düşünüyorum. Eğer oyunu daha önce belirlediğimiz tarihte çıkarsaydık *Dragon Age*'le [*Inquisition*, Kasım 2014'te yayımlandı] ve diğer büyük oyunlarla çekişmemiz gerekecekti. İnsanlar mayısta geçen yıldan kalma bütün oyunları bitirmiş ve bir sonraki büyük oyun için hazır hâle gelmişti."

CD Projekt Red ekibinin öteki çalışanlarının dediğine göre ertelemeyi zorunlu kılan bir diğer sebep de *Assassin's Creed: Unity* gibi olmak istememeleriydi. Birkaç ay önce, Kasım 2014'te piyasaya sürülen *Unity* grafiksel hataları yüzünden büyük alay konusu olmuştu. Söz konusu hataların en korkuncu bir NPC'nin yüzünün havaya uçmasıydı. (Doğal olarak bu yüz bir internet şakasına dönüştü).

O son aylarda bazı departmanlar diğerlerine oranla daha çok fazla mesai yapmak zorunda kaldı. Yazarlar acımasız son teslim tarihlerini çoktan geride bırakmıştı, o yüzden projenin sonlarına doğru biraz rahatlayabilirlerdi. O son aylarda onların işi oyunda gördüğünüz bütün o mektupları, notları ve diğer yazıları yazmaktı. "CD Projekt Red bir yazarın konumunu çok iyi anlıyor; çünkü bir yazar bir şeyler yazan biri demektir," diyor Jakub Szamałek. "Biz kazların üstünde 'kaz', peynir dilimlerinin üstünde 'peynir dilimi' yazdığını garanti altına alan insanlarız. Aynı şey 'efsanevi grifin pantolonu' diyagramı için de geçerli." Yazarlar dizin veri tabanını baştan aşağı kontrol edip bütün isimlerin doğruluğunu kontrol etti. "Kedilere 'geyik,' geyiklere 'peynir' dendiğini gördüğümüz falan oldu," diyor Szamałek. "Aslında yıllarca diyalog yazdıktan sonra böyle bir şey yapmak oldukça rahatlatıcıydı. Oturup işimizi yapıyorduk ve kimse bize karışmıyordu."

Ancak öteki departmanlar için o son birkaç ay daha acımasızdı. Ses ve görsel efekt ekipleri gibi üretim hattının en sonunda bulunan geliştiriciler işlerini bitirmeye çalışırken ofiste uzun geceler geçirdiler. Kalite kontrol elemanları bilhassa zor zamanlar yaşadı. *The Witcher 3* gibi bir sürü bölgeye, göreve ve karaktere sahip devasa bir yapımda oyunu çökerten her hatayı bulmak fiziksel olarak imkânsızdı fakat yine de denemek zorundaydılar. "Sadece oyunun ne kadar büyük olduğunu değil, aynı zamanda bazı şeyleri ne kadar farklı yollarla yapabileceğinizi de fark etmeye başlıyorsunuz," diyor Jose Teixeira. "Mesela doğruca bir eve girdiğinizde oyun çökmüyor ama eğer önce falanca kişiyle konuşup ardından bir ata binip sonra da onunla eve girerseniz… Kalite kontrol elemanları buna benzer 'bu ne biçim iş lan?' durumlarıyla karşılaşıp duruyordu." *The Witcher 3* tıpkı her video oyunu gibi bir sürü hatayla çıktı ama bu ekstra üç ay onu *Assassin's Creed: Unity* benzeri bir felaket yaşamaktan kurtardı.

Çıkış tarihi yaklaştıkça bütün ekip kendisini çarpışmaya hazırladı. *Game Informer*'ın kapağında yer aldıkları günden beri *The Witcher 3*'e duyulan heyecan gitgide artmıştı ama insanların oyunun son hâli hakkında ne düşüneceğini kim bilebilirdi ki? Geliştiriciler onun iyi bir oyun olduğunu düşünüyor, hikâyesi ve senaryosuyla bilhassa gurur duyuyorlardı; fakat PC kullanıcılarının dışındaki diğer oyuncular bundan önceki *Witcher* oyunlarına hiç bu kadar ilgi göstermemişti. *The Witcher 3* gerçekten de *Skyrim* ve *Dragon Age: Inquisition* gibi yapımlarla rekabet edebilecek miydi? Takipçilerini artırmayı ve birkaç milyon adet satabilmeyi umuyorlardı ama ya fazla iyimser davranıyorlarsa? Ya oyun yeterince büyük değilse? Ya hiç kimse Doğu Avrupalı bu RPG'yi önemsemezse?

Derken övgüler yağmaya başladı. 12 Mayıs 2015'te, *The*

Witcher 3'ün incelemeleri internette yayımlanmaya başladığında heyecan dalgası birkaç kerte daha arttı. *GameSpot* muhabirlerinden biri incelemesinde, "Şurası kesin: *The Witcher 3* bugüne kadar yapılmış en iyi rol yapma oyunlarından biri, devler arasındaki bir titan ve gelecekte bu türde çıkacak bütün oyunlar için çıtayı belirleyen bir yapım," diye yazdı. Öteki incelemeler de bir o kadar hayranlık doluydu ve CD Projekt Red çalışanları sonraki birkaç gün boyunca kendilerini âdeta bir rüyada gibi hissettiler. Eleştirmenler önceki *Witcher* oyunlarını bu kadar övmek şöyle dursun, neredeyse dikkate bile almamışlardı. "Çok tuhaf bir duyguydu çünkü insanların birbirlerine beşlik çakıp, 'Vay canına, bunu biz yaptık,' diyeceğini düşünürsünüz," diyor Jose Teixeira. "Ama biz tam aksine incelemeleri okumaya başladık ve birbirimize bakıp, 'Hassiktir, bunca veriyle ne yapacağız biz şimdi?' diye soruyorduk. O gün hiç kimsenin çalışmadığını söylememe gerek yok sanırım. Herkes Google'a girip 'Witcher 3 incelemeleri' araması yapıyor ve sayfayı sürekli yeniliyordu. 2015 birdenbire kariyerimizdeki en iyi yıl hâline geldi."

CD Projekt Red, 19 Mayıs 2015'te *The Witcher 3*'ü yayımladı. Her nasılsa oyun onların beklediğinden çok daha büyüktü. Belki de oyuna yeterince içerik ekleyemediklerine dair hissettikleri ısrarcı korkuyu bastırmak için çok fazla şey yapmışlardı. Maksimum yüz saat sürecek bir oyun deneyimi yaratmayı planlamışlardı fakat yüzlerce görev, ilgi alanları ve keşfedilecek bölgelerle birlikte *The Witcher 3*'ün toplam süresi iki yüz saate yakındı. Oyunu yavaş oynadığınız takdirde bu süre daha da artabiliyordu.

Bu kadar uzun bir oyunun genel kalitesini tartışabilirsiniz elbette (hatta bazı CD Projekt Red çalışanları geriye dönüp baktıklarında oyunun yüzde on veya yirmilik bir kısmını kesmiş olmaları gerektiğini düşünüyor) fakat *The Witcher 3*'ün takdire şayan yanı çok az görevin sırf oyunu doldurmak için koyulmuş gibi hissettirmesiydi. Mateusz Tomaszkiewicz'in FedEx görevlerden kaçınma düsturu işe yaramıştı. *The Witcher 3*'teki her görev tıpkı Tomaszkiewicz'in istediği gibi bir tür karmaşıklığa ya da beklenmedik bir sürprize sahipti. Öyle ki BioWare'in geliştiricileri daha sonra bana *Dragon Age: Inquisition*'dan sonraki oyunlarında bu tasarım ilkesini kullanmayı umduklarını söylediler. İlk büyük başarısını Marcin Iwiński'nin BioWare tarafından geliştirilen *Baldur's Gate*'in dağıtım haklarını almasıyla elde eden CD Projekt Red artık BioWare'in taklit etmeyi umduğu bir şey yapmıştı. Şimdi kim Avrupalı RPG'lerin o kadar iyi olmadığını söyleyebilir ki?

Varşova'nın doğusundaki CD Projekt Red ofislerinin şık ahşap koridorları boyunca sıralanan bir dizi poster, bu uzun soluklu stüdyonun kolay akılda kalan, biraz tuhaf sloganını sergiliyordu. "Biz Asileriz," diyordu posterler. "Biz CD Projekt Red'iz."

2016 sonbaharında, çalışma masalarından ve bilgisayarlardan müteşekkil bir labirentte yürürken insanın bu sloganın gerçeklikle nasıl bağdaştığını merak etmesinin çok doğal olduğunu düşündüm. O günlerde CD Projekt Red neredeyse beş yüz çalışanı ve iki farklı şehirde ofisleri bulunan, halka açık bir şirketti artık. İnsanlarla dolu, cam bir konferans salonunun yanından geçerken tur rehberim bunun yeni çalışanlara verilen bir oryantasyon eğitimi olduğunu söyledi. CD Projekt Red o kadar çok kişiyi işe alıyor ki, diye ekledi, bu oryantasyonları her hafta yapmamız gerekiyor. Şirketin kısa süre önceki büyük başarısının ardından dünyanın dört bir yanındaki tecrübeli geliştiriciler çalışmak için buraya göç ediyordu.

"Asiler" kelimesi karşıt kültürü ima ediyordu. Alışılmışın dışında olanı yapan, başka hiç kimsenin düşünemeyeceği oyunları yaratan geliştiricileri… Öte yandan, CD Projekt Red artık Polonya'daki en büyük, dünyadaki en saygın oyun şirketlerinden biriydi. Ağustos 2016'da stüdyonun değeri 1 milyar dolara ulaşmıştı. Peki, o zaman nasıl asiler olabilirlerdi ki?

"Eğer bu soruyu bana birkaç yıl önce sorsaydınız sanırım bu büyüklükteyken öyle bir ruha sahip olamayacağımızı söylerdim muhtemelen; ama hâlâ sahibiz," diyor Marcin Iwiński. *The*

Witcher 3 için bedava indirilebilir içerikler dağıtarak büyük bir gösteri yapmışlardı. Sıklıkla "dijital hakların yönetimi" (DRM)* –oyunların nasıl kullanıldığını, satıldığını ve modifiye edildiğini kısıtlayan korsan karşıtı teknolojileri içeren, geniş kapsamlı bir terim– karşıtı söylevlerde bulunuyorlardı. (CD Projekt Red'in dijital mağazası GOG kopya koruma kullanmıyor.) Iwiński cezalandırmaya değil, ödüllendirmeye inandıklarını söylüyor. Oyunlarını korsanlardan korumaya çalışmak yerine, tıpkı yıllar önce Polonya bilgisayar çarşısında yaptıkları gibi, potansiyel korsanları CD Projekt Red'in oyunlarının harcanan paraya değdiğine ikna etmek istiyorlar.

"Eğer oyun satın alacak kadar paranız yoksa iki seçeneğiniz vardır," diyor stüdyonun iş geliştirme yöneticilerinden biri olan Rafał Jaki. "Ya oyun oynamazsınız ya da korsan kullanırsınız. Ama yirmi yaşına gelip kendi paranızı kazandığınızda oyun satın almaya başlayabilir ve bir müşteriye dönüşebilirsiniz. Ancak bütün oyun endüstrisinin külliyen sizi becerdiğini düşünürseniz bunu neden yapasınız ki? Gerçekten bir şey satın alacak kadar paranız ve imkânınız varken bir kostüm DLC'sinin 25 dolara satıldığını ama onu GameStop'tan aldığınızda mavi, başka yerde aldığınızdaysa kırmızı bir kurdeleye sahip olacağını bildiğinizde neden korsan kullanmaktan vazgeçesiniz? Bunu neden yapasınız?"***

CD Projekt Red'in kafeteryasında oturup vejetaryen lazanyamı didiklerken *The Witcher 3*'ün yapılmasının başka bir yerde mümkün olup olmayacağını merak ettim. Dışarıdaki Varşova manzarası, yemyeşil ağaçları ve buz gibi nehirleriyle âdeta oyundan fırlamış bir sahne gibiydi. Polonya'daki hayat pahalılığı Ku-

---

* Kopya koruma yazılımları –çn

** Oyunseverler "mağazalara-özel" indirilebilir içeriklerden, yani Square Enix ve Ubisoft gibi yayıncıların farklı dükkânlara farklı ön sipariş ödülleri yaymalarından nefret etmeye meyillidirler. Örneğin, *Final Fantasy XV*'i Amazon'dan satın aldığınızda özel bir silah seti ediniyordunuz. GameStop'tan ön sipariş verdiğinizdeyse ekstradan bir mini oyun kazanıyordunuz.

zey Amerika ve diğer Avrupa ülkelerine oranla daha düşüktü ve bu da CD Projekt Red'in çalışanlarına görece olarak daha az ücret ödemesine imkân sağlıyordu. (Iwiński'nin dediğine göre artık daha fazla gurbetçi çektikleri için bu değişiyordu.) Oyun ağırlık olarak hem Polonya peri masallarından hem de Varşova tarihinde yer alan çirkin ırkçılık olaylarından, savaştan ve soykırımdan ilham alıyor, tüm bunlar *The Witcher 3*'ün içine işliyordu.

Ama en çok da orada çalışan insanlar *The Witcher 3*'ü mümkün kılıyordu. 2016'da CD Projekt Red'in kültürel farklılıkları olan bir ekibi vardı. Polonyalı olmayan çalışanları o kadar fazlaydı ki herkes birbirini anlayabilsin diye stüdyonun resmî dili bir süre önce İngilizce olarak değiştirilmişti. Ama büyük bir çoğunluğu dövmeli Slav omuzlarıyla kavgaya hazır görünüyordu. Aralarından birçoğu bilgisayar çarşılarından korsan oyun satın alarak büyümüş, *Stonekeep* gibi yapımların kaçak kopyalarını edinmiş ve günün birinde kendi RPG'lerini yapmayı hayal etmişti. "Sanırım komünizm pek çok kişinin yaratıcılığını köstekliyordu," diyor Konrad Tomaszkiewicz. "Ama demokratik yönetim şekline geçtiğimizde, herkes istediğini yapabilmeye başladığında insanlar kafalarının içindeki hayalleri gerçekleştirmeye başladılar." *The Witcher 3*'ün elde ettiği başarıdan sonra bile CD Projekt Red'teki insanlar E3 gibi fuarlarda yer alacak kadar iyi olduklarını kanıtlamak için azimli görünüyordu. Belki de asiler diyerek kastettikleri şey budur.

10
Star Wars 1313

Çok az oyunun gerçekleşmesine *Star Wars 1313* kadar kesin gözle bakılmıştır. Kusursuz bir karışımı vardı: Düşmanlarınızı havaya uçurup yanan uzay gemilerinden atladığınız *Uncharted* tarzı, sinematik bir oynanışı dünya üzerindeki diğer her şeyden daha fazla hayrana sahip olan *Star Wars*'un zengin tarihçesiyle birleştiriyordu. Efsanevi oyun stüdyosu LucasArts, E3 2012'de oyunun gösterişli bir demosunu yayımladığında insanlar çok heyecanlanmıştı. *Sonunda,* yıllardır hem sinemada hem de konsollarda potansiyelini ıskaladıktan sonra *Star Wars* formunu yakalamıştı.

5 Haziran 2012 sabahı, E3 oyun fuarının ilk günü, *Star Wars 1313* ekibinin önde gelen çalışanlarından bir kısmı Los Angeles Convention Center'ın ikinci katındaki küçük, loş bir toplantı odasında tezgâh açtı. Konsept çizimlerini büyük posterlere dönüştürmüş ve duvarları onlarla süsleyerek ziyaretçilerinin Coruscant'ın dehlizlerine iniyormuş gibi hissetmelerini sağlamışlardı. Her ne kadar E3'ün ana katında olmasalar da LucasArts süsle yapmak istemişti. Son birkaç yıl stüdyo için çok kötü geçmişti ve yine harika oyunlar yapabileceklerini kanıtlamak istiyorlardı. *Star Wars 1313*'ün kreatif direktörü Dominic Robilliard ve prodüktör Peter Nicolai, üç gün boyunca demoyu oynayıp her yarım saatte bir farklı farklı basın mensuplarına ve ziyaretçi gruplarına gösteri yaptı.

Demonun açılış sahnesi paslı bir uzay gemisinde ilerleyen ve yer altına taşımak üzere oldukları tehlikeli bir kargo hakkında

253

konuşan iki isimsiz ödül avcısıyla başlıyordu. İki ortak laflarken kötücül bir droid tarafından yönetilen bir grup korsan onların gemisine yanaşıyor ve kargo bölümünü ele geçirmek için içeriye onlarca kötü adam yolluyordu. O noktadan sonra, demoyu oynayan kişi ödül avcılarından birinin kontrolünü ele alıp bir kutunun arkasına siper alarak ateş etmeye başladığında *Star Wars 1313*'ün savaş mekaniklerini canlı olarak izlemeye başlıyorduk.

Önce lazer silahlarıyla, sonra da Jet Li filmlerinde hiç sırıtmayacak, etkileyici yakın dövüş hareketleriyle birkaç düşmanı haklayan kahramanımız ve ortağı gemilerine geri dönüyor ve son anda kargolarının korsanlar tarafından çalındığını görüyorlardı. Birkaç sinematik sahnenin (ve ortağımızın düşmanlardan birini bir füze yatağına tıkıştırıp büyük bir gürültü eşliğine ateşlediği çok hoş bir dakikanın) ardından iki ödül avcısı yüklerini geri alabilmek için korsan gemisine atlıyordu. Oyuncunun yönettiği karakter yanan dış güverteye atlayıp ortağına yetişebilmek için çarpışan gemilerin üstünden yukarı tırmanıyordu ve tam enkazın karşısına atladığı sırada ekran kararıyordu.

"O yıl E3'teki en gösterişli demolardan biriydi," diyor oyuna bakabilmek için sahne arkasına geçen basın mensuplarından (ve arkadaşlarımdan) biri olan Adam Rosenberg. "LucasArts o videoyu oyun oynamayı seven tüm *Star Wars* hayranlarını harekete geçirmek için özel olarak tasarlamış ve bu taktik işe yaramıştı." Diğer basın mensupları da en az onun kadar heyecanlıydı ve oyunseverler *Star Wars 1313*'ü övmeye koyulup o güne dek gördükleri en iyi demolardan biri olduğunu söylemeye başladılar. Birkaç yıldır vasat oyunlara mahkûm olan LucasArts kötü günleri nihayet geride bırakmış gibi görünüyordu.

Ne ters gidebilirdi ki?

1980'lerde, modern oyun endüstrisi ilk kez ortaya çıkmaya başladığında sinema patronları bu gelişmeyi bir kıskançlık ve hayret karışımıyla karşıladı. Nasıl oluyordu da oyun geliştiricileri denen şu tipler bu tuhaf, yeni ve interaktif medya türünü kullanarak olgunlaşmamış hikâyeleri ve istikrarsız üretim döngüleriyle milyonlarca dolar kazanabiliyordu? Dahası, Hollywood bu pastadan nasıl pay kapabilirdi? Bazı stüdyolar filmlerinin lisans haklarını satarak ya da oyun geliştiricileriyle beraber çalışarak oyun endüstrisinin çöküşüne neden olmasıyla tanınan *E.T.* gibi ucuz yan oyunlar çıkardılar.* Diğer stüdyolarsa bununla hiç uğraşmadılar. Sonraki yıllarda Guillermo del Toro ve Steven Spielberg gibi saygın yönetmenler de oyun geliştirme işine girecekti fakat 1980'lerde bir video oyun şirketi kurma öngörüsüne sahip olan sadece tek bir sinema devi vardı: George Lucas.

Lucas 1982 yılında, dünyaca ünlü sinema filmi *Star Wars* gösterime girdikten beş yıl sonra video oyunlarının potansiyelini gördü ve bu işe el atmaya karar verdi. Lucasfilm bünyesinde bir yan şirket kurup ona Lucasfilm Games adını verdi ve Ron Gilbert, Dave Grossman ve Tim Schafer gibi yetenekli gençleri işe aldı. Sonraki yıllarda Lucasfilm Games sinema filmleri için yapılan yan oyunlarla değil, tam aksine *Maniac Mansion* ve *The Secret of Monkey Island* gibi "tıkla-yönet" (point and click) tarzı, tamamen orijinal macera oyunlarıyla büyük bir başarı yakaladı. 1990 yılında gerçekleştirilen bir yeniden yapılanmayla Lucasfilm Games'in ismi LucasArts'a dönüştürüldü ve sonraki yıllarda stüdyonun ikonik logosu –başının üstünde ışıklı bir yay tutan, altın bir adam– *Grim Fandango, Star Wars: TIE Fighter, Day of the Tentacle* ve *Star Wars: Jedi Knight* gibi pek çok sevilen oyunun kutusunu süsledi. LucasArts ismi 90'lı yıllar boyunca kalitenin sembolü olarak görüldü.

Ama yirminci yüzyıla girdikten birkaç sene sonra bir şeyler değişti. George Lucas ve şirketi *Star Wars*'un alay konusu olan devam filmlerinin üstüne eğilirken LucasArts da ofis siyasetine

---

* 1982'de Atari tarafından yayımlanan *E.T.* geniş kitleler tarafından tüm zamanların en kötü oyunu kabul edilir. Piyasaya korkunç bir giriş yaparak video oyun endüstrisinin 1983 yılında yaşadığı çöküşü tetiklemiştir. Atari en sonunda satamadığı bir kamyon dolusu oyun kasetini New Mexico çölüne gömmüştür. 30 yıl sonra, Nisan 2014'te, kazı yapan bir grup oyun tutkunu kasetleri gömüldüğü yerden çıkarmıştır. Oyun hâlâ çok kötüydü.

ve istikrarsız yönetim biçimlerine maruz kaldı. Kendi oyunlarını yapmak yerine *Star Wars: Knights of the Old Republic* (BioWare) ve *Star Wars: Battlefront* (Pandemic) gibi başka stüdyolar tarafından geliştirilen oyunları yayımlamalarıyla tanınır oldular. On yıl içinde dört kez yönetici değişikliği yaşadılar: 2000'de Simon Jeffery, 2004'te Jim Ward, 2008'de Darrell Rodriguez ve 2010'da Paul Meegan. Ne zaman şirketi yeni biri devralsa personel çapında yeniden yapılanmalar yaşanıyor ve bu her zaman iki anlama geliyordu: İşten çıkarmalar ve iptaller. (2004'te yaşanan büyük çaplı bir işten çıkarmanın ardından LucasArts kapılarını kapatmış, daha sonraysa tekrar açılmıştı. Stüdyoda kalanlar için gerçeküstü bir deneyimdi bu. Eski çalışanlardan biri tamamen kendisine kalan binanın yarısı boyunca paten yaptığını hatırlıyor.)

Stüdyonun eski çalışanlarından birinin daha sonra bana söylediğine göre, "San Francisco bölgesi Lucasfilm ya da LucasArts tarafından kalbi kırılan insanlarla doludur. Birçok başkanın, birçok işten çıkarmanın geride bıraktığı, üzücü bir mirastır bu. Şirketin kötü muamele ettiği bir sürü insan var orada."

Buna rağmen LucasArts'ta stüdyoyu eski görkemli günlerine geri döndürebileceklerine inanan bir sürü insan da vardı. LucasArts iyi maaş ödüyordu ve *Star Wars*'la büyüyüp o evrende oyunlar yapmak isteyen, yetenekli insanları kendisine çekme konusunda hiç sıkıntı yaşamıyordu. Stüdyo 2009'un başlarında, Darrell Rodriguez'in başkanlığında *Underworld* kod adlı yeni bir *Star Wars* projesi geliştirmeye başladı. Bunun George Lucas'ın yıllardır geliştirdiği, aynı isimli bir televizyon dizisiyle bağlantılı bir video oyunu olmasını planlıyorlardı. *Underworld*, HBO tarzı bir *Star Wars* dizisi olacak ve New York ile Günah Şehri'nin bir karışımı olan Coruscant gezegeninde geçecekti. Film üçlemelerinin arasındaki bir zaman diliminde yer alması düşünülüyordu ve bu sefer işin içinde CGI kuklalar ya da abartılı çocuk aktörler olmayacaktı. Bunların yerine suç, vahşet olayları ve mafya aileleri arasındaki merhametsiz çatışmalar gibi temaları işleyecekti. Hem oyun hem de dizi yetişkin *Star Wars* hayranlarına yönelik olacaktı.

Bir grup LucasArts geliştiricisi 2009 yılı boyunca bir sürü toplantı gerçekleştirip *Star Wars Underworld*'ü sessizce şekillendirmeye, oyunun nasıl bir şey olacağına dair fikir alışverişlerinde bulunmaya başladılar. Bir süreliğine onu bir rol yapma oyunu olarak gördüler. Daha sonra, George Lucas'ın *Grand Theft Auto*'yu (GTA) ne kadar sevdiğini bildiklerinden –çocukları oyuna bayılıyordu– olaya daha geniş bir açıdan baktılar. Coruscant'ın yozlaşmış yeraltı dünyası hakkında GTA tarzı, bir açık dünya oyunu yaptıkları takdirde bunun çok havalı olacağını düşündüler. Oyuncular bir ödül avcısı veya başka türden bir suçlu olarak gezegende dolaşabilir, farklı farklı mafya ailelerinden görevler alarak başarı basamaklarını bir bir tırmanabilirlerdi.

Bu fikir çabucak suya düştü. *GTA*'nın geliştiricisi Rockstar ile *Assassin's Creed*'in yayıncısı Ubisoft'ta çalışan birkaç meslektaşlarıyla görüşüp birkaç hafta boyunca araştırma yaptıktan sonra bu tarzda, bir açık dünya oyunu yapmak için kaç kişi gerektiğini (yüzlerce) ve bunun ne kadara mâl olduğunu (onlarca milyon) gösteren bir teklif hazırladılar. Lucasfilm yöneticileri bununla ilgilenmedi. "Doğal olarak bu tür bir yatırım yapmak istemediler," diyor oyunda çalışanlardan biri. "Bu fikir iki ay içerisinde unutulup gitti."

Bu, LucasArts'ta her zaman olan bir şeydi. Stüdyo yönetiminin bir şey yapabilmek için önce Lucasfilm'deki patronlarıyla görüşmesi gerekiyordu. Onlar da çoğunlukla oyunlarla çok az ilgilenen, eski tarz film yapımcıları oluyordu. Bazen LucasArts yöneticileri sinirlenip sadece oyunların nasıl yapıldığını gösteren sunumlar yapıyorlardı onlara. Lucasfilm yöneticileri aynı zamanda George Lucas'ın kapı bekçiliğini yapıyor, efsanevi yönetmenle nasıl konuşmaları gerektiği konusunda LucasArts geliştiricilerine sık sık öğütlerde bulunuyorlardı. (Genel direktiflerden biri, asla hayır dememeleriydi.) Şirketin tamamına sahip olan Lucas hâlâ video oyunlarına ilgi duyuyordu duymasına ama onunla yakından çalışanların dediğine göre LucasArts'ın yakın geçmişteki performansı onu hayal kırıklığına uğratmıştı. Daha iyisini yapmaları gerekmez miydi?

Underworld projesi 2009'un sonlarına doğru stüdyo çalışanlarının iğneleyici bir şekilde *Gears of Star Wars* dediği bir şeye, Epic Games'in çığır açan serisi *Gears of War*'dan çok da farklı olmayan ve koşmaya, ateş etmeye ve siper almaya odaklanan iki kişilik bir oyuna evrildi. O noktada *Underworld* artık bir sır olmaktan çıkmıştı. Sonraki birkaç ay boyunca proje hatırı sayılır bir şekilde büyüyüp LucasArts'ın diğer departmanlarından eleman toplarken, geliştirici ekip prototipler hazırlamaya başladı ve çok oyunculu bir mod oluşturup çalışır duruma getirdiler. Aralarından birinin dediğine göre *Underworld*'ün bu yeni hâli ilginç ama orijinal fikrin "çok daha tutucu, daha az maceracı" bir versiyonuydu.

2010'un yaz aylarında LucasArts'ın başkanlık çarkı bir kez daha döndü. Darrell Rodriguez görevden alındı. Yerine sert, hırslı biri olan Paul Meegan geldi. Yönetimdeki bu değişiklik her zamanki gibi büyük çaplı işten çıkarmaları ve iptal edilen projeleri de yanında getirdi. Bu sefer buna büyük bir teknoloji değişimi de dahildi. Daha önce Epic Games'te çalışan Meegan, stüdyonun kendi teknolojilerini kullanmayı bırakıp Epic'in popüler oyun motoru Unreal Engine'e geçmesini istiyordu.

Meegan da *Underworld*'ün çok tutucu olduğunu düşündü. *Star Wars* oyunlarının geleceği için büyük planları vardı; buna *Battlefront* serisini geri getirmek de dahildi. LucasArts'ın büyük bir sükse yapmasını arzuluyordu. Artık stüdyonun PlayStation 3 ve Xbox 360'taki ününü kurtarmak için çok geç, diyordu insanlara. Ama iki yıl içerisinde çıkması beklenen yeni nesil konsollar için görkemli bir şey yapabilirlerdi. "LucasArts muazzam bir potansiyeli olan bir firma," dedi Meegan, daha sonra verdiği bir röportajda.* "Yine de son yıllarda oyun yapma konusunda her zaman iyi bir iş çıkaramadılar. Oyun endüstrisine yön veren, en iyi oyunlarla rekabet eden yapımlar geliştirmemiz gerek fakat bunu yapmıyoruz. Bunu değiştirmek zorundayız."

---

* Michael French, "Röportaj: Paul Meegan, MCV, 6 Haziran 2011, www.mcvuk.com/news/read/interview-paul-meegan/02023.

Meegan stüdyonun başına geçtikten kısa bir süre sonra *Underworld*'e yeni bir yön belirlemek için oyunun kreatif direktörü Dominic Robilliard ve stüdyonun önde gelen diğer çalışanlarıyla birlikte masaya oturdu. George Lucas'ın TV dizisi geliştirme cehenneminde sıkışıp kalmıştı fakat Meegan ve Robilliard hâlâ Coruscant'ın yeraltı dünyasında geçen bir *Star Wars* oyunu fikrini seviyordu. Naughty Dog'un aksiyon-macera oyunlarını görkemli bir sinema filminin verdiği hisle birleştiren *Uncharted* serisini de seviyorlardı. Bir *Gears of Star Wars* oyunu yapmak o kadar da cazip bir fikir değildi ama *Star Wars Uncharted* yapmak? Lucasfilm'in altında çalışmanın bazı zorlukları vardı, evet ama aynı zamanda *Star Wars* filmlerindeki özel efektleri ve grafikleri üreten efsanevi görsel efekt stüdyosu Industrial Light & Magic (ILM) ile aynı kampüsü paylaşıyorlardı. Lucasfilm ve LucasArts yıllardır film teknolojilerini video oyunlarıyla birleştirmenin bir yolunu arıyordu. Bunu yapmak için *Uncharted* tarzı bir *Star Wars* oyunundan daha iyi bir yol olabilir miydi?

Bu görüşmelerin sonucunda ortaya bazı tasarım dokümanları ve konsept çizimler çıktı ve 2010'un sonunda Coruscant'ın yeraltı dünyasının 1313. katına ithafen *Star Wars 1313* fikri doğdu. Amaç bir ödül avcısı olmanın nasıl bir şey olduğunu hissettirmekti. Oyuncular geniş bir yetenek ve ekipman yelpazesi kullanarak mafya ailelerinin belirlediği hedefleri avlayacaktı. "Daha önce hiç kimse *Star Wars* oyunlarında bu hissi tam olarak verememişti," diyor *1313*'ün üstünde çalışmış kişilerden biri. "Güç'le ya da Jedilarla alakası olmayan bir şey yapmak istiyorduk ve bu fikir aslında George'tan çıkmıştı."

Bu sürecin bir yanı bütün ekibi tek bir istikamete, kısmen muğlak fakat önemli bir hedefe yönlendirmekten geçiyordu. "Oyunun üstünde çalışmaya başladığımda hedefim insanların gerçekte ne düşündüğünü bulmaktı," diyor 2010'un sonlarında *Star Wars 1313* ekibine dahil edilen, stüdyonun emektar baş tasarımcılarından Steve Chen. "Çünkü onu bir açık dünya oyunu olarak görmüştüm; iki kişilik bir oyun olarak da görmüştüm;

hatta bir tür nişancı oyunu olarak bile görmüştüm. Pek çok farklı biçimini görmüştüm. Hepsi alakasız şeylerdi."

Chen göreve başladıktan sonra, ilk birkaç hafta boyunca ekipteki herkesle görüşüp onlara *Star Wars 1313*'ün en çarpıcı buldukları yanlarını sordu. En çok neye önem veriyorlardı? Nasıl bir oyun yapmak istiyorlardı? "Yapmaya çalıştığım şey işin özünü kavramak ve önemli görünmeyen şeyleri elemekti," diyor Chen. "Ekibimizde harika fikirleri olan, inanılmaz derecede yetenekli insanlar vardı fakat bir odak noktaları yoktu."

Meegan'ın attığı en büyük adımlardan biri de stüdyonun başına yeni bir yönetici atamaktı: Fred Markus; 1990'dan beri oyun endüstrisinde çalışan, kır saçlı bir geliştirici. Markus, "Nintendo yaklaşımı" dediği oyun tasarımı biçiminin sadık bir takipçisiydi: Kusursuz bir oynanış mekaniği elde edene dek oyununuza ince ayar çekmeye devam edin. "Markus şirkete katıldıktan sonra LucasArts'ın kreatif kültürü üzerinde gerçekten de büyük bir değişim yarattı. İyi yönde bir değişim," diyor Chen. "Stüdyoda varlığını hissettiren bir insandı ve daha ilk günden kültürel açıdan büyük değişimler yaptı."

Yıllar boyunca Ubisoft'ta çalışan, *Far Cry* ve *Assassin's Creed* gibi serilerin şekillenmesine yardım eden Markus, olabilecek tüm kötü senaryoları en baştan tespit ederek oyun yapımcılığının karmaşasına bir düzen getirmekle ilgili konuşmalar yaptı. Örneğin, eğer Coruscant'ın yeraltı katlarıyla ilgili bir oyun yapıyorlarsa dikey düşünmeliydiler. Oyuncular bir yandan ödül avcılığı yaparken diğer yandan da şehrin farklı katlarını inip çıkabilmeliydi. Ama yukarı çıkmak, aşağı inmekten daha sıkıcı olmaya meyilliydi ve hedefinizi bir dizi merdivende kovalamak sıkıcı olabilirdi. Çözüm olarak oyuna süper hızlı asansörler ekleyebilirlerdi. Ya da fırlatma kancaları. Sonuç her ne olursa olsun Markus bu sorunu üretim aşamasına girmeden önce çözmelerini istiyordu.

Markus şirkete katıldıktan kısa bir süre sonra geliştirici ekibi stüdyonun eski çalışanlarından birinin "acemi birliği" dediği bir programa sokarak onlara kontroller, kameraların işleyişi ve temel oynanış ritmi hakkında dersler verdi. Bir oyun yapmanın en iyi yolunun üretim öncesi safhada mümkün olduğunca çok vakit geçirmek olduğuna inanıyordu ve bunun anlamı birçok konuşma yapmak, prototipler hazırlamak ve irili ufaklı sorunlara çözümler bulmak demekti. *Star Wars* evreninde yaşayan bir ödül avcısını canlandırmak tam olarak ne anlama geliyordu? Karakterimizi nasıl kontrol edecektik? Ne tür ekipmanlara sahip olacaktık? Coruscant'ın yeraltı bölgelerinde nasıl seyahat edecektik? "Markus hem ekibimizin hem de genel olarak tüm stüdyonun üstünde büyük bir nüfuza sahipti," diyor Steve Chen. "Onunla anlaşmak çok kolay değildi çünkü sert biriydi… Fakat bana soracak olursanız stüdyonun ve projenin üstünde pozitif bir etki yaratıyordu. Bizi oyunun özünü adamakıllı kavramaya zorluyordu."

Dikkat ettikleri şeylerden biri de karakterin kontrolünü oyuncuların elinden almaktan kaçınmaktı. "Kreatif direktörümüz Dom [Robilliard] mümkün olduğunca oyunculara havalı bir şey izletmememiz, onlara havalı bir şey yaptırmamız gerektiğinin altının çiziyordu," diyor baş hikâye tasarımcısı Evan Skolnick.

Üretim öncesi safha bir müddet boyunca sorunsuz devam etti. *Star Wars 1313* ekibi oyunu 2013'ün sonbaharında veya 2014'ün başlarında çıkarma niyetiyle çalışmaya koyuldu. Henüz duyurusu yapılmamış olan PS4 ve Xbox One için bir çıkış oyunu olmayı umuyorlardı. Aylarca prototiplerle oynayıp cesur bir ödül avcısının etrafında şekillenen, yeni bir hikâye yazdılar. Mühendisler gün geçtikçe Unreal Engine'e daha fazla alıştı ve ILM'yle yakından çalışarak *Star Wars 1313*'ü mümkün olduğunda "yeni nesil" göstermenin yollarını aradılar.

Fred Markus, Dominic Robilliard ve ekibin geri kalanı *Star Wars 1313* için vizyonlarını belirlemeye çalışırken George Lucas da arada sırada onları kontrol edip tavsiyeler vermek için yanlarına uğruyordu. "Ben onunla senaryo ve oynanış detaylarının üzerinden geçerken," dedi Robilliard, Şubat 2017'de düzenlenen

DICE Summit'teki bir tartışma panelinde, "George Lucas kurguladığı mekân ve karakterlerden daha fazlasını kullanmamıza izin verdi." Ekip üyelerinin dediğine göre Lucas arada sırada yanlarına gelip *Star Wars: Underworld* dizisinden daha fazla öğe kullanabileceklerini –*kullanmaları gerektiğini*– söylüyordu.

"İlk başta sadece aynı evrendeydik," diyor ekiptekilerden biri. "Sonra kendimizi aynı yerde bulduk. Derken senaryoyu baştan yazıp dizideki karakterleri daha fazla kullanmaya başladık." Teoride *Star Wars 1313* geliştiricilerinin Lucas'ın resmî *Star Wars* evrenine daha fazla dahil olmaktan ötürü çok heyecanlanması gerekirdi fakat pratikte bu durum çok sinir bozucuydu. Oyuna eklenen her yeni karakter ya da bölgeyle birlikte oyunun büyük kısımlarını çöpe atıp baştan tasarlamak zorunda kalıyorlardı. "Oyunun son hâlini tasarlamaya başlamadan önce, otuz saate yakın bir süre boyunca test edilebilir gri kutular geliştirdiğimizi söylesem herhâlde abartmış olmam," diyor oyunun üzerinde çalışmış olan kişilerden biri.

George Lucas onlara kötü davranmaya falan çalışmıyordu. Oyunun üstünde çalışan insanlar Lucas'ın *Star Wars 1313*'ün kaydettiği aşamadan memnun olduğunu söylüyor. Ama tercih ettiği asıl meslek olan film yapımcılığında her şey hikâyeye hizmet etmek için varken oyun geliştiriciliğindeyse –en azından Markus ve Robilliard'ın yapmak istediği oyunlarda– her şey oynanışa hizmet etmek için vardı. "Bir film şirketinde, George gibi biriyle birlikte çalışmanın yarattığı sorunlardan biri de fikrini her an değiştirebilmesi ve bazı şeyleri yalnızca görsel anlamda yinelemesiydi," diyor oyunun üstünde çalışmış olan kişilerden biri. "Oynanış mekaniklerinin konseptlere, bölümlere ve senaryolara göre geliştirilmesi fikrine alışık değildi."

Star Wars 1313 ekibinin ileri gelenleri, George Lucas'ın oyunu gördükçe geliştiricilere daha çok güvendiği ve evreniyle oynamaları konusunda kendisini daha rahat hissetmeye başladığı görüşündeler. Ayrıca canı ne isterse onu yapabilirdi. Bu onun şirketiydi. Tabelada ismi yazıyordu ve bütün hisseler ona aitti.

LucasArts çalışanlarının da söylemekten hoşlandığı gibi: *Biz George Lucas'ı memnun etmek için çalışıyoruz.*

"LucasArts'ta geçirdiğim yıllar boyunca bir iki defa, belki birkaç kez George'a farklı projeler sunma şerefine erişmiştim. Her seferinde ilk söylediği şey, 'Ben bir oyuncu değilim,' olurdu," diyor Steve Chen. Kendisi *1313*'te George Lucas'la direkt olarak çalışmasa da daha önceki oyunlarda bunu yapmışlığı vardı. "Fakat oyunların hikâyesinin ve sundukları tecrübenin nasıl olması gerektiği konusunda daima net fikirleri olurdu… Senaryo, karakterler ya da oynanış hakkında bir tavsiye verdiği veya talepte bulunduğu zaman bunu kendi bakış açısına göre yaptığını hissederdiniz ve hem şirketin başkanı hem de başlıca kreatif gücü olduğu için buna saygı duymalıydınız. Bunun sonuçlarını, 'Ah, aldığım bu karar ekibin bütün yaptıklarını değiştirecek mi?' diye düşünüp düşünmediğini bilmiyorum. Belki düşünüyordur, belki de düşünmüyordur. Bunun George'un en büyük önceliği olduğunu sanmıyorum. Bu tür şeyler için endişelenmesi gereken kişiler bizlerdik."

Bu değişikliklerden en kritik olanı 2012'nin bahar aylarında yaşandı. O yılın başlarında *Star Wars 1313*'ü E3'te duyurmaya karar vermişlerdi ve bütün ekip iki ödül avcısını tanıtacak, o gösterişli demoyu hazırlamak için fazla mesai yapıyordu. Senelerdir süren geliştirme aşamasının –ve LucasArts'ın son zamanlarda hep kötü oyunlar çıkarmasının– ardından üzerlerinde çok büyük bir baskı hissediyorlardı. Son yıllarda yaşanan büyük çaplı işten çıkarmalar, aceleyle yayımlanan oyunlar ve iptal edilen projeler LucasArts'ın 90'lardaki saygın ününü yitirmesine sebep olmuştu. "İnsanların ve basın mensuplarının bir LucasArts oyununu nasıl karşılayacağından emin olamadığımız bir noktadaydık," diyor Chen. "En iyi ihtimalle şüpheli yaklaşacaklarını açık sözlülükle söyleyebilirim. Bu yüzden o noktada yayımlayacağımız her şey büyük önem arz ediyordu."

E3 fuarına iki ay kala George Lucas stüdyonun yöneticilerine ulaşıp onlara yeni bir talimat verdi. *Star Wars 1313*'ün başkarakteri ödül avcısı Boba Fett olacaktı. Lucas ilk kez *The Empire Strikes Back*'te ortaya çıkan ve daha sonra çekilen filmlerde Jango Fett'in –Cumhuriyet'in klon ordusunun atası– bir klonu olduğu açıklanan gizemli paralı askerin geçmişini keşfetmek istiyordu. Stüdyo yöneticilerine *1313*'ün şimdiki kahramanı yerine Boba'nın daha genç, Cumhuriyet öncesi bir versiyonunu kullanmalarını söyledi.

Star Wars 1313 ekibi için, bir petrol tankerinin rotasını değiştirmeleri gerektiğinin söylenmesinden farksızdı bu. Halihazırda kendi hikâyesi, kendi kişiliği ve geçmişi olan bir kahraman tasarlamışlardı zaten. Wilson Bethel'le karakteri canlandırması için anlaşmış, diyalogları kaydetmiş ve yüz hareketlerinin büyük bir bölümünü oyuna aktarmışlardı. Hem Fred Markus hem de Dominic Robilliard buna karşı çıkıp başkarakteri bu noktada değiştirmenin muazzam bir yük olacağını söylemiş Lucas'a. Her şeyi baştan yapmak zorunda kalacaklarını açıklamışlar. Boba'yı yönetilemeyen bir yan karakter olarak, yıllardır geliştirdikleri kahramanı değiştirmeden hikâyeye ekleyemezler miydi? Başka bir çözüm yolu yok muydu?

Bu soruların cevabı hayırdı ve çok geçmeden Lucasfilm yönetimi bunun nihai kararları olduğunu açıkladı. *Star Wars 1313* artık bir Boba Fett oyunuydu. "Bütün hikâyeyi planlamıştık," diyor oyunun üstünde çalışmış olan kişilerden biri. "O noktada üretim öncesi safhadaydık. Oyunun bütün bölümleri planlanıp yazılmıştı. Senaryonun dördüncü veya beşinci taslağını hazırlıyorduk. Hepimizin çok heyecanlı olduğu bir zamandı."

Ek olarak E3 fuarında Boba Fett'ten bahsetmeleri yasaklandı. Bunun anlamı sonraki iki ay boyunca oyunun son hâlinde yer almayacağını bildikleri bir karakter için demo hazırlayacaklarıydı. Bir yandan gösterişli duman ve yangın efektleri yaratmak, galakside bulabileceğiniz en fotogerçekçi uzay gemisi kazalarını tasarlamak için ILM'in film işleme tekniklerinden faydalanan yeni teknolojilerini test etmek adına iyi bir fırsattı bu. Ayrıca en etkileyici (ve en zorlayıcı) teknolojileri olan yüz yakalama tekniğiyle bazı deneyler de yapabilirlerdi. "İnsan yüzü, bir şeylerin doğru veya yanlış olduğunu tek bakışta fark edebildiğimiz bir şeydir," diyor Steve Chen. "Bunu doğru yapabilmek için çok çalışmanız gerekir. *Çok* çalışmanız. Ten rengi, ışıklandırma, yüzey kaplaması ve ifadeler açısından. Yüzdeki en küçük şey bile doğru biçimde hareket etmediği veya karakterin gözleri olması gerektiği gibi gözükmediği takdirde zihniniz alarm verir."

Diğer yandan bu yeni E3 demosunu hazırlamak aylar alacaktı. Uzun günler ve geceler boyunca çalışacak, hayatlarını belki de oyunun son hâlinde yer almayacak karakterlere ve olaylara adayacaklardı. (Robilliard ekibe demoyu mümkün olduğunca kurtarmaya çalışacaklarını söyledi ancak senaryonun yok olacağını biliyorlardı.) Ama belki de bu strese değerdi. *Star Wars 1313* ekibi, insanları etkilemeleri gerektiğini biliyordu. LucasArts'ta bile balyozun her an kafalarına inebileceğine, Lucasfilm'in oyunu iptal edebileceğine, daha fazla kişinin işten çıkarılacağına ve Paul Meegan'ın lanetli "LucasArts başkanı" unvanının bir diğer kurbanı olabileceğine dair bir endişe vardı.

Fred Markus, Dominic Robilliard ve ekibin geri kalanı için E3'te *1313*'ü duyurmak yeterli değildi. Fuardaki en iyi oyunu tanıtmak zorundaydılar.

Haziran 2012'nin ilk günlerinde Los Angeles şehir merkezinde yürüdüğünüz takdirde insanların iki oyundan bahsettiğini duyabilirdiniz: *Watch Dogs* ve *Star Wars 1313*. İkisi de inanılmaz görünüyordu. İkisi de henüz açıklanmayan yeni nesil konsollar için hazırlanıyordu. (Ubisoft ve LucasArts'ın ellerini erken oynamasından ne Sony ne de Microsoft memnundu.) Ve her iki oyun da sahneyi diğerlerinden çalmıştı. *Star Wars 1313*'ün etkileyici ödül avcısı demosunu birkaç gün boyunca sergilemek tam da LucasArts'ın o yaz ihtiyaç duyduğu türden heyecanlı dedikodulara neden olmuştu.

Eleştirmenler, *Star Wars 1313*'ün çoğu yayıncı tarafından E3 gibi fuarlara getirilen ama sonrasında kaybolup giden, aldatıcı demolardan biri olup olmadığını merak etti. Acaba gösterilen grafikler geliştiricilerin *ulaşmak istedikleri* seviyeye mi işaret ediyordu, yoksa sahiden de bu kaliteye ulaşabiliyorlar mıydı? Oyun gerçekten de böyle mi gözüküyordu? "Demo oynanabilir durumdaydı. Ben oynadım ve küçücük bir şeyi yanlış yaptığınızda tamamen çöken o şeylerden biri değildi," diyor baş hikâye tasarımcısı Evan Skolnick. "Gördüğünüz tüm mekanikler oyunda çalışan şeylerdi."

Yıllar boyunca, projeyi defalarca başa sardıktan ve bitmek bilmeyen bir ön üretim safhasından geçtikten sonra *Star Wars 1313* ekibi nihayet ivme kazanmıştı. Basın mensupları oyuna ilgi göstermiş, insanlar çok heyecanlanmış ve *Star Wars 1313* gerçek görünmüştü. Hem de stüdyonun dışındaki hiç kimse başkarakterin aslında Boba Fett olduğunu bilmiyor olmasına rağmen... Ekiptekilerden bazıları fuarda Boba'dan bahsetmelerine izin verilmemesini hâlâ tuhaf buluyordu ama yine de *Star Wars 1313*'ün bir sürü E3 ödülü topladığını ve "En Çok Beklenen Oyun" listelerine girdiğini görmek onlar için heyecan vericiydi; bilhassa da son on yıldır LucasArts'ta çalışan ve birçok yöneticinin gelip gittiğini gören insanlar için. Görünüşe göre nihayet istikrar yakalamışlardı.

Star Wars 1313 ekibi San Francisco'ya geri uçtuktan sonra bir araya toplanıp üretim sürecine geçmek için gereken planları yapmaya koyuldular. Filmlerde Boba Fett'in en ikonik aksesuarı sırtına taktığı jet roketiydi ve geliştirici ekip bunu bir şekilde oyuna eklemeleri gerektiğini biliyordu. Ama bunu nasıl yapacaklarından emin değildiler. Belki de onu oyuncuların uzun mesafeleri kısa sürede aşmasına yarayan bir zıplama roketine çevirebilirlerdi. Ya da bir tuşa bastığınızda yerden belirli bir miktarda yükselip havada asılı kalmanızı sağlayan bir ekipmana? Veya tamamen başka bir şeye? "Bunun gibi çok basit kararlar bile ne tür bölümler tasarlayacağınızı, düşman çeşitlerini, bunun ekranda nasıl görüneceğini ve onu nasıl kontrol edeceğinizi değiştirebilir," diyor E3'ten kısa bir süre sonra ekipten ayrılan Steve Chen. "Böylesine basit bir şey dahi bir sürü dallanıp budaklanmaya yol açar."

Her halükârda, oyunun başkarakteri Boba Fett olacağından tasarımcıların daha önce planladıkları bütün enstantaneleri baştan ele almaları gerekecekti. Düşmanlar oyuncunun bir sırt roketine sahip olduğunu fark etmeli, yukarıdan gelecek saldırılara göre siper almalıydı ve *1313* ekibindekilerden birinin dediğine göre bu durum "son derece can sıkıcıydı."

Yine de LucasArts kazandığı ivmeyi sürdürdü. E3'ten sonraki haftalar boyunca, daha önceden planladıkları gibi üretimi hızlandırmak için piyasadaki onlarca tecrübeli geliştiriciyi işe aldılar. *1313* ekibi nispeten hâlâ küçüktü –100 veya 150'ye ulaşmayı uman yaklaşık 60 kişi– fakat hepsi de çok büyük tecrübelere sahipti. "Normalde geliştirici ekipler uzmanlardan, orta seviyedeki çalışanlardan ve başlarındaki insanlardan işi öğrenen kıdemsiz kişilerden oluşur," diyor Evan Skolnick. "Bu ekipteyse... sanki herkes uzman seviyesindeydi. Herkes yaptığı işte son derece iyiydi ve temel olarak bir yıldızlar takımı gibiydik. O yüzden bu kalibredeki çok sayıda insanla birlikte çalışmak gerçekten de harikaydı."

Eylül 2012 civarlarında çok tuhaf iki şey yaşandı. Birincisi, Lucasfilm'in LucasArts'tan geliştirdikleri diğer oyunu –stüdyonun o ay tanıtmayı planladığı, *Star Wars: First Assault* adlı bir nişancı oyunu– duyurmamalarını istemesiydi. İkincisiyse stüdyo çapında işe alımların durdurulması. Lucasfilm yöneticileri bunun geçici bir durum olduğunu söyledi. LucasArts'ın başkanı Paul Meegan kısa süre önce istifa etmişti, Lucasfilm'in insanları kutuplaştırıcı başkanı Micheline Chau da koltuğu bırakmak üzereydi. Ama her halükârda bu durum *Star Wars 1313* ekibinin planlarını frenlemişti. Tam üretim aşamasına geçebilmek için daha fazla insana ihtiyaçları vardı.

LucasArts için bu hamlelerin hiçbir mantığı yoktu. E3'teki olağanüstü gösterinin ardından kendilerini motive olmuş hissediyorlardı, kendilerini destekleyen hayranları vardı ve bütün oyun siteleri LucasArts'ın nihayet "geri döndüğünü" söyleyen haberler yayımlıyordu. Stüdyo çalışanlarından birinin de dediği gibi, "tuhaf bir kopukluktu" bu. Oyun geliştiriciliği sıklıkla bu tür ivmelerden faydalanırdı ve LucasArts son on yıl içerisinde projelerine hız kazandırmakta güçlük çekmişti. Neden üst şirketleri onlara yardım etmek istemiyordu? Neden hazır hız kazanmışken *1313* trenini son sürat sürmeye devam etmiyorlardı?

Nedeni "yaklaşık dört milyar dolardı." Disney 30 Ekim 2012'de şok edici bir hamleyle, 4 milyar dolar gibi rekor bir fiyatla Lucasfilm'i –ve LucasArts'ı– satın aldığını açıkladı. Bütün o tuhaf değişiklikler bir anda anlam kazandı. Lucasfilm'in büyük duyurular yapmamasının ve onlarca yeni geliştiriciyi işe almamasının sebebi Disney'yin başka planları olabileceğini bilmesiydi. Disney'yin önem verdiği asıl şeyse, firmayı satın aldıklarında açıkça belirttikleri üzere, yeni *Star Wars* filmleri çekmekti. Disney'yin yayımladığı basın bildirisinde LucasArts'ın ismi sadece bir kez geçiyordu. "Video oyunlarından" ise hiç bahsedilmiyordu.

LucasArts çalışanlarının bu gelişme karşısında şok olduğunu söylemek Alderaan gezegeninin birazcık sarsıldığını söylemekten farksız olurdu. George Lucas'ın emekliye ayrılabileceği söylentileri on yıla yakın bir zamandır etrafta geziniyordu –Lucas, hayranlarının yeni üçlemeye verdiği olumsuz tepkiler yüzünden travma geçirdiğini itiraf etmişti– fakat niyetini açıkça belirtmesine rağmen çok az insan bunu yapacağına inanmıştı. "Emekli oluyorum," demişti Lucas Ocak 2012'de, *New York Times Magazine* dergisine. "İşten, şirketten ve bu tür bütün şeylerden uzaklaşıyorum." Gerçi geçmişte de bu gibi yorumlarda bulunmuştu, o yüzden efsanevi yönetmenin şirketini sattığını görmek onunla çalışan herkes için gerçekötesi bir şeydi. "Tam olarak ne beklememiz gerektiğini bilmiyorduk," diyor Evan Skolnick. "Bizim için iyi olacağını umuyorduk ama... Sanırım hepimiz içten içe öyle olmayacağını biliyorduk."

Lucasfilm temsilcileri oyun muhabirlerine bu satın almanın *Star Wars 1313*'ü etkilemeyeceğini söylediler. "Şu an için bütün projeler çalışmaya kaldıkları yerden devam edecek," şekliden bir açıklama yaptılar, Disney CEO'su Bob Iger'ın daha önce LucasArts çalışanlarına söylediklerini tekrarlayarak. Çalışmaya kaldığınız yerden devam edin, dedi onlara bir toplantıda. Ama ufukta kocaman, apaçık bir tehlike işareti vardı. Iger satın alma haberi duyurulduktan çok kısa bir süre sonra, görüntülü bir konferans sırasında kendi oyunlarını yapmak yerine *Star Wars* lisansını farklı stüdyolara kiralama niyetinde olduklarını, Disney'yin "konsollar yerine sosyal medya ve mobil oyunlarına odaklanacağını" söyledi.

Bu, LucasArts çalışanları için tam bir "nasıl yani?" ânıydı. Halihazırda geliştirdikleri iki oyun vardı ve ikisi de konsollar için planlanıyordu. Eğer Disney daha basit oyunlar yapacaksa o zaman LucasArts'a ne olacaktı? Bazı *1313* çalışanları olacakları kestirdi ve istifa etmeye karar verdi; aralarında firma satıldıktan kısa süre sonra işten ayrılan Fred Markus da vardı. Üstelik işe alım engeli devam ediyordu ve bunun anlamı *Star Wars 1313* ekibinin sadece büyüyememesi değil, aynı zamanda ayrılan kişilerin yerine yenilerini getirememesiydi. LucasArts kan kaybını durduramıyordu.

Dominic Robilliard ve ekipte kalan diğerleri çalışmaya devam ettiler. Hâlâ ortaya harika bir oyun çıkarmak için gereken bileşenlere sahip olduklarına inanıyorlardı: insanların ilgisini yakalayan bir oyun, yetenekli bir ekip ve birinci sınıf teknoloji. Ek olarak Boba Fett'i konu alan oyunlarının Disney'yin kısa süre ilan ettiği yeni *Star Wars* üçlemesine uygun olduğunu düşünüyorlardı. *Star Wars 1313* ilk iki üçlemenin arasında yer alıyordu, dolayısıyla yeni planlanan bölümlere etki etmeyecekti.

Disney'yin şirketi satın almasını takip eden haftalarda *Star Wars 1313* ekibi oyunlarını yeni amirlerine tanıtabilmek için bir demo hazırladı ve Disney buna kısmen ilgi gösterdi. "Satın aldıkları şirketle ilgili her şeyi öğrenmek istiyorlardı, dolayısıyla tüm projelere ilgi duyuyorlardı," diyor Evan Skolnick. "Birkaç milyar dolara satın aldığınız her şirkete yapacağınız gibi bütün şirketi bir bütün olarak ele alıyorlardı. O yüzden *Star Wars 1313*'ün o sırada devam etmekte olan bütün projelerle beraber değerlendirme, inceleme, sorgulama ve en nihayetinde o analizler ışığında bir karara bağlanma aşamasında olduğunu düşünüyorum."

Ancak Disney sessizliğini korudu ve 2012 sona erip yeni bir yıla girdikleri sırada LucasArts çalışanları hâlâ ne yapacaklarını bilmiyordu. Birkaç kişi yeni bir iş bulup stüdyodan ayrıldı, diğerleriyse hiçbir ilerleme kaydedemedikleri için iş başvurularında bulunmaya başladı. Kendileri arafta ya da bir karbon dondurucusunda sıkışıp kalmış gibi hissediyor, hep birlikte Disney'yin vereceği kararı bekliyorlardı. Bazıları Bob Iger'ın filmlerle bağlantılı yeni oyunlar yapabilmek için *Star Wars 1313* ile *First Assault*'u iptal edebileceğini düşünüyordu. Bazılarıysa Disney'yin LucasArts'ı elden geçirip basit, mobil oyunlar yapan bir stüdyoya dönüştüreceği kanısındaydı. Hep birlikte Disney'yin yaptıkları işe aynen devam etmelerine izin vermesini umuyor ve Iger'in sözünü tutmasını diliyorlardı.

Bir sonraki tehlike işareti Ocak 2013'te, Disney *Epic Mickey* adlı sanatsal platform oyununun arkasındaki Junction Point'i kapattığında geldi. "Bu değişiklikler hızla gelişen oyun platformlarına ve pazara uyum sağlama, kaynaklarımızı birincil önceliklerimize yönlendirme çabalarımızın bir parçası," diyordu Disney yaptığı açıklamada. Kurumsal olmayan dilde bunun anlamı *Epic Mickey*'nin devamı olan ve Junction Point tarafından Kasım 2012'de yayımlanan *Epic Mickey: The Power of Two*'nun başarısızlığa uğradığıydı.

Disney satış rakamlarını açıklamadı fakat gelen raporlar *The Power of Two*'nun ilk ayında önceki oyunun çeyreği kadar sattığına işaret ediyordu. *Epic Mickey*'nin sadece Wii'ye özel olduğu, *The Power of Two*'nun ise birkaç platforma birden çıktığı göz önüne alındığında bu durum bilhassa kötüydü. Iger'in da daha önce ima ettiği gibi, Disney'yin konsol oyunlarıyla arası çok iyi değildi ve bu durum LucasArts için tam bir talihsizlikti.

Şubat 2013'te fısıltılar giderek arttı. Stüdyonun hem içinde hem de dışında Disney'yin LucasArts'ı kapatmayı planladığına dair dedikodular uçuşuyordu. Çalışanlar koridorlarda birbirlerine manalı bakışlar atıyor, hatta bazen şirketin geleceğini açık açık tartışıyordu. Yine de içlerinde hâlâ *Star Wars 1313*'ün dokunulmaz olduğuna dair bir his vardı. İnsanlar oyunun ne kadar iyi göründüğü hakkında heyecanla konuşmaya devam ettiği müddetçe Disney onu bitirmelerine mutlaka izin verirdi. En kötü ihtimalle, diye düşündüler, *Star Wars 1313* başka bir yayıncıya satılır. "Sanırım çok fazla beklenti yarattığımız, E3 2012'de harika bir iş çıkardığımız, bir sürü ödüle aday gösterilip kazandığımız ve hem oyun basınını hem de insanları heyecanlandırdığımız için tüm bunların projeyi kurtarmamıza yetebileceğini düşünüyorduk," diyor Evan Skolnick. "*1313*'ün artık iptal edilemeyeceğini çünkü onu bekleyen çok fazla kişinin olduğunu…"

LucasArts çalışanlarından bazıları daha sonra Disney'yin aslında onlara bir mühlet verdiğini fark ettiklerini söylediler. Disney birkaç ay boyunca işlerine sanki her şey normalmiş gibi devam etmelerine izin vermiş, bu esnada da hem stüdyonun hem de *Star Wars* oyunlarının geleceği için diğer yayıncılarla anlaşmaya çalışmıştı. İlgilenenler arasında diğerlerinden daha çok heyecanlanan bir yayıncı vardı: Electronic Arts.

EA, 2013'ün ilk ayları boyunca LucasArts'ın geleceği için tüm olası şartları Disney'yle uzun uzadıya görüşmüştü. Stüdyoda belki de kendileri için her şeyin yolunda gideceğine dair söylentiler dolaşmaya başladı. Belki de EA onları satın almak istiyordu. LucasArts yönetimi bütün kış boyunca çalışanlarına her şeyin iyi olacağını, hatta martta düzenlenecek Game Developers Conference'ta özgeçmişlerini dağıtmakla uğraşmamalarını söylediler.

Birkaç stüdyo çalışanı tarafından yayılan en büyük dedikoduysa EA'in *Star Wars 1313* ve *First Assault*'un yapımını tamamlatmak için LucasArts'ı çoktan satın aldığını iddia ediyordu. Ama diye devam ediyordu iddia, son *SimCity* bir felakete dönüşmüş, EA yetkilileri ile şirket CEO'su John Riccitiello "karşılıklı anlaşarak" yollarını ayırmış ve LucasArts anlaşması suya düşmüştü.

Ancak Riccitiello daha sonra bana bu pazarlıkların LucasArts çalışanlarının inandığı noktaya kadar gelmediğini söyledi. "Güya bir anlaşma için birileriyle her şey görüşülmüş," diyor. "Ama bunların çoğu hayalden ibaret."

Derken her şey yerle bir oldu.

Disney, 3 Nisan 2013'te LucasArts'ı kapattı, yaklaşık 150 kişinin işine son verdi ve *Star Wars 1313* de dahil olmak üzere stüdyonun bütün projelerini iptal etti. Bu, LucasArts'ın uzun süredir içinde bulunduğu çalkantılı dönemin son perdesi, oyun endüstrisindeki en değerli stüdyolardan biri için de bir devrin sonuydu.

Stüdyoda kalanlar için bu durum hem şok edici hem de kaçınılmazdı. Bazıları binayı terk edip yakınlardaki bir barda (tuhaf bir şekilde adı Final Final'dı) kafayı çekmeye ve oyunu yapmalarına izin verilseydi ortaya çıkabilecek şey için ah etmeye koyuldu. Diğerleriyse geride kalıp LucasArts'ı yağmaladı ve sunuculardaki video ve demoları tamamen ortadan kaybolmadan önce USB belleklere aktardı. Eski çalışanlarından birkaçı konsol geliştirme araçlarını bile çaldı. Ne de olsa Disney'yin bunlara ihtiyacı olmayacak diye düşünmüş olmalılar.

Ama hâlâ bir umut kırıntısı vardı. LucasArts'ın son saatleri sırasında EA'in üst düzey yöneticilerinden biri olan Frank Gibeau, *Star Wars 1313*'ü kurtarmak için son bir görüşme ayarladı. Gibeau, LucasArts'tan EA'in genel merkezinde gerçekleştirilecek bir kurtarma görevi için bir vurucu tim toplamalarını istedi. Dominic Robilliard stüdyonun önde gelen kişilerinden küçük bir ekip kurdu ve hep beraber EA'in Redwood, California'daki devasa kampüsünde gerçekleştirilen bir toplantıya katıldılar. Orada Visceral –*Dead Space* ve *Battlefield Hardline* oyunlarını geliştiren, EA bünyesindeki bir stüdyo– için bir sunum gerçekleştireceklerdi. Eğer her şey yolunda giderse, dedi Gibeau, Visceral *Star Wars 1313*'ün ana ekibini işe alabilir ve projeye orada devam edebilirlerdi.

Robilliard ve arkadaşları sıkışık bir odada Visceral çalışanlarının önünde durup *Star Wars 1313*'le ilgili uzun bir sunum gerçekleştirdiler. Oyunun hikâyesinden bahsederek Coruscant'ın hırpani dehlizlerinde nasıl güçlükle ilerlediğinizi, bir baharat ticareti komplosunu açığa çıkardığınızı ve en yakın arkadaşınız tarafından sırtınızdan bıçaklandığınızı detaylı olarak anlattılar. Alev silahı ve bilek roketatarı gibi prototipini hazırladıkları bütün havalı mekanikleri gösterdiler. Onları saatlerce süren her bir bölümün detaylı yerleşimlerini gösteren (ama herhangi bir çizim içermeyen) gri kutularda gezintiye çıkardılar. (a) Hâlâ yapılması gereken çok iş kaldığı ve (b) Star Wars 1313'ün büyük bir potansiyele sahip olduğu açıkça belliydi.

Odada bulunanlardan birinin hatırladığı kadarıyla sunum bittiğinde kimse hiçbir şey söylemedi. Bütün kafalar Steve Papoutsis'e, Visceral'ın emektar stüdyo yöneticisine, yani son sözü söyleyecek olan adama döndü. Papoutsis birkaç saniye boyunca orada öylece oturup Star Wars 1313 ekibinin çaresiz yüzlerine baktı. Ardından konuşmaya başladı.

"Tüm Lucas ve Visceral ekiplerinin önünde ayağa kalktı," diyor o odada bulunan kişilerden biri, "sonra da şöyle dedi: 'Eh, size tam olarak ne dediklerini bilmiyorum ama şu anda olacağını düşündüğünüz şeyin gerçekleşmeyeceğini söyleyebilirim.'" Papoutsis bunun ardından Star Wars 1313'ü diriltmekle ilgilenmediğini dile getirdi. Onun yerine hem o hem de ekibi 1313'ün başındaki önemli kişilerle mülakat yapmak istiyorlardı. Eğer Visceral onlardan memnun kalırsa kendilerini başka bir proje için işe alabilirdi.

Star Wars 1313'ün yöneticileri şoka uğradı. EA'in kampüsüne Visceral'ı oyunlarını bitirmelerini ikna etme umuduyla gelmişlerdi, yeni bir iş bulmak için değil. Pek çoğu yaşadıkları onca şeye rağmen Star Wars 1313'ü hâlâ kurtarabileceklerine inanmıştı. Aralarından en şüpheci olanlar –Star Wars 1313'ün sinematik teknolojisinin bir video oyununa asla uymayacağını söyleyenler– bile oyunun iptal edilemeyecek kadar büyük bir potansiyeli olduğuna inanmıştı.

Bazıları toplantıdan derhal ayrıldı. Bazılarıysa orada kalıp *Uncharted 4* zamanında Naughty Dog'tan ayrılan ve Nisan 2014'te Visceral'a katılan Amy Hennig'in yöneteceği, aksiyon-macera türündeki yeni *Star Wars* oyunu projesi için mülakatlara katıldı.

Daha sonra, kederlenen Dominic Robilliard bütün *Star Wars 1313* ekibine bir e-posta yolladı. Şöyle başlıyordu:

> *Sizinle her zamanki gibi yüz yüze görüşebilmeyi is-terdim ama görünüşe göre hepimiz dört bir yana da-ğıldık ve geniş katılımlı bir toplantı yapma şansımız oldukça zayıf! Muhtemelen böylesi daha iyi çünkü az sonra söylemek zorunda olduğum şeyleri dile getirir-ken kendime hâkim olabileceğimden emin değilim.*
>
> *Bu oyunu yaparken geride bıraktığımız şu son birkaç yıla dönüp baktığımda, yüzleşmek zorunda kaldığı-mız şartlar altında bu kadar çok şeyi başarabildiği-mize inanamıyorum. Gerçekten de hayret verici. Ye-niden yönlendirmeler, müdahaleler, istikrarsız şirket ve stüdyo yönetimi. Bazen benimle kaldığınıza ina-namıyorum; daha da önemlisi, bu kadar kaliteli iş-ler ortaya çıkardığınıza da öyle... Bu ekipteki her bir geliştiriciyle ne kadar gurur duyduğumu size anla-tamam. Kariyerimin geri kalanı boyunca size borçlu kalacağım.*

Robilliard e-postasına ekibin oynanış elementleri ("Sırt roketi bulmacanın son parçasıydı") ve görsel teknoloji ("Özen ve sev-giyle inşa ettiğimiz grafiklerimize harcanan tüm o çaba ve dü-şüncelere kesinlikle değdi") alanındaki çalışmalarını överek de-vam etti. E3 demosundaki çalışmalarını övdü ("E3'le ilgili kaç yayının ve muhabirin *Star Wars 1313*'ün 'o güne dek gördükleri en iyi şey olduğunu' söylediğini unuttum.") ve LucasArts'ın va-dettiği oyunu asla yayımlayamayacağı gerçeğinden yakındı.

"Söylemek istediğim daha bir sürü şey var, şükranlarımı sun-mak istediklerimse onlardan bile fazla ama şu anda duygularımı ifade etmek çok zor," diye yazdı Robilliard. "Bu ekipteki herkesi gerçekten önemsiyorum ve günün birinde sizlerle tekrar çalışmayı çok istiyorum… O zamana dek bütün zamanımı ve enerjimi önümüzdeki aylarda *Star Wars 1313* ekibinin üyelerini işe almayı düşünen herkesi harika bir yatırım yaptıklarına ve kariyerlerinin en akıllıca kararını verdiklerine ikna etmek için harcayacağım. Siz bugüne dek çalıştığım en iyi ekiptiniz ve hepinizi seviyorum."

Video oyunları her zaman iptal edilir. Bir geliştiricinin yayımlamayı başardığı her oyunun arkasında asla gün ışığı göremeyecek olan onlarca terk edilmiş konsept ve prototip bulunur. Ama *Star Wars 1313*'te sadece oyunseverlere değil, onun geliştirenlere bile eşsiz gelen bir şeyler vardı. "Benim bakış açıma göre oyun iptal edilmedi," diyor Steve Chen. "Stüdyo iptal edildi. Bu çok farklı bir şey." Yıllar sonra, *Star Wars 1313* ekibinin üyeleri oyunun üstünde geçirdikleri süreden saygıyla bahsedecekti. Pek çok kişi oyuna şans verilseydi çok büyük bir başarı yakalayacaklarına inanıyor. "Eğer bugün beni arayıp, 'Hey, geri dönüp yeni bir *1313* yapmanı istiyoruz,' derlerse," diyor Evan Skolnick, "soracağım tek şey beni saat kaçta bekledikleri olur."

LucasArts'ın toplantı salonlarından birinde güzel illüstrasyonlarla ve yüzlerce renkli yapışkan not kâğıdıyla süslenmiş bir ilan tahtası bulunuyordu. Bu notlar soldan sağa doğru *Star Wars 1313*'ün hikâyesini anlatıyor, Boba Fett'in Coruscant'ın derinliklerine nasıl indiğini gösteriyordu. "Düşüş" ve "Pislik ve Kötülük" gibi geçici ama çağrışım yaptıran isimleri olan, toplam on bölüm vardı. Geliştiriciler her sahneyi kısaca tasarlamış, "gazinonun arkasında kavga" ve "metro tünellerinde droid takibi" gibi kartlarla sıralamış ve macera boyunca kazanacağınız güçleri ya da duygusal sahneleri tasvir etmişlerdi. Onları sırayla okuduğunuz takdirde *Star Wars 1313*'ün alacağı şekli tam olarak kafanızda canlandırabilirdiniz. O tahta er geç oradan indirildi fakat LucasArts kapılarını kapatıp çalışanları efsanevi stüdyoya veda ederken zamanda donup kalmış bir hikâyeyi gösteriyordu. Asla gerçekleşmeyecek bir oyunun fotoğrafını.

SONSÖZ

İki yıl sonra nihayet başardınız. Bir video oyunu geliştirdiniz. *Süper Tesisatçının Maceraları* bütün büyük platformlara –PC, Xbox One, PlayStation 4 ve hatta Nintendo Switch– çıktı ve sonunda arkadaşlarınıza hayalinizi nasıl gerçeğe dönüştürdüğünüzle ilgili hava atabiliyorsunuz.

Onlara bu sürecin ne kadar eziyetli olduğunu söylemekten kaçınabilirsiniz. Tesisatçı oyununuz bir yıl geç çıktı ve yatırımcılarınıza fazladan 10 milyon dolara mâl oldu (*Süper Tesisatçının Maceraları* Steam'e bomba gibi düştüğünde paralarını geri alacaklarına dair onlara yeminler ettiniz). Görünüşe göre üretim öncesi safha için gereken süreyi doğru hesaplayamadınız –her bölümü tasarlamanın iki değil, dört hafta süreceğini nereden bilebilirdiniz ki?– ve oyunu çökerten tüm hataları onarabilmek için *Süper Tesisatçının Maceralarını* iki kez ertelemek zorunda kaldınız. Ekibiniz bütün önemli kilometre taşlarından önce (E3, alfa, beta, vs.) en az bir ay boyunca fazla mesai yapmak zorunda kaldı. Bunu telafi etmek için her akşam onlara yemek ısmarlasanız bile tesisatçınızın tulumunun rengine karar vermek için katılıp durdukları toplantılar yüzünden kaçırdıkları yıldönümlerini, doğum günü partilerini ve çocuklarıyla geçirebilecekleri akşamları düşünmeden edemiyorsunuz.

Bu tür fedakârlıklarda bulunmadan harika bir video oyunu yapmanın bir yolu var mı? Bitmek bilmez saatler boyunca çalışmadan bir oyun geliştirmek mümkün mü? Daha tahmin edilebilir zaman çizelgeleri çıkarılabilmesine imkân tanıyan, güvenilir bir oyun yapma formülü bulunabilecek mi?

Pek çok endüstri gözlemcisi için bu soruların cevabı hayır, hayır ve muhtemelen hayırdır. BioWare'den Matt Goldman'ın da söylediği gibi, oyun geliştiriciliği "kaosun keskin ucunda" olmak gibidir; o kadar çok bileşen hareket hâlindedir ki işleri tahmin edilebilir kılmak imkânsızdır. Zaten video oyunlarını çok sevmemizin nedenlerinden biri de bu değil midir? Bir kontrol cihazını elinize aldığınızda tamamen yeni bir şey tecrübe edecek olduğunuzu bilmenin verdiği şaşkınlık hissi?

"Oyun yapımcılığı... belirli bir türdeki işkolikleri kendine çeker," diyor Obsidian'ın ses yönetmeni Justin Bell. "Bir oyun yapabilmek için işine gereğinden daha fazla zaman ayıracak türden insanlar gerekir... Fazla mesailer berbattır. Hayatınızın içine ederler. Fazla mesailerle geçen bir dönemi geride bırakırsınız ve... Benim çocuklarım var dersiniz. Onları görmeye gider, çocuklarıma bakar ve vay canına diye düşünürüm, aradan altı ay geçti ve artık farklı bir insansınız. Ama ben yanınızda değildim."

2010'da, Kairosoft adlı bir Japon firması *Game Dev Story** isimli bir mobil oyun çıkardı. Oyunda kendi oyun stüdyonuzu yönetmeye çalışıyor, iflas etmeden bir dizi popüler video oyunu yayımlıyorsunuz. Her oyunu bir tür ile tarzı birleştirerek (örneğin "Detektiflik Yarışı") tasarlıyorsunuz ve aşama kaydedebilmek için çalışanlarınızla alakalı bir dizi yönetimsel karar alıyorsunuz. Oyun geliştiriciliğinin basit ama eğlenceli bir tasviri.

Game Dev Story'nin en sevdiğim yanlarından biri oyunların üretim aşamasında, pikselli çalışanlarınızın görevlerini yerine getirip tamamlamasını izlerken yaşanıyor. Tasarımcılarınızdan, çizerlerinizden veya programcılarınızdan biri çok iyi bir iş çıkardığında üst düzey performans sergiliyor ve kelimenin tam anlamıyla alev alıyorlar. Çizgi filmimsi, sevimli figürleri ofiste oturup kod yazarken kocaman ateş toplarına dönüşüyorlar.

---

* Oyun Geliştirme Hikâyesi. –çn

277

Game Dev Story'de bu sadece görsel bir şaka ama bir bakıma kulağa mantıklı geliyor. Bugünlerde *Uncharted 4*'ün muhteşem manzaralarına hayran hayran bakarken, *Destiny*'nin bağımlılık yapıcı akınlarında silahımla kendime bir yol açarken ya da bir oyunun nasıl olup da bu kadar kötü çıkabildiğini düşünürken aklıma sürekli o görüntü geliyor: Kendilerini ateşe vermiş geliştiricilerle dolu bir oda. Belki de oyunlar böyle yapılıyordur.

TEŞEKKÜRLER

Bu kitabın gerçeğe dönüşmesinde çok ama çok fazla insanın katkısı var. Herkesten önce sevgileri, destekleri ve benim için satın aldıkları ilk video oyunu için annemle babama teşekkür ederim. Safta, Rita ve Owen'a da teşekkürler.

Bu kitabı yazma fikrini tek satırlık bir e-postayla aklıma sokan ve bundan hiç pişmanlık duymayan temsilcim Charlie Olsen'a çok şey borçluyum. E-posta yağmurlarıma göğüs geren, bu projeyi öğle yemeği konuşmalarından tamamlanmış bir kitaba çeviren (DLC gerekmiyor) süperstar editörüm Eric Meyers'a teşekkürler. HarperCollins'ten Paul Florez-Taylor, Victor Hendrickson, Douglas Johnson, Leydiana Rodriguez, Milan Bozic, Amy Baker, Abby Novak, Doug Jones ve Jonathan Burnham'a da teşekkür ederim.

Sevgili dostum ve internette birlikte radyo yayınları yaptığım Kirk Hamilton'a bilgece tavsiyeleri, notları ve hava durumu güncellemeleri için teşekkürler. Eski editörüm Chris Kohler ile şimdiki editörüm Stephen Totilo'ya bana bildiğim her şeyi öğrettikleri için teşekkür ederim. Kotaku'daki bütün ekibime de çalışmayı her gün eğlenceli kıldıkları için teşekkürler.

Matthew Burns, Kim Swift, Riley MacLeod, Nathaniel Chapman ve (isimlerinin burada geçmesini istemeyen) diğer kişilere kitabımın ilk taslaklarını okudukları ve önemli geribildirimlerde bulundukları için teşekkürler. Gtalk'la, kısa mesajlarla, e-postalarla ve hiç durmayan çenemle bu kitaptan bahsettiğim herkese bana katlandıkları için teşekkür ederim.

Bu kitap Kaz Aruga, Chris Avellone, Eric Baldwin, Eric Barone, Justin Bell, Dmitri Berman, Adam Brennecke, Finn Brice, Waylon Brinck, Daniel Busse, Ricky Cambier, Steve Chen, Wyatt Cheng, Eben Cooks, David D'Angelo, Mark Darrah, Travis Day, Graeme Devine, Neil Druckmann, John Epler, Ian Flood, Rob Foote, Aaryn Flynn, Rich Geldreich, Matt Goldman, Jason Gregory, Jaime Griesemer, Christian Gyrling, Amber Hageman, Sebastian Hanlon, Shane Hawco, Marcin Iwiński, Rafał Jaki, Daniel Kading, Shane Kim, Phil Kovats, Mike Laidlaw, Cameron Lee, Kurt Margenau, Kevin Martens, Colt McAnlis, Lee McDole, Ben McGrath, David Mergele, Darren Monahan, Peter Moore, Tate Mosesian, Josh Mosqueira, Rob Nesler, Anthony Newman, Bobby Null, Marty O'Donnell, Erick Pangilinan, Carrie Patel, Dave Pottinger, Marcin Przybyłowicz, John Riccitiello, Chris Rippy, Josh Sawyer, Emilia Schatz, Josh Scherr, Evan Skolnick, Bruce Straley, Ashley Swidowski, Jakub Szamałek, Jose Teixeira, Matcusz Tomaszkiewicz, Konrad Tomaszkiewicz, Piotr Tomsiński, Miles Tost, Frank Tzeng, Feargus Urquhart, Sean Velasco, Patrick Weekes, Evan Wells, Nick Wozniak, Jeremy Yates ve perde arkasında benimle konuşan onlarca diğer geliştirici olmadan asla gerçekleşmezdi. Bana vakit ayırdığınız ve sabrınız için hepinize teşekkür ederim.

Sarah Dougherty, Mikey Dowling, Radek Adam Grabowski, Brad Hilderbrand, Lawrence Lacsamana, Arne Meyer, Ana-Luisa Mota, Tom Ohle, Adam Riches ve Andrew Wong'a bu röportajları ayarlamama yardım ettikleri için teşekkürler.

Ve son olarak, teşekkürler Amanda. Daha iyi bir arkadaş isteyemezdim.